Bläuel | Gasser

Olivenöl Gesunder Genuss

Ing. Manfred Bläuel
Univ.-Prof. Dr. Robert Gasser

mit Beiträgen von
Mag. Albert Wohlfahrt
Maria Pieper und
Mag. Anna Artemiou

Olivenöl

Gesunder Genuss

Impressum

© Verlagshaus der Ärzte GmbH,
Nibelungengasse 13,
A-1010 Wien

www.aerzteverlagshaus.at

1. Auflage 2014

ISBN 978-3-99052-089-5

Umschlag & Satz: Grafikbüro Lisa Hahsler, 2232 Deutsch-Wagram
Umschlagfoto: www.fotolia.com: Food lovers
Projektbetreuung: Hagen Schaub
Druck & Bindung: FINIDR, s.r.o., 73701 Český Těšín

Printed in Czech Republic

Wichtige Hinweise

Die Wissenschaft ist ständig im Fluss. Die vorliegenden Informationen beruhen auf gründlicher Recherche der Autoren. Für die Angaben zu den aufgeführten Produkten kann weder seitens der Autoren noch seitens des Verlages eine Gewähr übernommen werden. Der Leser sollte in jedem Fall seinen Arzt/Therapeuten um Rat fragen, allenfalls verordnete Medikamente nicht eigenmächtig absetzen und die Anwendung der hier genannten Präparate auf seinen speziellen Bedarfsfall vom betreuenden Arzt/Therapeuten prüfen lassen.

Aus Gründen der leichteren Lesbarkeit – vor allem in Hinblick auf die Vermeidung einer ausufernden Verwendung von Pronomen – haben wir uns dazu entschlossen, alle geschlechtsbezogenen Wörter nur in eingeschlechtlicher Form – der deutschen Sprache gemäß zumeist die männliche – zu verwenden. Selbstredend gelten alle Bezeichnungen gleichwertig für Frauen.

Vorwort

In diesem Buch nehmen wir Sie zunächst mit auf eine Zeitreise zu den Anfängen des Olivenanbaus. Wir beginnen in prähistorischer Zeit, folgen seiner allmählichen Verbreitung im Mittelmeerraum und verweilen dann in der antiken Stadt Athen und deren ländlichem Umfeld, der mythischen Landschaft Attika, dort, wo sich die Olivenkultur zu ihrer ersten Hochblüte entwickelte. Diese Epoche des Übergangs von der archaischen bis zur klassischen Zeit (ca. 640–430 v. Chr.) ist bestens dazu geeignet, exemplarisch den Zusammenhang zwischen Olivenkultur und der Entstehung der Polis aufzuzeigen: das Verhältnis von Mythologie und Geschichte, die einmalige Synthese von Stadt und Land, Landwirtschaft und Urbanität, Politik und Religion.

Anschließend begleiten wir den unvergleichlichen Siegeszug der Olivenkultur von der größten Machtentfaltung des römischen Imperiums bis zum Ende der Völkerwanderung, als sich im Kulturkontakt mit den Völkern des Nordens die Parameter für unsere Ernährungsgewohnheiten ausgebildet haben. Wir zeigen, welche hervorragende Rolle der Olivenanbau im alltäglichen Leben gespielt hat, seine Verflechtungen in Wirtschaft und Politik und seinen Einfluss auf Religion und Kultur.

Im nächsten Abschnitt wenden wir uns der gegenwärtigen Praxis zu: Anbau, Baumpflege, Ernte und Herstellung. Im Mittelpunkt steht der Olivenbaum, seine Eigenschaften, sein Charakter und seine unvergleichliche Frucht. Wir verfolgen den Weg der Olive vom Baum bis auf den Teller, berichten über Ernte, die Entwicklung und Modernisierung der Pressverfahren, Abfüllung und Lagerung unter besonderer Berücksichtigung bereits erfolgreich angewandter biologischer Methoden und erst kürzlich erprobter Innovationen. Weiter informieren wir Sie über die im Handel erhältlichen Olivenöle, Qualitätsmerkmale und Güteklassen.

Im dritten Abschnitt dieses Buches offenbart Ihnen der Grazer Kardiologe Prof. Dr. med. Robert Gasser, Autor der *Kreta-Diät* (gemeinsam mit Johann Lafer) und *Die vier Säulen der Herzgesundheit*, die gesundheitsfördernde Wirkung des Olivenöls und seine Anwendung in der modernen Medizin. Er setzt Sie über den neuesten Stand der internationalen Forschung in Kenntnis und berichtet über seine persönlichen Erfahrungen in der Prävention und Behandlung von Herzkrankheiten. Weiter eröffnet er Ihnen bislang weniger bekannte Anwendungsmöglichkeiten des Olivenöls, so etwa gegen Demenz, Diabetes mellitus, rheumatische Gelenkerkrankungen, Übergewicht und anderes mehr.

Gerne weihen wir Sie in das „Schönheitsgeheimnis" Olivenöl ein und geben Ihnen Tipps zur Herstellung und Anwendung von Cremen und Salben. Hier verrät Ihnen Maria Pieper von der Fa. *Pieper Biokosmetik Manufaktur* Geheimnisse zur Herstellung hochwertiger Bio-Oliven-Naturkosmetik.

Anschließend zeigen wir, welche Vorzüge das geistige UNESCO-Weltkulturerbe der Menschheit – die mediterrane Lebensart und deren Ernährungsgewohnheiten – für die Menschen im täglichen Leben hat, verbunden mit praktischen Küchentipps und Rezepten von weltbekannten Köchen wie Johann Lafer und Ewald Plachutta.

Im letzten Kapitel laden wir Sie auf eine Reise ein, in die Mani, einem Landstrich im Süden der griechischen Halbinsel Peloponnes. In der Mani, dort, wo der Olivenanbau seit Jahrtausenden die Lebensgrundlage der Menschen bildet und wo die Bauern eines der besten Öle produzieren, erleben traditioneller Anbau und traditionelle Herstellung des Öls im Rahmen eines von der österreichischen Familie Bläuel betreuten Projekts gerade eine Renaissance.

Dieses Buch ist eine Liebeserklärung. Eine Liebeserklärung an die wunderbarste Frucht der Welt, die Olive. Eine Liebeserklärung an das wunderbarste Öl der Welt, das Olivenöl – ein Symbol für uralte mediterrane Tradition, Lebenskultur, vernünftige Ernährung, Gesundheit und Genuss, aber auch eine Liebeserklärung an die eigenwilligen Bewohner der Mani.

Olea prima omnium arborum est.
(Der Ölbaum ist der Erste unter den Bäumen.)
Lucius Junnius Moderatus Columella (4–70 n. Chr.)
römischer Agrarexperte

Inhalt

Zur Geschichte der Olive ... 13

Die große Bedeutung einer kleinen Frucht 14
Das Mittelmeer – Heimat der Olive 16
Der Siegeszug der Olive 19
Öl im antiken Griechenland 21
Von den Göttern für Götter und Menschen 23
Die mythischen Anfänge: eine Landschaft, eine Stadt, eine Göttin 28
Tempel, Kultstätten und Spiele 33
Damals, als es sonst nirgends auf Erden Ölbäume gab, als in Athen 37
Olivenkultur und Polis 39
Wie demokratisch ist die Olive? 42
Heilige Bäume – heiliges Öl 44
Verwüstungen und Ölbaumwunder 48
Brot, Spiele und Öl – Olivenanbau im Römischen Reich 50
Zivilisation versus Barbarei 53
Das „römisch-barbarische" Ernährungsmodell 58

Der Baum des Lebens ... 63

Anbau und Pflege 65
Pflücken, schlagen, rütteln, kämmen – die Olivenernte 70
Mörser, Mühlen und noble Methoden der Ölgewinnung 73
Die Olive – ein kleines, rundes Wunder 75
Raffiniert, aber nicht gerade fein 77
Ein heißer Tipp: „nativ extra" 78
Olivenöl – Güteklassen, die der Konsument im Geschäft findet 81
Die wichtigsten Tests 83
Zur Aufbewahrung 86

Gesundheitsgeheimnis Olivenöl ... 87

Olivenöl und koronare Herzkrankheit 90
   Auf welche wissenschaftlichen Studien stützt sich die Annahme, dass Olivenöl
   einen positiven Effekt auf die Herzgesundheit hat? 93
Olivenöl und Blutgerinnung 99
   Woraus besteht Olivenöl? 100
   Warum ist die oxidationshemmende Wirkung von Inhaltsstoffen des
   Olivenöles so wichtig? 101
   Olivenöl und LDL-Oxidation 102
Olivenöl und Bluthochdruck 103
Olivenöl und Hirnleistung 105
Olivenöl und Diabetes mellitus 106
Olivenöl und rheumatische Gelenkerkrankungen 109
Olivenöl und Übergewicht 110
   Was kann Übergewicht alles bewirken? 112
   Welche Ernährungsgewohnheiten sind es nun, die uns zu Schwergewichtlern
   machen? 113
Olivenöl und Verdauung 113
Olivenöl und Krebserkrankungen 115
Olivenöl und andere Erkrankungen 118
Verlängerung der Lebenserwartung 118
Olivenöl in der Volksmedizin 119
   Atembeschwerden und Bronchitis 119
   Mund- und Rachenhygiene 119
   Oliven-Johanniskraut-Öl 120
Schlussbemerkung 122

Schönheitsgeheimnis Olivenöl ... 123

Ein altes Hausmittel neu entdeckt 124
Die Sonne – Pflege und Schutz 126

Sonnenschutz und Hautkrebsrisiko 128
Gefährlicher Sonnenschutz mit Hilfe der Nanotechnologie 129
Schön mit Olivenöl – Haut- und Haarpflege 129
Babypflege 139
Bio-Oliven-Naturkosmetik 145
Die Herstellerfirma 146
Für wen und welche Haut? 147
Forschungsstudie bestätigt: Mani Bio-Olivencreme hat positive Wirkung
bei Hautreizungen 147
Olivencreme als Kälteschutz 148
Zahncreme mit Olivenöl 149
Mani Bio-Oliven-Hautbalsam Sensitiv 149

Die Faszination der mediterranen Lebensart und Küche ... 151

Kochen mit Olivenöl – der Geschmack des mediterranen Goldes 156

Olivenöl-Rezepte ... 159

Saucen, Dips & Co. 162
    Skordalia 162
    Pesto 163
    Pesto & Co. 164
    Mediterrane Tomatenmayonnaise 165
    Olivenschaumsauce 165
    Essig-Olivenöl-Marinade (Vinaigrette) 166
    Oliven-Kräuter-Öl 166
    Paradeissoße 167
    Tamarillochutney 168
Vorspeisen, Suppen & Brote 169
    Traditionelle griechische Rezepte 169
        Riganopsomo 169
        Patates Tiganites Me Trimeni Kefalograviera 169
        Feta Psiti 170
        Piperies Psites Gemistes Me Feta 170
    Vollkornbrote 171
    Klare Gemüsesuppe 172
Salate 173
    Salata Me Tomates. Elies Kai Kapari 173
    Hirtensalat 174
    Oktopus-Salat 175
    Salat von Meeresfrüchten mit Oliven-Zitronen-Öl-Vinaigrette 176
    Toskanischer Brotsalat 178
    Wildkräutersalat 179
    Rosenblütensalat 180
    Tomatenbrotsalat mit gebackenem Ziegenkäse 181

Vegetarisches 182
   Zucchini-Gratin 182
   Eierschwammerlgulasch 183
   Spargel in Olivenöl mit Zitrone und Parmesan 184
   Kartoffel-Oliven-Püree 185
   Artischockenrisotto 186
   Olivengnocchi mit Blattspinat und Tomaten 187
   Spaghetti mit Blüten-Bärlauch-Pesto 188
   Gemista – gefüllte Tomaten und Aubergine 189
   Muschelnudeln gefüllt mit Ratatouille 190
Fisch & Meeresfrüchte 192
   Gefüllte Sardinen 192
   Karpfen im Mandelmantel 193
   Bio-Saibling mit Petersilerdäpfel, Mayo-Dip & gemischtem Salat 194
   Warm marinierte Spaghettini mit eingelegten Gemüsen und Sardinen 195
   Thunfischrillette 196
   Garides Jouvetsi – überbackene Garnelen 196
Fleisch & Geflügel 197
   Fleischlaberl 197
   Schweinsfilet in Rucolasoße 198
   Kalbsgulasch 199
   Entenbrust mit Mais-Curry-Risotto 200
   Lamm-Stifado 202

Eine Reise in die Mani ... 203

Auf der Suche nach dem besten Olivenöl der Welt 204
Oliven, Feigen, Wehrtürme und Piraten 205
Ein unbeugsames Volk 208
Blutrache und Ölgeschichten 211
Der Glücklichste unter den Sterblichen 214
Die Bilanz: ökologisch und nachhaltig 220

Literatur ... 224

Belletristik 224
Literatur über Oliven 224
Medizinisches und Ernährungswissenschaftliches 224
Geschichtliches 225
Naturkosmetik 225

Autoren ... 226

Danksagung ... 227

Bildnachweis ... 228

Zur Geschichte der Olive

Zur Geschichte der Olive

Die große Bedeutung einer kleinen Frucht

Die Olive ist viel mehr als nur eine kulinarische Abwechslung. Der Bedeutung dieser kleinen, unscheinbaren Frucht wirklich gerecht zu werden, ist eine schwierige, aber auch faszinierende Aufgabe. Neben der Fachliteratur zu Anbau, Ernte und der Herstellung von Olivenöl gibt es Kochbücher, Ratgeber für Ernährung, Gesundheit und Schönheit. Die Olive ist Gegenstand der Ernährungswissenschaft, der Medizin, der Wirtschafts- und Sozialgeschichte, ja sogar der Kunst- und Kulturgeschichte.

Minoische Krugdekoration mit Darstellung einer Olivenpresse, 1500–1450 v. Chr. (Nachzeichnung von B. Bojic)

Die Menschen in ihrem ursprünglichen Verbreitungsgebiet, dem Nahen Osten und dem Mittelmeerraum, schätzen sie nicht nur als unentbehrliches Grundnahrungsmittel und begehrtes Handelsgut, sondern auch wegen ihrer heilsamen Wirkung und ihrer Symbolik. Der Olivenbaum hatte große gesellschaftliche, religiöse und sinnliche Bedeutung in Kultur und Religion der griechischen und römischen Antike, aber auch in der jüdischen, christlichen und islamischen Welt. Für die Freskenmaler im minoischen Kreta, für die Vasenmaler im antiken Griechenland und auch für die Impressionisten Frankreichs waren die Ästhetik und Symbolik des immergrünen Ölbaumes eine künstlerische Herausforderung. Seine Gestalt und seine Eigenschaften lieferten Stoff für Legenden, er nährte auch die Fantasie der Dichter. Auf der Erde gibt es keine zweite Nutzpflanze, die für Kunst, Kult und Kultur so bedeutend ist wie der Olivenbaum.

Das Fällen eines heiligen Olivenbaumes galt im antiken Athen als besonderer Frevel. Die Verwüstung der Olivenhaine Attikas durch die Spartaner im Peloponnesischen Krieg (431–405 v. Chr.) wurde als Zivilisationsbruch empfunden, und in den 80er und 90er Jahren des 20. Jahrhunderts verschärften Rodungen von Olivenbaumhainen durch jüdische Siedler den Konflikt zwischen Israelis und Palästinensern.

Der Romanautor und Essayist Aldous Huxley (1894–1963) erinnert in seinem Essay *Der Olivenbaum* an die symbolische Bedeutung des aus Olivenzweigen geflochtenen Kranzes, den die römischen Eroberer trugen, wenn sie ihre Triumphe feierten: *„Der Friede, den er verkündete, war der Friede des Sieges."* Der archäologische Rest dieses Sieges ist der Monte Testaccio in Rom, kein natürlich gewachsener Hügel, sondern eine Schutthalde, bestehend aus mindestens 40 Millionen Ölamphoren aus dem von Rom eroberten Spanien: Pax Romana – das bedeutete auch römischer Ölimperialismus, und Oliven waren gleichzeitig Symbole des Friedens und Früchte des Zorns. Noch heute beklagen viele Produzenten qualitativ hochstehender Olivenöle aus Spanien, Griechenland und Nordafrika die ökonomische Hegemonie italienischer Händler, vor allem ihre dominante Stellung auf dem amerikanischen Markt, und die Methoden, mit denen sie erreicht wurde und immer noch behauptet wird. Begann Francis Ford Coppolas Filmpate Don Vito Corleone seine Karriere nicht als Olivenölimporteur?

Der Olivenanbau im Mittelmeerraum bewahrte Kontinuität in der Wirtschaft, in den Lebensformen und in der Kultur. Er überdauerte den Untergang des römischen Reiches, die arabisch-islamische Expansion, den Niedergang des oströmischen Reiches und zuletzt auch die Schwerpunktverlagerung des europäischen Wirtschaftsraumes in den Norden. Die Olivenkultur stiftete damit eine Identität über alle religiösen und nationalen Grenzen hinweg; ein ebenso seltener wie eindrucksvoller Be-

Fossiler Abdruck von Olivenblättern aus Fira (Santorin), ca. 54000 v. Chr.

weis für Beständigkeit, Ausdauer und friedliche Integrationskraft. Im Schein der Öllämpchen wurden zahllose Weisheiten und Wahrheiten zu Papyrus oder Pergament gebracht – die erste islamische Universität in Tunesien hieß nicht zufällig *al Zitonna* (der Ölbaum).

Bläuel | Gasser

Olivenöl Gesunder Genuss

Mort Rosenblum, der ehemalige Chefredakteur der *International Herold Tribune* und stolzer Besitzer eines Olivenhaines in der Provence, berichtet von einer Reise in klassische Olivenanbaugebiete wie Südfrankreich, Italien, Israel, Tunesien, Marokko und Griechenland über die stets gleichen Sorgen, die gleiche Arbeit, das gleiche Ausgeliefertsein an die Launen des Wetters und des Marktes, vor allem aber die gleiche Geduld und Hingabe an den Ölbaum und seine Früchte, trotz aller regionalen Unterschiede bei Anbau, Pflege, Ernte und Technik. Diese Gleichheit ist aber keine Einförmigkeit. Im Gegenteil: Wie beim Wein spielt auch bei der Olive der Standort für den Geschmack die entscheidende Rolle, und wie beim Weintrinken „verleibt" man sich auch beim Genuss von Olivenöl die Umgebung und das Klima, Erde, Luft und Wasser mit ein.

Ein früher Beleg für die heute leidenschaftlich geführte Diskussion über die Auswirkungen der Nahrungsfette auf die Gesundheit findet sich in dem Werk *Das Mittelmeer und der Mittelmeerraum* des französischen Historikers Fernand Braudel (1902–1985): Der Kardinal von Aragón führte bereits im 16. Jahrhundert die vielen Aussätzigen in Flandern und Deutschland auf den landesüblichen reichlichen Verzehr von Butter und Milchspeisen zurück, die der Gesundheit nicht zuträglich seien.

Den Anstoß für die aktuelle Fettdiskussion gab die Sieben-Länder-Studie, die in den 1950er und 1960er Jahren die Häufigkeit von Gefäß- und Krebserkrankungen statistisch erfasste. Dabei zeigte sich, dass im Mittelmeerraum nur 184 von 10.000 Todesfällen als Folge koronarer Herzerkrankungen gelten konnten, in den USA waren es hingegen 574, in den Niederlanden immerhin 420. Kreta hatte mit nur 9 auf Herzerkrankungen zurückzuführenden Todesfällen den niedrigsten Anteil.

Man vermutete die Ursache für diesen deutlichen Unterschied in der Ernährung und versuchte herauszufinden, was an der mediterranen Kost so gesund ist.

Das Mittelmeer – Heimat der Olive

Wir wohnen nur in einem kleinen Teil der Erde von Phasis bis zu den Säulen des Herakles, ringsum das Meer, so wie Ameisen oder Frösche um einen Tümpel herum.
Platon (428/27–348/47 v. Chr.)

Das von Platon bezeichnete Gebiet „*von Phasis bis zu den Säulen des Herakles*" reicht von der Ostküste des Schwarzen Meeres bis nach Gibraltar. Es bildet eine einheitliche klimatische Region, die durch Regen im Winter und lange Trockenheit im Sommer gekennzeichnet ist. Ein Gebiet mit relativ angenehmen Siedlungsmöglichkeiten, wo sich ein Großteil des Lebens im Freien abspielt. In den Küstenebenen und auf den weiten Flächen des Binnenlandes liefert es einen ausreichenden Ertrag an Getreide, Gemüse und Früchten, besonders an Wein und Oliven. Der dort überall verbreitete Anbau von Oliven – sie sind der Rohstoff für Speiseöl, Seife und Lampenöl – ist der wichtigste Schlüssel zur Lebensweise der Menschen des Mittelmeerraumes.

Der Olivenbaum gedeiht auch in der Trockenheit des Sommers, und obwohl seine Aufzucht nicht sehr arbeitsintensiv ist, braucht er doch ständige Betreuung und Pflege. Man muss Zeit und Geduld haben, da der Baum in den ersten zehn oder zwölf Jahren noch keine Früchte trägt. Er ist damit ein Symbol sesshafter Lebensweise.

Ohne den Anbau von Oliven hätte es wohl keine griechisch-römische Zivilisation gegeben: Einerseits lassen regelmäßige Pflege und Betreuung, die der Baum braucht, eine nomadische Lebensform nicht zu, andererseits benötigt der Olivenanbau nicht jenen hohen sozialen Organisationsgrad wie die auf komplizierten Bewässerungsanlagen beruhenden Hochkulturen der Ägypter und Mesopotamier. Diese erwiesen sich – trotz imponierender Leistungen in der Lebensmittelversorgung besonders dicht besiedelter Gebiete – als sehr störungsanfällig. Die Flusstäler verwandelten sich geradezu in Ödland, wenn die zentrale Leitung zusammenbrach, während sich die antiken Trockenanbaugebiete schnell von Naturkatastrophen und menschlichen Verwüstungen erholten. Die auf Olivenanbau basierenden Kulturen ermöglichten die für das Überleben der Menschen wichtige Verbindung von Kontinuität und Flexibilität.

Alter Olivenbaum auf Korfu

Der französische Historiker Fernand Braudel bezeichnete das Mittelmeer der Olivenhaine als das „wahre Mittelmeer", das Zentrum, das den Rhythmus des mediterranen Organismus bestimmt, in dem Klima und Geschichte die gleiche landwirtschaftliche Zivilisation, die „Dreifaltigkeit" Getreide, Oliven und Wein, hervorgebracht haben.

Im Grunde kämpften die Bewohner des Mittelmeerraumes immer schon gegen eine fundamentale Armut, die Lebensbedingungen sind trotz mancher – scheinbarer oder realer – Vorteile von Grund auf unsicher. Das freundliche Klima ist manchmal trügerisch hart und mörderisch. Die für das Menschenleben bedrohlichen Nachteile haben mit der ungleichmäßigen Jahresverteilung der Niederschläge zu tun. Es regnet viel, an manchen Orten sogar maßlos, aber nur im Herbst, im Winter und im Frühling. Selbst in Südgriechenland gibt es zuweilen verheerende Regenfälle. Ein in Südgriechenland heimischer Bauer berichtete von einem in seiner Jugend erlebten Unwetter: „Im Jahr vor dem Krieg hatten wir so viel Regen, dass alle Pflanzen fortgespült wurden, alle Bäume, jedes Fleckchen Erde. Die Felsen waren bis auf die Knochen blank gewaschen. Er hat sogar die Friedhöfe ausgeräumt und Schädel und Knochen und Rippen kilometerweit über den Berghang verstreut!"

Olivenhain auf Sizilien

Ein anderer struktureller Nachteil des Mittelmeerraumes ist die Beschaffenheit seines Bodens, der verödet, sobald er nicht mehr durch Anbau geschützt ist: Die Wüste lauert dem Ackerland auf, und wenn sie es einmal an sich gerissen hat, entlässt sie es nicht mehr aus ihren Fängen. Es ist schon ein Wunder, wenn es durch landwirtschaftliche Arbeit gelingt, diesen Boden zu erhalten oder gar zurückzugewinnen.

In den Wirren des Dreißigjährigen Krieges (1618–1648) wurde die deutsche Bauernschaft erheblich dezimiert, doch blieb zumindest der Nährboden erhalten und bot damit die Möglichkeit eines Wiederaufbaus. Im Mittelmeerraum schwindet nicht nur der Bauernstand, vor allem durch Abwanderung aus dem ländlichen Bereich, es kommt damit auch zum Verfall des Nährbodens. Deshalb ist der Olivenanbau wichtig für die Erhaltung der Kulturlandschaft. Er schützt vor der Erosion durch Winde und vor der Ausschwemmung durch Regen.

Die Olivenkultur erfüllt auch eine soziale Funktion. Das Ernten der Oliven und die Erzeugung von Öl stiften eine soziale Gemeinsamkeit, die heute noch in verschiedenen Bräuchen und Festen ihren Ausdruck findet.

Der Siegeszug der Olive

Seit Jerichos Mauerbau und dem antiken Griechenland ölen Oliven das Getriebe der Zivilisation.
Mort Rosenblum

Viele Überlieferungen, Dokumente, Funde und Ausgrabungen über Vorkommen, Ausbreitung und Kultivierung des Ölbaumes verweisen auf den Osten des Mittelmeerraumes als Ursprung und Heimat der Olivenkultur. Nach Andrew Baldy, der die Essgewohnheiten im antiken Griechenland wissenschaftlich untersucht hat, waren wilde Ölbäume im Nahen Osten bereits in der Jungsteinzeit bekannt. Auch in Griechenland kamen sie in freier Natur vor, wie der Fund eines Kerns einer wilden Olive in Thessalien beweist. Zur Zeit Pharao Ramses III. (1184–1153 v. Chr.) schienen die Philister, ein Volk im heutigen Israel, ein Monopol auf den Ölhandel gehabt zu haben.

Verbreitungsgebiet des Olivenbaumes

Der Siegeszug der Olive nahm also seinen Ausgang in Palästina, Syrien sowie auf Kreta, etwa 5000–1400 v. Chr. Der Olivenanbau breitete sich dann im Laufe der Zeit vom mediterranen Osten nach Westen aus und vollzog sich in mehreren Etappen.

Ihren ersten Höhepunkt erreichte die Olivenkultur zwischen 2000 und 1400 v. Chr., ihr Zentrum war das minoische Kreta. Der Gebrauch von Tafel-, also Speiseoliven ist durch einen archäologischen Fund in der Umgebung von Zakros im östlichen Teil Kretas belegt. In einem Brunnen wurde ein Behälter mit Tafeloliven gefunden, die 3500 Jahre alt und möglicherweise zur Beschwichtigung der Götter geopfert worden waren.

Verlässliche Zeugnisse für die planmäßige Kultivierung und Nutzung der Olive im Raum der ägäischen Inseln sind Ölpressen aus dem Kreta des frühen zweiten vorchristlichen Jahrtausends. Pollenfunde aus verschiedenen Orten Griechenlands deuten auf eine weitere Verbreitung der Olivenkultur in dieser Region hin. In den Palästen von Knossos, Mykene und Pylos war das Olivenöl nicht zuletzt für die Herstellung von Parfümöl wichtig, doch bevorzugte man

dafür wilde Oliven. In Pylos brachten Ausgrabungen 51 in Linear B beschriebene Tontäfelchen mit Olivenöltabellen ans Licht. Sie enthalten Angaben über Empfänger und Bestimmungsorte der Ölsendungen, über die qualitative Einstufung des Öls und die Menge. Es gab eigene Zeichen für den Ölbaum, die Olivenfrucht und das Olivenöl. Durch Handelsbeziehungen und wohl auch durch die Weitergabe der Technik des Olivenanbaus und der Ölgewinnung dehnten sich die Anbaugebiete auf die heutige Süd- und Westtürkei, Zypern und Ägypten aus, in größerem Ausmaß auf das griechische Festland.

Der Anbau und die regelmäßige Nutzung von Oliven brachten eine bedeutende Änderung im Leben der Menschen mit sich. Die neuen Kulturformen von Weinstock und Ölbaum in der späteren prähistorischen Zeit stellten ein enormes Potenzial für die Ernährung dar. Abgesehen von seiner Nutzung außerhalb der Küche als Brennstoff und als Kosmetikum – beides für die Griechen bei ihren Feiern von größter Bedeutung – wurde das Olivenöl zweifellos für die meisten gekochten Gerichte verwendet.

Manchmal diente es bei einer einfachen Zwischenmahlzeit als einzige Beikost, die dazu beitrug, dass man sein Brot hinunterschlucken konnte, denn Butter, die für uns einen ähnlichen Zweck erfüllt, wurde im antiken Griechenland kaum genutzt. Zwar waren in der Mittelmeerwelt zahlreiche Pflanzenöle erhältlich, doch wurde von all diesen nur das Olivenöl regelmäßig zur Speisenzubereitung verwendet.

Olivenölamphoren
in Knossos

Öl im antiken Griechenland

Die Olivenanbauzentren Griechenlands waren Attika mit Athen und Marathon, dann Delphi, Olympia und Mykene, es folgten Sparta, die Gebiete in Thessalien, der Parnass, die Gegend bei den Thermopylen, von den Inseln besonders Rhodos, Samos und Lesbos, die Kykladen, Zypern, Kreta und im Westen Korfu.

Die Agrargeschichte Attikas zeigt, dass es die Kargheit des Bodens war, die den Anstoß für den Anbau von Oliven gegeben hatte. Ein Drittel war für den Anbau von Getreide und Gemüse ungeeignet und der Rest durch Entwaldung, Regenarmut und rasche Erosion durch winterliche Überschwemmungen in seinem Wert gemindert. Die attischen Bauern scheuten daher keine Mühe. Sie sammelten Quellwasser in Behältern, versahen die Flussläufe mit Deichen, um vor Überschwemmungen sicher zu sein, legten Sümpfe trocken und gewannen dadurch wertvolle Humusböden. Sie gruben tausende Bewässerungskanäle, verpflanzten geduldig Gemüse, um dessen Ertrag und Qualität zu verbessern, und ließen das Land jedes zweite Jahr brachliegen, damit es seine Kraft wiedererlangen konnte. Das Pflügen, Eggen, Säen und Pflanzen drängten sich in der kurzen Herbstzeit zusammen. Die Getreideernte fand im Mai statt, und der regenlose Sommer war die Zeit der Vorbereitung und der Ruhe. Trotz all dieser Mühe erzeugte Attika kaum genügend Nahrungsmittel, um ein Viertel seiner Bevölkerung zu ernähren. Ohne Nah-

Olivenbäume in den Ruinen des antiken Sparta

rungsmitteleinfuhren wäre Athen unter dem hoch geschätzten Staatsmann Perikles (495–429 v. Chr.) verhungert. Diese Abhängigkeit von Getreideimporten begründete den Expansionsdrang und rechtfertigte den Bau einer mächtigen Flotte. So versuchte man die Spärlichkeit der Getreideerzeugung durch reichliche Oliven- und Traubenernten wettzumachen. Hänge wurden terrassiert und bewässert. Olivenbäume bedeckten in der perikleischen Zeit manche Landschaft Griechenlands; es waren aber vor allem Solon (gest. 559 v. Chr.) und Peisistratos (607–528 v. Chr.), die sich um die Entstehung der Olivenkultur verdient gemacht hatten. Da der Olivenbaum zehn bis zwölf Jahre braucht, bis er Früchte trägt, und mit 50 Jahren erst voll ausgereift ist, wäre er ohne die Subventionspolitik des Peisistratos vielleicht niemals auf attischem Boden gewachsen.

Die Athener verwendeten die Olive für viele Zwecke. Abgesehen vom hohen Eigenverbrauch als Tafelfrucht, Speiseöl, Licht, Heilmittel und Kosmetikum war der Export von Olivenöl ein wesentlicher Wirtschaftszweig. Davon zeugt Athenes mit Olivenzweigen geschmücktes Haupt auf dem Tetradrachmon, der Hauptwährung der antiken Welt im fünften vorchristlichen Jahrhundert; ein Symbol der wirtschaftlichen Macht Athens, deren Grundlage das Öl bildete. Auf der Rückseite dieser Münze ist die Athener Eule mit einem fruchttragenden Olivenzweig abgebildet. So wie die Anlegung von Olivenhainen zum Aufstieg Athens beigetragen hatte, war die spätere Verwüstung der Haine im Peloponnesischen Krieg durch die Heere Spartas mit ein Grund für den Niedergang der Stadt.

Schon im 8. vorchristlichen Jahrhundert waren die Griechen aus politischen und wirtschaftlichen Gründen dazu übergegangen, ihren Machteinfluss immer weiter auszubauen und durch die Gründung von Kolonien zu festigen. Der Ölbaum und das Wissen um seine Aufzucht und die Gewinnung des Öls war eine Voraussetzung für die erfolgreiche Kolonisierung Siziliens und Süditaliens (Großgriechenland = Magna Graecia). So wurde dann in der Folge die Olive in großem Umfang an den Küstengebieten Kleinasiens, Unteritaliens, Siziliens und Nordafrikas angebaut, bereits bestehende Ölbaumkulturen wurden modernisiert und erweitert. Etwas später, um 700–600 v. Chr., folgten die Kolonien in der Cyrenaika (Libyen) und in Südfrankreich.

Akropolis von Athen

Auch in den nachchristlichen Jahrhunderten, als schon die Römer und später die Byzantiner den Ton in Süd- und Osteuropa angaben, produzierten die Griechen immer noch große Mengen an Olivenöl. Die Zentren waren die Peloponnes und Kreta.

Unter der osmanischen Herrschaft (1453–1835) litten besonders die griechischen Landwirte unter der drückenden Steuerlast. Die Produktion von Öl blieb weiterhin aufrecht, in Kreta wurde der Anbau sogar noch erweitert. Allerdings brannten die Türken zur Vergeltung für griechische Rebellionen immer wieder Olivenhaine nieder, die dann jahrzehntelang brachlagen. Nach einer Zählung im Jahr 1855 standen in Griechenland drei Millionen fruchtbare Bäume. Heute sind es 40-mal so viele, doch nach wie vor wirkt sich das unglückliche Erbe aus der Zeit der osmanischen Herrschaft aus. Durch die Beibehaltung feudaler Strukturen wurden Ungleichheiten geschaffen, die zum Teil heute noch fortbestehen. Kleinbauern hängen auf Gedeih und Verderb von Zwischenhändlern ab, stehen bei Banken in der Schuld und werden von lokalen Eliten beherrscht.

Auch das berühmte, qualitativ hochwertige Öl aus Messenien war außerhalb der Region lange Zeit kaum zu finden. Aufgekauft von italienischen Großhändlern wurde es containerweise nach Italien verschifft, um billige spanische oder tunesische Massenöle zu veredeln und als „Prodotto Italia" in den Handel zu gelangen.

Von den Göttern für Götter und Menschen

Die ersten Tempel der Götter waren Bäume, und die ersten Kultplätze waren heilige Haine. Dem Mythos des immergrünen Olivenbaumes kommt im Mittelmeerraum in allen Kulturen und zu jeder Epoche eine hervorragende Rolle zu. Er symbolisierte geis-

Das antike Olympia nach einem Entwurf von Friedrich Thiersch aus 1879, wiedergegeben in Pierers Universal-Lexikon von 1891. Vorne ist der Zeus-Tempel zu sehen.

tige Erkenntnis und wirtschaftliche Macht, Zähigkeit und Überlebenswillen, seine Zweige Schönheit und Jugend, sein überall begehrtes Öl Kraft und Langlebigkeit. Der Ölbaum eignete sich vorzüglich zur Repräsentation von Herrschaft.

Wenn Orpheus zu singen und zu spielen begann, versammelten sich die Tiere um ihn, auch Bäume und Sträucher wandten sich ihm zu. Besonders alte Olivenbäume, deren Stämme gespalten und zerrissen sind, sehen manchmal so aus wie alte ausschreitende Männer. In Griechenland sagt man, das seien die Olivenbäume, die Orpheus nachgelaufen sind.

Die heiligen Bezirke von Olympia und Delphi wurden mit Olivenbäumen bepflanzt. Die Pilger der Antike, die mit dem Schiff nach Delphi kamen, landeten in Kirrha (heute Itea), und bevor sie das Heiligtum betraten, wanderten sie durch einen Olivenhain. Das Heiligtum von Olympia, der Tempel des Zeus, eines der sieben Weltwunder, wurde nach den Perserkriegen zwischen 468 und 457 v. Chr. gebaut. Von dem „Reiseschriftsteller" Pausanias (gest. 470 v. Chr.) ist eine exakte Beschreibung überliefert: *„Der Tempel ist im dorischen Stil gebaut, außen mit einer Säulenhalle umgeben. Das Material war heimischer Muschelkalk. Auch innerhalb des Tempels sind Säulen, oben Säulengalerien, von denen man das Kultbild des Zeus betrachten kann. Der Boden vor dem Kultbild ist nicht von weißem, aber von schwarzem Marmor. Rings um die schwarze Platte läuft eine Einfassung von parischem Marmor, um das ausgegossene Öl aufzufangen. Denn zur Erhaltung des Bildes ist Öl erforderlich, das verhindert, dass das Elfenbein in der sumpfigen Altis Schaden leidet. Rechts hinter dem Opisthodom (der rückwärtigen Halle des Zeustempels, in dem Herodot während der Spiele aus seinem Geschichtswerk vorgetragen hatte) wächst ein Ölbaum, der Kallistephanos, der ‚Ölbaum der schönen Kränze'. Es ist üblich, denen, die olympische Siege erlangen, von ihm Kränze zu geben."*

Die ersten Olympischen Spiele wurden 776 v. Chr. in Olympia gefeiert. Der elische König Iphitos soll sie veranstaltet und zum Schutz der Athleten und Zuschauer mit den umliegenden

Staaten den „Olympischen Frieden" vereinbart haben. Das Jahr 776 wurde zum ersten Jahr der griechischen Zeitrechnung, die im Vierjahresrhythmus – der „Olympiade" – gezählt wurde.

Zum Siegespreis im olympischen Wettkampf hatte Iphitos den Zweig vom „schön kränzenden" Ölbaum eingeführt. Dieser stand beim Tempel des Zeus. Ein Knabe, dessen Vater und Mutter noch am Leben sein mussten, schnitt von ihm die Zweige, aus denen die Kränze geflochten wurden. Der altgriechische Odendichter Pindar (518–438 v. Chr.) schrieb: „*Den Sieger umkränzt mit heiterer Wonne der Ölzweig für den Rest des Lebens. Dieser nimmer weichende Schmuck ist das Höchste, was irgendeinen Sterblichen krönt.*"

Eine besonders wichtige Rolle kam dem Olivenöl im Sport zu. In den Gymnasien und den Palästen, also in den Sporthallen und auf den Übungsplätzen der Ringer, und in den Bädern wurden die dort übenden Jünglinge mit Öl eingerieben und massiert. Damit wollte man die Durchblutung der Muskeln fördern, sie geschmeidiger machen und die Leistungsfähigkeit der Athleten erhöhen. Die Massagen wurden vor und nach den Übungen und meist in einem gesonderten Raum verabreicht. Die Athleten rieben sich auch selbst mit Öl ein. Dafür gab es ein Besteck aus Bronze. Es bestand aus einem kleinen, runden, mit Olivenöl gefüllten Fläschchen, dem Arymballos, einem Striegel zum Abschaben von Öl, Schweiß und Staub sowie einem Pfännchen, das wohl für die Aufnahme des Ölschweißes bestimmt war, denn dieser fand Verwendung für medizinische Zwecke.

Gymnasion auf Kos

Wie es auf den Trainingsplätzen zuging, schildert der Satiriker Lukian (ca. 120–180 n. Chr.) in ironischer Form durch den Mund eines ungebildeten Skythen, der als Tourist aus dem Norden nach Griechenland gekommen war: „*Was soll das alles, was die jungen Leute hier machen? Die einen winden sich umeinander herum und suchen, einer dem anderen ein Bein zu stellen. Andere packen sich bei der Gurgel, wenden alle ihre Kräfte an, einander unter sich zu kriegen, und wälzen sich miteinander im Kot herum wie die Schweine. Anfangs und sobald sie sich ausgezogen haben, schmieren sie sich gegenseitig mit Fett ein und streicheln sich, als ob sie die besten Freunde wären; aber auf einmal, weiß der Himmel, was über sie kommt, rennen sie gegeneinander und stoßen die Stirnen zusammen wie die Schafböcke – und wenn einer den andern aus dem Gleichgewicht gehoben und zu Boden geworfen hat, lässt er ihn nicht wieder aufstehen, sondern stürzt sich mit seiner ganzen Schwere über ihn und drückt ihn mit aller Kraft in den Kot hinein. . . Was soll aber nur das Öl, womit sie sich alle einreiben? Wohl dass sie besonders schmutzig werden und völlig mit Dreck überzogen sind. Dazu kommt dann noch der viele Schweiß, und das alles macht sie so schlüpfrig, dass es ein ordentlicher Spaß ist, sie einander wie die Aale aus den Händen schlüpfen zu sehen."*

Seit 560 v. Chr., als in Athen der Tyrann Peisistratos herrschte, feierten die Athener alle vier Jahre im Juli, am „Geburtstag" der Stadtgöttin Athene, die großen Panathenäen. Der Festzug, der zum Tempel auf die Akropolis führte, ist auf dem Parthenonfries dargestellt. Einige Platten dieses Frieses sind im Museum ausgestellt, darunter eine mit sieben Greisen. Man wollte damit zeigen, dass Schönheit keineswegs als etwas schnell Verblühendes gering geschätzt werden dürfe. Deshalb wurden zu den Trägern des Ölzweigs nicht nur schöne Jünglinge und Mädchen ausgesucht, sondern auch die schönsten Greise, da man wusste, „*dass Schönheit in jedem Alter zu finden ist*", wie der antike Geschichtsschreiber Xenophon (430–355 v. Chr.) schrieb.

Der Parthenon-Tempel in Athen

Auch aus der späteren Zeit Griechenlands (ab 600 n. Chr.) sind zahlreiche „Olivenbräuche" überliefert: Am Tag der Hochzeit, die im Haus des Brautvaters stattfand, wurden die Häuser mit Oliven- und Lorbeerzweigen geschmückt. Wenn ein Kind geboren wurde, befestigte man bei einem Knaben über der Türe einen Olivenzweig, bei einem Mädchen einen Wollfaden.

Als Apoll und Artemis auf der Kykladeninsel Delos geboren wurden, vergoldeten sich die Blätter des Olivenbaumes, der auf der Geburtsinsel der Götter wuchs.

Schon beim griechischen Dichter Homer weisen zahlreiche Zitate darauf hin, dass alles, was mit Öl zu tun hatte, „*was von Öl glänzte*", zu kultischen Zwecken sowie zur Repräsentation von Herrschaft geeignet war.

So empfing der greise König Nestor den jungen Telemach, den Sohn seines Kampfgefährten Odysseus, auf der Suche nach seinem verschollenen Vater auf einem geglätteten, mit Öl behandelten Stein sitzend vor seiner Burg. Homer schrieb: „*Als in der Frühe die rosenfingrige Eos herauskam, erhob sich Nestor von seinem Lager, trat aus der Burg und setzte sich auf die geglätteten Steine vor dem hohen Tor des Palastes; weiß und von Öl glänzend waren sie.*" Gemäß der Sitte wurde der Gast vor dem Empfang gebadet und gepflegt: „*Ihn hatte Polykaste, die jüngste Tochter des Königs, gebadet und glänzend eingeölt, hatte ihm einen bestickten Mantel umgelegt, dass er so prächtig aussah wie ein Gott.*"

In der *Odyssee* lobt Homer den Reichtum und die Lebensart der Phäaken, die Odysseus auf seiner Irrfahrt nach Hause Gastfreundschaft gewährten. Im Zentrum herrschaftlicher Prachtentfaltung, in den berühmten Gärten des Königs Alkinoos, durften selbstverständlich Olivenbäume nicht fehlen: „*Allda streben die Bäume mit laubichtem Wipfel gen Himmel, voll balsamischer Birnen, Granaten und grüner Oliven.*" Der antike Dichter weist auch auf den Zusammenhang zwischen Olivenöl und Textilien hin und berichtet von der Appretur feiner Leinenkleider. Während der gestrandete Odysseus von Prinzessin Nausikaa in den Palast zu ihrem Vater, König Alkinoos, geleitet wird, beobachtet er die Frauen am Webstuhl und sieht, dass feuchtes Öl von dicht geketteten Linnen herabfließt.

Kopf des Homer (Nachbildung einer römischen Kopie des griechischen Originals, 5. Jh. v. Chr.)

Im Alten und im Neuen Testament findet man 140 Bezüge auf Olivenöl, dazu noch 100 auf den Olivenbaum. Alles, was mit Öl zusammenhing, war für die Juden von großer Bedeutung: Öl wurde verwendet, um Könige, Priester und Sakralbauten zu weihen. Messias bedeutet „der Gesalbte", Gethsemane „Ölkelter". Noch heute ist der hebräische Ausdruck für „reines Olivenöl" auch eine Umschreibung für einen guten Menschen. An Festtagen hatten die Menschen ölglänzende Wangen und Nasen; ein Gesicht, das nicht glänzte, war ein Zeichen von Trauer. Erstklassiges Öl speiste auch die Lampen von Heiligtümern.

Das christliche Europa setzte die Tradition, Könige zu salben, fort. Ohne Salbung und Krönung keine Königswürde. Als im Jahr 482 n. Chr. Chlodwig, der erste König der Franken, nach seiner Taufe gesalbt wurde, erschien der Legende nach eine himmlische Taube und brachte ein Fläschchen Öl für den feierlichen Ritus mit, das lange Zeit im Kloster Saint-Remi in Reims aufbewahrt wurde und zur Salbung 34 weiterer französischer Monarchen diente.

Die mythischen Anfänge: eine Landschaft, eine Stadt, eine Göttin

Attische Landschaft beim Kap Sunion

Der römische Geschichtsschreiber Titus Livius (59 v. Chr.–17 n. Chr.) wusste um die Tendenz erfolgreicher Völker, ihre Anfänge mythisch zu verklären, und um die Probleme, die sie einem „seriösen" Geschichtsschreiber bereitet. So schrieb er im Proömium seines Hauptwerkes *Ab urbe condita libri CXLII* (Von der Gründung der Stadt an – 42 Bücher):

„Was vor der Gründung der Stadt oder dem Vorhaben zu deren Gründung mehr durch dichterische Fabeln ausgeschmückt als durch unverfälschte Zeugnisse überliefert wird, habe ich vor, weder zu bekräftigen noch zurückzuweisen. Dass sie den Anfang der Stadt durch Vermischung des Menschlichen mit

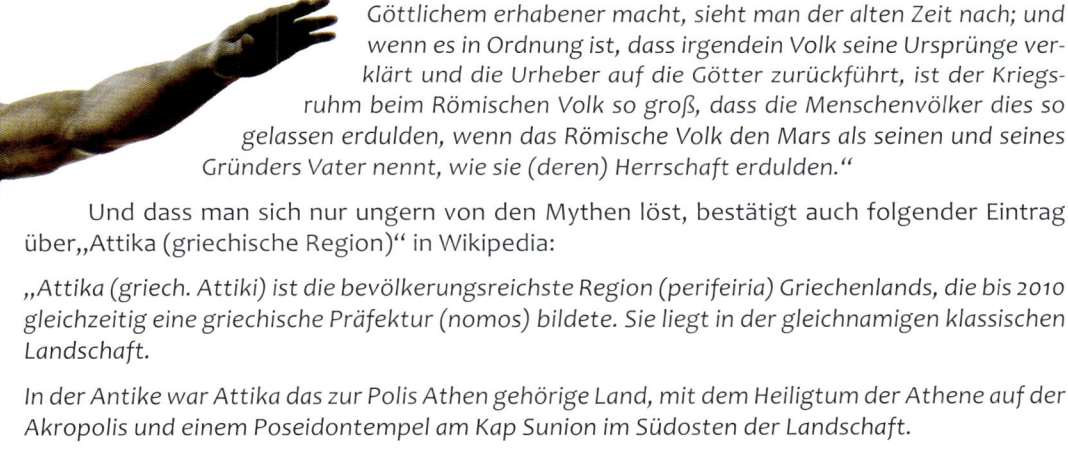

Göttlichem erhabener macht, sieht man der alten Zeit nach; und wenn es in Ordnung ist, dass irgendein Volk seine Ursprünge verklärt und die Urheber auf die Götter zurückführt, ist der Kriegsruhm beim Römischen Volk so groß, dass die Menschenvölker dies so gelassen erdulden, wenn das Römische Volk den Mars als seinen und seines Gründers Vater nennt, wie sie (deren) Herrschaft erdulden."

Und dass man sich nur ungern von den Mythen löst, bestätigt auch folgender Eintrag über „Attika (griechische Region)" in Wikipedia:

„Attika (griech. Attiki) ist die bevölkerungsreichste Region (perifeiria) Griechenlands, die bis 2010 gleichzeitig eine griechische Präfektur (nomos) bildete. Sie liegt in der gleichnamigen klassischen Landschaft.

In der Antike war Attika das zur Polis Athen gehörige Land, mit dem Heiligtum der Athene auf der Akropolis und einem Poseidontempel am Kap Sunion im Südosten der Landschaft.

Attika grenzt im Westen an die Region Peloponnes, im Norden an Mittelgriechenland. Die südlichste Insel der Region, Andikythira, befindet sich rund 30 km nordöstlich von Kreta. Wichtige Orte sind der Hafen von Piräus bei Athen und der Ort Marathon im Nordosten. An der Ostküste lag die Stadt Thonikos, bei der nach der griechischen Mythologie die Göttin Demeter an Land gegangen ist."

Hier wird gleich mehrmals auf die griechische Mythologie, namentlich auf drei Gottheiten verwiesen: Athene, die Göttin der Weisheit, des häuslichen Friedens und der besonnenen Kriegsführung sowie Schutzherrin der Stadt, Poseidon, der Beherrscher der Meere, und Demeter, die Göttin der Fruchtbarkeit, der Saat und der vier Jahreszeiten. Poseidon symbolisiert das Meer, die See- und Wirtschaftsmacht der Stadt, Demeter die Fruchtbarkeit der Region und Athene die besondere Art der Zivilisation und Kultur, die Stadt und Region hervorgebracht haben.

Poseidon oder Zeus vom Kap Artemision (Archäologisches Nationalmuseum Athen)

Und wenn Livius es als angemessen findet, die Anfänge mythisch zu verklären, so soll dies nicht nur für die kriegerische Tüchtigkeit der Römer gelten, sondern auch für die zivilisatorischen Leistungen der Griechen. Lassen wir den Kriegsruhm den Römern! Und würdigen wir die Griechen, besonders die Athener und die Bewohner Attikas, für ihre historischen Verdienste um die zivilisatorische Errungenschaft des Olivenanbaus. Denn die Olive ist das Geschenk einer Gottheit, der Pallas Athene. Wie es dazu kam, berichtet der Mythos:

Athene-Denkmal vor dem Parlament in Wien

Athene und Poseidon erhoben Anspruch auf die Schutzherrschaft über Attika. Nach einem Schiedsspruch des Göttervaters Zeus sollte derjenige sie ausüben, der ihren Bewohnern das nutzbringendere Geschenk macht. Poseidon rammte seinen Dreizack in einen Felsen auf der Akropolis und ließ eine Salzwasserquelle entspringen. Aber was sollten die Athener denn damit anfangen, waren sie doch ringsum von Salzwasser umgeben? Athene hingegen ließ an der Stelle der Akropolis, auf der später ihr Tempel stehen sollte, einen Olivenbaum entsprießen. Poseidon sah rasch ein, dass er im Nachteil war. Zwar konnte man die Erschließung einer Salzquelle als symbolische Vorwegnahme der athenischen Seeherrschaft deuten, aber für eine unmittelbare Nutzanwendung war sie nicht geeignet. So ließ er als Draufgabe ein Pferd den Wellen entspringen, und die beiden warteten gespannt auf die Entscheidung des Königs von Athen. Der sagenhafte König Kekrops, ein Autochthon, ein aus der Erde Geborener, mit dem Leib einer Schlange oder eines Drachens, war erdverbunden und praktisch veranlagt – ihm verdanken wir die Erfindung des Rads – und entschied sich für den Olivenbaum und somit für Athene. Nach einer anderen Überlieferung hatte die Entscheidung eines Sterblichen nicht genug Autorität, und so sollte ein Schiedsgericht von zwölf Göttern darüber abstimmen, wem der Sieg zuzusprechen sei. Nachdem dieses erlauchte Gremium zu keiner mehrheitlichen Entscheidung gekommen war, lag sie nun bei der allerhöchsten Autorität, dem Göttervater Zeus: Und der gab seiner Tochter und dem Olivenbaum den Vorzug.

Die jungfräuliche Göttin Athene wurde im Parthenon (parthenos heißt „jungfräulich"), dem schönsten Tempel der Akropolis, verehrt. Die Figuren des Westgiebels, deren Rekonstruktion man heute im Athener Akropolis-Museum bewundern kann, zeigen ihren Wettkampf mit Poseidon. Athene, die der Stadt ihren Namen gab, stellt selbst in dem so vielfältigen griechischen Pantheon eine Ausnahmeerscheinung dar: Sie ist, wie Hesiod in seiner *Theogonie* (924–926) berichtet, eine Vater-Geborene: „*Er selbst* [Göttervater Zeus] *gebar aus seinem Haupt die helläugige Athene, die schreckliche, Kämpfe erregende Heerführerin und unbesiegliche Herrin.*" In voll ausgebildeter Gestalt mit Helm und Rüstung entstieg sie als Epiphanie einer Kriegsgöttin dem Haupt des Göttervaters Zeus. Andere Überlieferungen schildern dieses Ereignis noch detailreicher, wie etwa in der *griechischen Mythologie* von Robert Ranke-Graves (1895–1985): Nach der Einverleibung seiner mit Athene schwangeren Geliebten, der Titanin Metis, wurde Zeus von einem tobenden Kopfschmerz erfasst. „*Ihm schien, als ob sein Schädel bersten wollte*" und er „*heulte vor Schmerz, bis das ganze Firmament erbebte*". Nun war es an Hephaistos, dem Gott der Schmiede, den Geburtshelfer zu spielen. Er öffnete mit Schmiedehammer und Keil den Kopf des Zeus „*und diesem entsprang die voll bewaffnete Athene mit einem mächtigen Schrei.*"

Athenes Klugheit, Stärke und Schönheit machten sie zu einer begehrten Heiratskandidatin für Götter, Titanen und Riesen. Doch sie wies alle Annäherungen zurück und zog es vor, jungfräulich zu bleiben, was in der so sinnesfreudigen griechischen Götterwelt nur selten vorkam. Es wäre jedoch falsch, dies als Prüderie zu deuten, vielmehr galt Jungfräulichkeit als Zeichen der Stärke, was auch ihre Eignung als Schutzgöttin ausmachte. So sahen die Athener nach Ranke-Graves in der Jungfräulichkeit ihrer Göttin ein Symbol für die Unbesiegbarkeit ihrer Stadt.

Weiters ist eine skurrile Episode überliefert, ein Ereignis, das aber den Kernpunkt der athenischen Legende bildet und die enge Verbundenheit der Göttin mit Stadt und Region bekräftigt, geht es doch um Erechthonios, den sagenhaften König von Athen, einen Sohn der jungfräulichen Göttin: Als Zeus sich weigerte, Athene Rüstung und Waffen auszuhändigen, bat sie Hephaistos, ihr eigene anzufertigen. Sie suchte ihn persönlich in seiner Werkstatt im Ätna auf; er aber weigerte sich, den Preis für seine Arbeit zu nennen, und beteuerte ihr, es aus Liebe für sie zu machen. Die in sexuellen Belangen unbedarfte Athene erfasste den zweideutigen Sinn dieses Versprechens nicht. Dabei war der ansonsten eher gutmütige Hephaistos selbst Opfer einer Intrige: Der nachtragende Poseidon hatte ihm zuvor eingeredet, Athene sei auf dem Weg zu seiner Schmiede und hoffe, mit Zustimmung des Zeus, vergewaltigt zu werden! Als er aber unter dem Vorwand, Maß zu nehmen, zur Tat schreiten wollte, setzte sich die Göttin doch erfolgreich zur Wehr, konnte aber nicht verhindern, dass Hephaistos seinen Samen gegen ihren Schenkel verspritzte. Angeekelt entfernte sie ihn mit einer Handvoll Wolle und warf das Knäuel weit von sich. Als dieses in die attische Erde einschlug, kam es zu einer heftigen Reaktionsbildung, aus der Erechthonios (auch: Erichthonios, Erichthonius) hervorging.

Trotz der Umstände, die zur Zeugung des Erechtonios geführt hatten, und seiner Gestalt – er hatte statt der Beine Schlangen am Leibe und konnte sich deswegen nur kriechend fortbewegen – übernahm Athene die Verantwortung für dieses Geschöpf und zog es liebevoll auf. Später wurde Erechthonios König von Athen und führte hier die kultische Verehrung der Göttin ein. Er gilt auch als Begründer der Panathenäischen Spiele und der Erfinder des vierpferdigen Gespanns.

An dieser Stelle soll noch eine andere Gottheit gewürdigt werden, die sich zwar um die Olivenkultur und deren Verbreitung verdient gemacht hat, aber stets im Schatten der glanzvollen Athene stand: Aristaios, ein Sohn des Apoll und der Kyrene, wurde von den Myrtennymphen erzogen, die ihn lehrten, Milch gerinnen zu lassen, Käse daraus zu machen, Bienenstöcke zu bauen und den wilden Olivenbaum zu veredeln, sodass er die kultivierte Olive hervorbringe. Da er diese nutzbringenden Künste an die Menschen weitergab, wurde er mancherorts als Gottheit verehrt, besonders von den sizilianischen Bauern. Aristaios, der Gott fürs „Praktische", unterwies die Bauern aber nicht nur in der Aufzucht der Bäume, sondern auch in der Ernte, der Weiterverarbeitung ihrer Früchte und der Herstellung des Öls; er gilt auch als Erfinder der Ölpresse.

Nicht ausreichend geklärt ist hingegen die enge Beziehung der Athene mit der Olivenkultur, eine Beziehung, die in dieser Form in den homerischen Epen noch nicht präsent ist. Wäre eine spirituelle Affinität zu einer chthonischen, mehr der Erde verbundenen Gottheit, nicht naheliegender? Diese Frage stellte sich schon vor mehr als hundert Jahren der Gelehrte Victor Hehn (1813–1890): „Warum wurde aber Athene die Schutzherrin der neuen Kultur und warum verflocht sich Öl- und Ölbaumzucht so innig und mannighaft mit dem Dienst der aus dem Haupte des Himmels unmittelbar hervorgegangenen Lichtgöttin?" Die Erklärung Victor Hehns, „weil das Öl zur Leuchte diente und der Ölbaum das Feuer nährte", verweist zwar auf einen wichtigen Verwendungszweck und lässt Assoziationen zur „Lichtgöttin" zu, kann aber nicht überzeugen, zumal der Gelehrte sich auf eine von der Wissenschaft mittlerweile als unzuverlässig erkannte Quelle berufen hatte.

Für die Attraktivität der Athene für die Bewohner Athens und Attikas gibt es wahrscheinlich keine monokausale Erklärung. Sie liegt wohl in der besonderen Struktur der athenischen Polis, die sich im sechsten vorchristlichen Jahrhundert herauszubilden begann, in der einzigartigen Synthese von Stadt und Land, der Einbeziehung der Landbewohner in die politischen Entscheidungsprozesse, der Entwicklung einer modernen Urbanität unter Beibehaltung der ländlichen Subsistenz sowie der Schaffung von religiösen Riten und politischen Institutionen, die möglichst vielen Bürgern eine Teilnahme ermöglichte.

Tempel, Kultstätten und Spiele

Für den Althistoriker Moses Finley (1912–1986) bestanden Sinn und Funktion der antiken Tempel darin, das sichtbare äußere Zeichen für Wachstum an Wohlstand und politischer Reife zu verkörpern. Antike griechische Tempel und die mittelalterlichen Dome der Christenheit unterschieden sich für Finley hinsichtlich ihrer Funktion darin, dass *„der Tempel ein Haus für einen Gott und nicht eine Stätte des Gottesdienstes war"*. Denn die Religionsausübung war bei den antiken Griechen an keinen fixen Standort gebunden, ihre Riten erforderten keine Tempel, sondern Altäre, und die *„gab es allerorten, in den Häusern und auf den Feldern, auf den Versammlungsplätzen"*. Sie feierten ihre Götter zu bestimmten Zeiten durch Prozessionen, Spiele und Feste. In diesem Sinne *„war der Tempel ein Denkmal, das die Gemeinde sich selbst setzte, eine offenkundige Darstellung ihrer Größe, Stärke und – vor allem ihres Selbstbewusstseins"*.

An der Stelle, an der der Palast des Erechthonios gestanden haben soll, wurde später (zwischen 420 und 406 v. Chr.) das Erechtheion gebaut. Der Tempel umfasste in einer komplexen

architektonischen Gestalt mehrere alte Kulte für insgesamt 13 Gottheiten und Heroen zusammen: So enthielt er das angeblich vom Himmel gefallene Standbild der Athene, das jährlich am Fest der Panathenäen neu geschmückt wurde. Es war aus Olivenholz geschnitzt und die Göttin galt in dieser bescheidenen Version als Beschützerin der Armen. Das Holz des Olivenbaums war schlicht das Holz der Heiligkeit.

Dieser Bau umfasste auch die Erdspalte, die eine der Athene geheiligte Schlange, wahrscheinlich ein Sinnbild des Erechtheios, barg, die Salzquelle des Poseidon, das Grab des mythischen Königs Kekrops I. und den heiligen Ölbaum der Athene, von dem alle anderen Ölbäume abstammen sollen.

Koren am Erechtheion in Athen

Berühmt ist das Erechtheion für seine Vorhalle, die von sechs weiblichen Säulen (Karyatiden), überlebensgroßen Mädchenfiguren (Koren), gestützt wurde. Im 7. Jahrhundert widmete man diesen „heidnischen" Tempel in eine christlich-byzantinische Kirche um. Und unter osmanischer Herrschaft, als die Akropolis in eine (für Bildungsreisende nur gegen eine hohe Bestechungssumme zugängliche) türkische Militärbasis umgebaut wurde, erfuhr er im Jahre 1648 eine ganz andere Bestimmung: In ihm wurde der Harem des Garnisonskommandanten untergebracht. „*Die Karyatiden der berühmten Vorhalle machten nun Werbung für die Freuden, die einen im Inneren erwarten*", schreibt die Althistorikerin Mary Beard in ihrer Monographie *Der Parthenon* im Jahr 2002.

Im Jahre 1811 ließ Thomas Bruce, 7. Earl of Elgin (1766–1841), damals britischer Botschafter im osmanischen Reich und findiger Kunsträuber, eine der sechs Koren des Parthenon nach Großbritannien bringen – sie befindet sich noch heute im British Museum in London. Die verbliebenen fünf wurden, um sie vor Witterungseinflüssen zu schützen, inzwischen durch Nachbildungen ersetzt und sind im Akropolismuseum in Athen zu besichtigen.

Der Bau des Tempels der Athena Parthenos (des Vor-Parthenons) wurde nach der Schlacht bei Marathon (490 v. Chr.) in Angriff genommen, aber noch vor dessen Vollendung von den Persern 480 n. Chr. zerstört und später durch den berühmten Parthenon ersetzt. Den Baubeginn dieses bedeutenden Denkmals antiker Architektur datieren Experten ins Jahr 447 v. Chr. Über den Grund für diesen verspäteten Beginn gibt es unterschiedliche Auffassungen. Die einen berufen sich auf den von den Athenern geleisteten Schwur, die von den Persern zerstörten Tempel nicht mehr aufzubauen – die Brandruinen sollten noch späteren Generationen die persische Barbarei bezeugen –, andere machen innenpolitische Rivalitäten dafür verantwortlich. War für die Zeitgenossen der religiöse Aspekt des Bauwerks noch der bestimmende, so avancierte es schon in spätantiker Zeit zur Attraktion für Reisende und spätestens im 19. Jahrhundert zum Kultobjekt für Bildungsbürger. Der äußerst

Detail des Parthenonfrieses:
Kentaur gegen Lapith

umfangreichen Literatur über den Parthenon kann und soll hier nichts mehr hinzugefügt werden, Interessierte seien auf die ausgezeichnete und bereits erwähnte Darstellung von Mary Beard verwiesen.

Ganz im Gegensatz zu dem musealen Eindruck, den wir uns heute meist von den antiken Bauwerken machen, waren diese keineswegs „marmorweiß", sondern knallbunt und – salopp formuliert – zuweilen dem „Trash" näher als dem klassischen Kunstideal. So ist beispielsweise die Beschreibung des Parthenon durch Pausanias laut Mary Beard ein gutes Beispiel für das tatsächliche „klassische" Kunstverständnis: *„Offen gesagt, vermittelt Pausanias` Bericht dem modernen Leser den Eindruck von einem entsetzlich vulgären Machwerk, einer missglückten Kombination von Materialien, prätentiös und überladen, dem klassischen Ideal diametral entgegengesetzt."*

Es ist nicht genau bekannt, wie lange der Parthenon als heidnischer Tempel diente, er wurde, wie so viele andere antike Kultstätten, im Laufe des 6. Jahrhunderts in eine Kirche, in die

Kirche der heiligen Maria von Athen, umgewandelt und unter osmanischer Herrschaft in den 1460er Jahren wiederum zu einer Moschee umfunktioniert. Eine schwere Beschädigung erfuhr der Parthenon während der Belagerung Athens durch die Venezianer im Jahre 1687. Als die Belagerer die befestigte Akropolis unter Artilleriebeschuss genommen hatten, wurde er von einer Kugel getroffen. Der Treffer löste eine schwere Explosion aus, da die Osmanen ihr Pulver darin gelagert hatten.

1801 verschaffte sich der bereits erwähnte Earl of Elgin vom Sultan eine Genehmigung, Abgüsse und Zeichnungen von allen sich auf der Akropolis befindlichen antiken Baudenkmälern anzufertigen und, wenn erforderlich, auch neuere Gebäude abzureißen und Skulpturen zu entfernen. Diese von allerhöchster Stelle autorisierte Erlaubnis interpretierte der Earl sehr freizügig und nicht zufällig zu seinen Gunsten. So ließ er fast den ganzen Parthenon-Fries und die meisten erhaltenen Figuren herausbrechen und nach England bringen, wo er es dann, um seinen drohenden Bankrott abzuwenden, ans British Museum verkaufte. Diese sogenannten Elgin-Marbles geben heutzutage noch Anlass zu politischen Konflikten, da das British Museum griechische Restitutionsforderungen bisher zurückgewiesen hat.

Die Panathenäen, das Fest aller Athener, war das größte religiös-politische Fest zu Ehren der Schutzgöttin Athene. Der sagenhafte König Erechtheios soll sie gestiftet haben, zur fixen Institution wurden sie wohl erst unter der Tyrannis des Peisistratos. Es gab die kleinen, alljährlich stattfindenden Feste und die großen, die nur jedes vierte Jahr abgehalten wurden; sie dauerten vom 25. bis 28. Juli. Den Höhepunkt bildete der feierliche Umzug der athenischen Bürgerschaft, bei dem auch das prächtigste Schaustück, das von attischen Frauen gewebte Gewand der Athene, gezeigt wurde. Denn die Göttin war auch Hüterin des weiblichen Handwerks. Dabei nahm der Prozessionszug die Form eines Schiffes an. Die Empfängerin dieser textilen Kostbarkeit war aber nicht die berühmte aus Gold und Elfenbein gefertigte Statue im Parthenon, sondern das sehr viel ältere und schlichtere, aus Olivenholz geschnitzte Kultbild der Gottheit, das bis zum 5. Jahrhundert in einem Schrein im Erechtheion aufbewahrt wurde.

Wie überall im antiken Griechenland üblich, gab es bei den Panathenäen auch Wettkämpfe. Die Zuständigkeiten für deren Organisation und die Modalitäten beschrieb Aristoteles (384–322 v. Chr.) in *Der Staat der Athener*: Der Sieg im musikalischen Bewerb wurde mit Geld und Gold prämiert, die glücklichen Gewinner der sportlichen Bewerbe und der Pferderennen bekamen Olivenöl, das aus heiligen Bäumen gewonnen worden war.

Damals, als es sonst nirgends auf Erden Ölbäume gab, als in Athen

Der Athener Thukydides (454–399/96 v. Chr.), Stratege und Geschichtsschreiber (*Der Peloponnesische Krieg*), vertrat die Theorie, die *„Völker des Mittelmeerraumes entwickelten sich aus der Barbarei zu einem zivilisierten Volk, als sie lernten, Oliven und Wein anzubauen"*. Und Herodot von Halikarnassos (480/90–424 v. Chr.), der „Vater der Geschichte", berichtete über die herausragende Bedeutung des Olivenbaums im sakralmagischen Kontext:

„Die alte Feindschaft gegen Athen hatte bei den Aigineten folgenden Grund: In Epidaurus wollte der Boden keine Früchte tragen. Die Epidaurier fragten dieses Missgeschickes wegen in Delphi an. Die Pythia forderte sie auf, der Damia und Auxesia Kultbilder zu errichten; dann werde es ihnen

Sakralraum und Olivenbaum – eine mediterrane Symbiose

besser gehen. Darauf erkundigten sich die Epidaurier, ob sie Statuen aus Erz oder Stein anfertigen sollten. Die Pythia aber verneinte beides und forderte Standbilder aus Holz des zahmen (veredelten) Ölbaumes. Nun baten die Epidaurier die Athener, bei ihnen einen Ölbaum fällen zu dürfen; denn sie hielten die athenischen Ölbäume für die heiligsten. Es heißt aber auch, es habe damals nur in Athen Ölbäume gegeben. Die Athener erklärten, sie würden ihnen nur unter der Bedingung einen Ölbaum überlassen, dass die Epidaurier der Athene Polias und dem Erechtheius jährliche Opfergaben entrichteten. Die Epidaurier nahmen die Bedingung an und erhielten, worum sie gebeten hatten. Sie ließen Götterbilder aus diesem Ölbaum schnitzen und stellten sie auf. Da trug ihr Boden wieder Früchte, und sie hielten den Athenern ihr Versprechen."

In diesem Bericht zeichnet sich Herodots Tendenz ab, den Mythos zu rationalisieren (oder zu historisieren), er zeigt aber auch, dass den späteren Griechen Athen als Urheimat der Olivenkultur galt und die Athener als Autoritäten in einem sakralen, eng mit der entstehenden Olivenkultur verbundenen Bereich angesehen wurden. Wenn man jedoch die Schale des Sakralen durchdringt, scheint sich ein eher materialistischer Kern herauszuschälen: Könnte man die angebliche sakrale Autorität der Athener nicht auch als agrartechnischen Vorsprung deuten? Und die Hilfe, die sie den von einer Missernte heimgesuchten Epidauriern gegen gewisse Auflagen gewährten, als Weitergabe von „Know-how"? Jedenfalls ist es erstaunlich, dass gerade die für ihre sonst eher kryptischen Antworten berühmte Pythia des Orakels von Delphi in diesem Fall ganz eindeutig das Holz der veredelten (zahmen) Olive fordert. Auch die sprachliche Unterscheidung zwischen dem „zahmen" und „wilden" Ölbaum beweist nach Victor Hehn, „dass hier die Kultur des veredelten Ölbaums … festen Bestand gewonnen hatte".

Herodots Bericht – nicht mehr Mythologie und noch nicht Geschichtsschreibung – steht übrigens keines-

Büste des
Herodot
in Athen

wegs im Widerspruch zu den Ergebnissen der modernen interdisziplinären Forschung, die auch gentechnische Untersuchungen miteinbezieht. Zwar lässt sich laut dem jüngst verstorbenen Althistoriker Karl-Wilhelm Welwei (1930–2013) *„die Frage der frühen Domestizierung des Olivenbaums"* nur *„bedingt durch genetische Untersuchungen beantworten"*. Als gesichert gilt aber, *„dass über alle Klimaveränderungen hinweg drei Refugien für den Olivenbaum blieben, nämlich das Gebiet um Gibraltar, die Ägäis und der Nahe Osten, einschließlich Zypern. ... Diese drei Genpools der Wildform hätten den Ausgangspunkt für die domestizierten Formen bilden können."* Die heutigen Formen stammen jedoch *„ausschließlich aus der nördlichen Levante und wurden mit den menschlichen Migrationen"* – das heißt in der Hauptsache durch die schon im 8. vorchristlichen Jahrhundert einsetzende griechische Kolonisierung – im Mittelmeerraum verbreitet.

Auch die kultische Verehrung Athenes als Schutzgöttin und Pflegerin des Ölbaums im Attika des 7. vorchristlichen Jahrhunderts lässt schon auf eine weite Verbreitung der Ölbaumzucht zu dieser Zeit schließen. Die spezifischen Bedingungen des Olivenanbaus prägten nicht nur die alltägliche Lebensweise von Bauern und Konsumenten, sie begünstigen – je nach regionalen Besonderheiten – auch die Herausbildung der politischen Organisationsform der „Polis".

Olivenkultur und Polis

„Das griechische Wort Polis (von dem auch unser Wort Politik herkommt) bezeichnet in seiner klassischen Bedeutung einen Staat, der sich selbst regiert", schrieb der Althistoriker Moses Finley. Darunter verstand man in der griechischen Antike gewöhnlich eine städtische Siedlung rund um eine Burg (Akropolis) und das zum Staat gehörige ländliche Umfeld. Athen, die größte Polis, umfasste nur 26.000 Quadratkilometer, was in Etwa der Größe des heutigen Großherzogtums Luxemburg entspricht. Die Bevölkerungszahl Athens betrug Mitte des 5. vorchristlichen Jahrhunderts ca. eine viertel Million Menschen, während der Perserkriege waren es deutlich weniger und am Ende des Peloponnesischen Krieges dürfte sie weniger als die Hälfte betragen haben. Erst im 4. Jahrhundert stieg die Zahl wieder an.

Die im deutschen Sprachraum übliche Übersetzung von *Polis* mit *Stadtstaat* führt laut Moses Finley häufig zu Missverständnissen, da dieser Begriff *„einen Akzent* [setzt], *der in zweifacher*

Hinsicht falsch" ist: Er lässt zum einen „*die Landbevölkerung unberücksichtigt, die die Mehrheit der Bürgerschaft ausmachte*", und erweckt zum anderen „*die Vorstellung, als habe die Stadt das Land regiert, was unrichtig ist*".

Die Aufsplitterung der Landschaft in fruchtbare und weniger fruchtbare Anbaugebiete sowie die besondere Beschaffenheit des attischen Bodens, seine weißliche, weil kalkhaltige Erde, waren dem Anbau von Getreide weniger förderlich, sie begünstigten aber den Anbau von Wein, vor allem aber den der Olive. Sie gedieh hier nach den Worten des Chors im Drama *Ödipus auf Kolonos* des Dichters Sophokles (497/496–406/405 v. Chr.) „*wie nicht im Lande Asien, noch auf der großen dorischen Pelopsinsel*".

Eine wesentliche Voraussetzung für die wirtschaftliche und politische Stabilität der Polis war die Aufteilung des bebaubaren Bodens, wenngleich sie nach den Berichten des Aristoteles oft auch Ursache innenpolitischer Konflikte war:

„*In der Folgezeit kam es dazu, dass sich die Vornehmen und die Menge über lange Zeit hinweg bekämpften. Denn ihre Staatsordnung war auch in jeder Hinsicht oligarchisch, und insbesondere lebten die Armen in sklavischer Abhängigkeit von den Reichen – sie selbst, ihre Kinder und Frauen. Sie hießen Abhängige* [pelátai] *und Sechstler* [hektémoroi: Pächter, die nur den sechsten Teil des Ernteertrages für sich behalten durften], *denn für diese Pacht bestellten sie die Felder der Reichen. Das gesamte Land war in den Händen weniger; und wenn sie ihre Pacht nicht abführten, konnte auf sie selbst und ihre Kinder zugegriffen werden. Die Darlehen wurden bis zu Solons Zeit an alle unter der Bedingung vergeben, dass sie mit ihrem Körper dafür hafteten; dieser wurde der erste Führer des Volkes.*"

Olivenernte, dargestellt auf einer attischen Amphore

Indessen lagen die Ursachen für die Ungleichheit an Grundbesitz und als Folge dessen auch für die unsoziale Aneignung seines Ertrags in einer „wilden" Landnahme, ein Phänomen, das Homer bereits bekannt war: Einzelne Privatleute nahmen ganz selbstverständlich und ohne einen entsprechenden Beschluss der Gemeinschaft noch nicht verteiltes Land in Kultur und auch in Besitz. Die Kleinbauern verfügten aber weder über die zu einer ungeregelten Landnahme notwendigen Kapazitäten, noch hatten sie die politische Macht, eine geregelte durchzusetzen. Dies konnten einzig die Adeligen, die davon auch reichlich Gebrauch machten.

Die Zeit erforderte Reformen, und der Staatsmann und Lyriker Solon (640–560 v. Chr.) war dafür offensichtlich der richtige Mann. Er hatte schon vor seiner Reformtätigkeit die Inbesitznahme von „freier Erde" immer wieder als Unrecht angeprangert. Seine agrarpolitischen Maßnahmen betrafen u.a. auch den Anbau von Feigen- und Olivenbäumen, wie Plutarch (45–120) berichtete:

„Sodann bestimmte er sehr sachverständig die Abmessungen der Pflanzungen, und zwar verordnete er, dass man beim Setzen von anderen Pflanzen auf seinem Acker vom Nachbar einen Abstand von fünf Fuß, bei Feigen- und Ölbäumen neun Fuß Abstand halten solle. Denn diese greifen mit ihren Wurzeln weiter aus und sind nicht für alle Pflanzen unschädliche Nachbarn, sondern entziehen ihnen die Nahrung und verbreiten für manche schädliche Ausdünstung."

Solon erließ auch Ausfuhrverbote für landwirtschaftliche Produkte, wovon lediglich Olivenöl ausgenommen war:

„Von den Erzeugnissen des Landes gestattete er den Verkauf an Fremde nur für Öl, anderes auszuführen verbot er und verordnete, dass der Archon über diejenigen, welche das doch täten, Flüche aussprechen sollte, oder er musste selbst hundert Drachmen in die Staatskasse zahlen."

Damit konnte die für die Bevölkerung notwendige Subsistenz sichergestellt und ein Ausgleich der Interessen bewirkt werden. Denn zu Solons Zeiten exportierte Attika Öl, Wein und auch noch Getreide, das nicht gerade im Überschuss produziert werden konnte. Davon profitierten aber nicht die Kleinbauern, deren Erträge gerade noch den Eigenbedarf deckten, sondern diejenigen, die imstande waren, sich zusätzliches „freies" Land anzueignen, das sie von Kleinbauern und Pächtern bewirtschaften ließen. Das Ausfuhrverbot verminderte natürlich den Anreiz, für den Export bestimmte Lebensmittel auf öffentlichem Land anzubauen. Dass das Olivenöl ausgenommen wurde, hatte unter anderem folgenden Grund: Ölbäume verhindern nicht den

Anbau von anderen, für den Lebensunterhalt unentbehrlichen Nahrungsmitteln. Der gleichzeitige Anbau von Oliven und Korn war bereits Homer bekannt und wurde noch von römischen Agrarökonomen wie Cato, Varro und Columella ausdrücklich empfohlen.

Wie demokratisch ist die Olive?

War der Olivenbaum tatsächlich der erste Demokrat? Darüber ließe es sich trefflich streiten! Allerdings zeigt uns die Geschichte, dass sich unter der Tyrannis des Peisistratos (um 600–528/527 v. Chr.) und dessen Söhne in Athen eine blühende Olivenkultur entwickelte, was wiederum beweist, dass der Olivenbaum auch unabhängig von der Herrschaftsform prächtig zu gedeihen vermag.

Natürlich kann man davon ausgehen, dass eine erfolgreiche Olivenzucht keineswegs einer Latifundienwirtschaft bedurfte und diese sogar erhebliche Nachteile mit sich brachte. Außerdem waren die Beschaffenheit der attischen Landschaft sowie die Struktur der Polis der Herausbildung einer Latifundienwirtschaft nicht gerade förderlich. Darüber hinaus erweckt die Kleinheit und Überschaubarkeit der athenischen Polis, die zu ihrer Glanzzeit ihren Bürgern eine vielfältige Beteiligung am politischen Entscheidungsprozess und mehr direkte Demokratie gestattete, aus heutiger Sicht viel Sympathie. Aber können heutige Verfechter einer neoliberalen Wirtschaftspolitik mit Recht Solon als Wegbereiter der Demokratie bezeichnen? Waren seine Reformen nicht eher eine Vorform des staatlichen Dirigismus, ein höchst undemokratischer Eingriff in eine florierende Wirtschaft? Da man nur allzu leicht der Versuchung erliegt, zeitgenössische Probleme auf der Suche nach Präzedenzfällen in die Vergangenheit zu projizieren, ist es angebracht, Grundlegendes über die Entstehung der athenischen Demokratie im Zusammenhang mit der Olivenkultur zu klären.

Moses Finley schrieb: „*Die Athener bezeichneten manchmal Solon als den Vater ihrer Demokratie, aber das war ein anachronistisches Märchen. Obwohl Solon und Peisistratos, jeder in seiner Weise, einen Teil der Fundamente legten, indem sie das archaische System, insbesondere das politische Monopol der Adelsfamilie, schwächten, … hatte es doch keiner der beiden auf eine Demokratie abgesehen.*“

Zur Imagekorrektur der Tyrannen sei hier gesagt, dass nicht alle einen so schlechten Ruf hatten, wie der berüchtigte Dionysos von Syrakus in Friedrich von Schillers berühmter Ballade *Die Bürgschaft*. Nochmals sei Moses Finley zitiert: „Tyrann“ war „*ursprünglich ein neutrales Wort*“ und bedeutete, „*dass ein Mann ohne legitime verfassungsmächtige Ermächtigung (anders als ein König) die Macht ergriff und festhielt; es war damit kein Urteil über seine Qualität als Mensch und Herrscher verbunden*“. Manche von ihnen, „*etwa Peisistratos in Athen, regierten gut und wohlwollend, machten dem Bürgerkrieg ein Ende, halfen die wirtschaftlichen Schwierigkeiten beseitigen und förderten die Städte auf mancherlei Weise*“.

Aristoteles urteilte in seiner Schrift *Der Staat der Athener* über den Tyrannen Peisistratos: Er „*verwaltete, wie gesagt, das Gemeinwesen maßvoll und mehr zum Nutzen der Polis als auf tyrannische Art und Weise. Denn im Allgemeinen war er menschenfreundlich, mild und bereit zu vergeben, wenn jemand ein Unrecht begangen hatte; insbesondere lieh er Bedürftigen Geld für die Produktion, damit sie auf Dauer von der Landwirtschaft leben konnten.*“

Diese überaus positive Beurteilung durch Aristoteles sollte jedoch nicht darüber hinwegtäuschen, dass unkontrollierte militärische Macht langfristig von Übel war; und wenn schon nicht die Tyrannen der ersten Generation, so entwickelten die der zweiten oder dritten sich gewöhnlich zu dem, was man heutzutage darunter versteht. So mag es aus heutiger Sicht als Paradoxon der athenischen Geschichte erscheinen, dass Solon, der bei den späteren Griechen als Vater der Demokratie galt, und der Tyrann Peisistratos wirtschaftspolitisch ähnliche Ziele verfolgten und durch permanente Schwächung des politischen Monopols der Adelsfamilien, ohne es zu wissen oder zu wollen, der Demokratie einen Weg bahnten. Und der Tyrann Peisistratos schaffte letztlich, was Solon verwehrt geblieben war: Die Lage der Bauern wurde einigermaßen sicher, sie wurden unabhängig und kamen im Bedarfsfall sogar in den Genuss finanzieller Unterstützung. Bedenkt man die herausragende Stellung der Olive in der attischen Landwirtschaft und die Bedeutung ihres Öls sowohl für den Eigenbedarf als auch für den Export, so kann man diese Beihilfen durchaus als Subventionierung des Olivenanbaus interpretieren.

Olivenöl Gesunder Genuss

Obwohl es bis zur höchsten Entfaltung der athenischen Demokratie unter Perikles (490–429 v. Chr.) noch Generationen dauern sollte – Voraussetzungen dafür waren der mit Hilfe Spartas herbeigeführte Sturz der Tyrannis und die Reformen des Kleisthenes (570–507 v. Chr.) – so lässt sich doch ein roter Faden verfolgen, dessen Anfang die Reformen Solons bildeten.

Die weitgestreute Verteilung des Landes war eine wichtige Voraussetzung für den sozialen Frieden. Sie bildete auch die Grundlage für eine kleinbäuerliche Lebensweise, die sich nie völlig von der Subsistenzwirtschaft löste. Zwar war die überwiegend städtische Ausrichtung des athenischen Lebens die Voraussetzung für die Macht und den Reichtum der Polis, der Großteil ihrer Bürgerschaft – Moses Finley schätzt den Anteil grundbesitzender Bürger Ende des 5. Jahrhunderts v. Chr. auf drei Viertel – war jedoch eng mit dem Land verbunden. Die Verfügung über ein eigenes Stück Land gilt daher in der neueren Forschung nicht zu Unrecht als ein wichtiger Pfeiler für den auffälligen sozialen Frieden in Athen, nicht nur während der Glanzzeiten des Delisch-Attischen Seebunds, als man durch die Seeherrschaft eine ganze Reihe von Handelsvorteilen besaß, sondern auch später, als man wieder stärker auf die eigenen Ressourcen zurückgreifen musste.

Die Eule und der Olivenzweig, die Symbole des antiken Athens, schmücken hier eine attische rotfigurige Vase um 480/470 v. Chr.

Heilige Bäume – heiliges Öl

Wollte man eine Genealogie des Olivenbaums erstellen, so wäre der von Athene auf die Akropolis gepflanzte der ruhmreiche Stammvater. Zwölf von den Ablegern des ersten und heiligen Ölbaums gewonnene und deswegen ebenfalls heilige Ölbäume standen im Garten der athenischen Akademie. Sie sollen dorthin versetzt worden sein, kurz nachdem Athene ihr Geschenk an die Athener gemacht hatte. Außer diesen gab es noch andere heilige Olivenbäume (genannt morìai), die sich auf verschiedenen privaten Grundstücken befanden.

Die heiligen Bäume standen unter dem Schutz des Areopags, des obersten Gerichtshofs, und es war streng – angeblich sogar bei Todesstrafe – verboten, sie zu fällen, zu roden oder sie auf nur irgendeine Art und Weise zu beschädigen.

Das Öl der heiligen Bäume hatte eine besondere Bestimmung: der Preis für die Sieger der panathenäischen Spiele in den sportlichen Disziplinen und in den Pferderennen. Diese Spiele zu organisieren, war Aufgabe der Athlotheten, ein Gremium aus zehn ausgewählten Männern. Aristoteles beschrieb ihre Aufgaben und Kompetenzen in dem Werk *Der Staat der Athener*:

„Diese amtieren, nachdem sie überprüft sind, vier Jahre lang und organisieren die Festspiele der Panathenäen, den musikalischen und sportlichen Wettbewerb sowie das Pferderennen; sie lassen auch das Gewand der Athena und zusammen mit dem Rat die Preisamphoren herstellen und übergeben den Athleten das Öl.

Gewonnen wird das Öl von den heiligen Olivenbäumen; der Archon treibt es von denen ein, welche die Landgüter besitzen, auf denen die heiligen Bäume stehen, und zwar drei halbe Kotylen von jedem Baum. Früher verpachtete die Polis diese Einnahme; und wenn jemand einen heiligen Ölbaum ausgrub oder fällte, saß der Areopag über ihn zu Gericht, und wenn er des Vergehens für schuldig befunden wurde, bestraften ihn die Areopagiten mit dem Tod. Seit der Landbesitzer dieses Öl abliefert, gibt es zwar dieses Gesetz noch, aber das Gerichtsverfahren ist aufgehoben worden. Das Öl fließt der Polis nämlich aus dem Gesamtbesitz, nicht von den einzelnen Bäumen zu.“

Das Gesetz, das für Baumfrevel die Todesstrafe vorgesehen hatte, existierte nach Aristoteles zwar noch, fand aber nach seiner Aussage keine Anwendung mehr. Weiter erfahren wir, dass nicht ausschließlich Öl von heiligen Bäumen genommen und nach dem Gesamtbesitz bemessen wurde.Geht man davon aus, dass eine Kotyle 0,274 Liter entspricht, so betrug der Ertrag eines Baumes gerade 0,411 Liter. Wie groß müsste dann der Bestand an heiligen Bäumen auf privaten Olivenhainen gewesen sein, um den Bedarf für Feste zu decken?

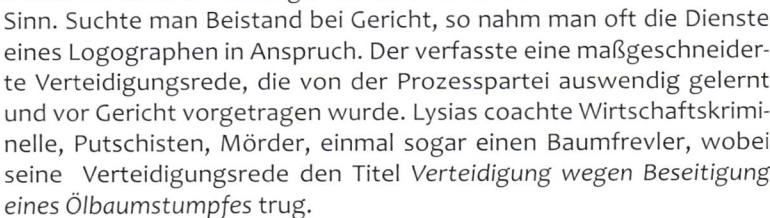

Weiter beschreibt Aristoteles akribisch das Prozedere vom Einsammeln des Öls, dessen Übergabe an den Schatzmeister, die Aufbewahrung in der Akropolis bis zur Überreichung an die Sieger durch die Athlotheten. Das heilige Öl wurde in den extra für diesen Zweck angefertigten athenischen Preisamphoren verabreicht.

Eine andere Quelle über den Umgang mit heiligen Bäumen ist die Verteidigungsrede des Lysias (445–380 v. Chr.). Dieser verfügte über eine ausgezeichnete rhetorische Bildung und übte den Beruf eines Logographen aus. Im antiken Athen gab es keine Rechtsanwälte im modernen Sinn. Suchte man Beistand bei Gericht, so nahm man oft die Dienste eines Logographen in Anspruch. Der verfasste eine maßgeschneiderte Verteidigungsrede, die von der Prozesspartei auswendig gelernt und vor Gericht vorgetragen wurde. Lysias coachte Wirtschaftskriminelle, Putschisten, Mörder, einmal sogar einen Baumfrevler, wobei seine Verteidigungsrede den Titel *Verteidigung wegen Beseitigung eines Ölbaumstumpfes* trug.

Der Fall wurde vor dem Areopag verhandelt, und er war wirklich kompliziert. Sein Klient, ein wohlhabender Landbesitzer, war um 396/97 v. Chr. angeklagt worden, einen sich auf einem seiner Grundstücke befindlichen heiligen Ölbaum gerodet zu haben. Von Lysias bestens instruiert, verteidigte er sich damit, das Land in besagter Zeit verpachtet zu haben und seine Pächter bezeugen können, dass sich damals dort keine heiligen Bäume befunden hätten. Und wenn, dann könnten sie in Kriegszeiten beschädigt oder ausgerissen worden sein. Außerdem hätte eine Entwurzelung der Hilfe von Sklaven bedurft, die er dadurch zu Zeugen seiner Tat gemacht hätte, während diese durch eine Denunziation seiner Tätigkeit ihre Freiheit hätten erwirken können. Er selbst wäre nie so dumm gewesen, dieses Sakrileg zu begehen, habe er doch genau gewusst, welche Konsequenzen dies gehabt hätte: Ehrverlust, Konfiskation des Vermögens und Exil.

Zum besseren Verständnis muss noch hinzugefügt werden, dass es sich bei diesem „Baum" um einen – wenn auch heiligen – „sekos", einen Baumstumpf, handelte. (Die Übersetzung von „sekos" mit Ölbaumstumpf ist vielleicht nicht ganz zutreffend, eher muss man sich darunter einen sehr alten Olivenbaum vorstellen, dessen Stamm vom Alter schon ganz ausgehöhlt und mit Steinen als Schutz gegen den Windbruch ausgefüllt ist.)

Nach einem anderen Gesetz zum Schutz der Ölbäume durfte kein Stamm ausgehoben werden, ausgenommen zum Gebrauch für öffentliche Feste; zum privaten Gebrauch (wie zum Beispiel zur Totenbestattung) standen dem Eigentümer jährlich nicht mehr als zwei Stämme zu. Und wer dagegen verstieß, musste pro Stamm 100 Silberdrachmen zahlen.

Dieses Gesetz ist durch die dem Demosthenes (384–322 v.Chr.) zugeschriebene Gerichtsrede *Demosthenes gegen Makartatos* überliefert. Demosthenes war ein athenischer Staatsmann und Redner, der wie Lysias auch Gerichtsreden verfasste. In diesem Prozess ging es um eine Erbschaft: Ein gewisser Hagnias, ein schwerreicher Bürger Athens, war den Spartanern in die Hände gefallen und von ihnen getötet worden; seine Verwandten und Nachkommen prozessierten um das Erbe. Eine Partei, die Anspruch auf das Erbe geltend machen wollte, warf einem der Haupterben, Makartatos, vor, alle Ölbäume (angeblich mehr als tausend) auf dem Besitz des Hagnias gefällt und in Erwartung schnellen Geldes verkauft zu haben.

Diese Prozesse fielen in eine Zeit, als Athen den Zenit seiner Macht schon überschritten hatte. Bei den Gerichtsprozessen berief man sich trotz eines zeitlichen Abstandes von dreihundert Jahren immer noch auf die Gesetze Solons. Und dies weniger aus einer gründlichen Kenntnis dieser Gesetze oder weil diese noch zur Anwendung gekommen wären, sondern im Vertrauen auf ihre rhetorische Wirksamkeit. Die Beschwörung der alten Zeit, als Athen noch im Aufstieg begriffen war, brachte die Entfremdung umso drastischer zum Ausdruck und ließ Abweichungen von tradierten Verhaltensmustern als umso größere moralische Verfehlung erscheinen. Dieser archaisierenden Tendenz entspricht auch die Bezugnahme des Aristoteles auf die Todesstrafe. Aber gerade in archaischer Zeit, so die Historikerin Marietta Hoster in ihrem Werk *Landbesitz griechischer Heiligtümer*, waren die „Strafen für Sakrilegien keineswegs besonders hart"; Recht und Rache wurden oft den Göttern überlassen. Und wer mit der griechischen Mythologie und den Dramen vertraut ist, der weiß auch, wie furchtbar deren Rache sein konnte, und er ist geneigt, der Historikerin zuzustimmen.

Selbst wenn die Todesstrafe für die Schändung heiliger Bäume nicht nachweisbar ist, so kann man den Griechen wahrhaft nicht vorwerfen, dass die Gesetze zum Schutz ihrer Olivenkultur nicht streng genug gewesen wären. Diese stand stets in einem schwer auszumachenden Bereich zwischen dem Heiligen und dem Profanen, dem Öffentlichen und dem Privaten, der Ökologie und der Ökonomie, des Rechts und der Politik. So geht aus der von Aristoteles beschriebenen Tätigkeit des Archons, der mit der Sicherstellung des Öls für die Panathenäen beauftragt war, deutlich hervor, dass die Polis durch ihre Organe jährlich eine Revision auch der privaten Olivenhaine durchführen ließ und somit eine Kontrolle über deren Bestand und Ertrag ausübte.

Schwieriger zu beurteilen sind hingegen die Motive der gerichtlichen Auseinandersetzung um den „heiligen Baumstumpf", für dessen Beseitigung das Gesetz tatsächlich existenzvernichtende Strafen vorsah. Diese Strenge könnte aber auch Ausdruck einer „vorwissenschaftlichen" Ahnung um das genetische Potenzial der alten attischen Ölbäume sein, das es zu schützen und bewahren galt.

Verwüstungen und Ölbaumwunder

Dass die Kraft des Ölbaums zur Erneuerung etwas Magisches an sich hatte und bei Katastrophen Trost und Hoffnung spendete, davon berichtet der Geschichtsschreiber Herodot in seinen *Historien*. Nachdem die Athener im August des Jahres 480 v. Chr. vor dem nahenden Perserheer ihre Stadt verlassen hatten, fiel sie fast ohne Gegenwehr in feindliche Hände. Die Stadt wurde geplündert, die Akropolis niedergebrannt. Doch dann passierte Erstaunliches: „*Als Xerxes Athen ganz eingenommen hatte, schickte er einen berittenen Boten nach Susa, der Artabanos seinen Erfolg melden sollte. Am zweiten Tag aber nach dem Abgang des Boten rief er die Flüchtlinge aus Athen zusammen, die mit ihm gezogen waren, und forderte sie auf, die Burg zu ersteigen und nach ihrer heimischen Weise ein Opfer darzubrin-*

gen. Entweder hatte ein Traumbild ihn zu diesem Gebot bewogen, oder aber es ging ihm nahe, das Heiligtum niedergebrannt zu haben. Die Flüchtlinge aus Athen führten seinen Befehl aus. Weshalb ich diese Vorgänge erwähnt habe, will ich gleich erzählen.

Auf der Akropolis steht auch der Tempel des Erechtheus, der aus der Erde geboren sein soll. Darin befand sich ein Brunnen mit Meerwasser. Den Ölbaum hatte nun das Schicksal des übrigen Heiligtums getroffen; er wurde von den Barbaren verbrannt. Am zweiten Tag nach dem Brand aber, als die Athener auf Gebot des Königs zum Opfer in die heilige Stätte schritten, sahen sie, dass der Stumpf schon wieder einen etwa ellenlangen Schoß getrieben hatte. So erzählten die Athener."

In der in Schutt und Asche liegenden Stadt gab es ein einziges Zeichen der Hoffnung für die Griechen: einen kleinen Spross, der Zukunft bedeutete, den Sieg in der Seeschlacht von Salamis, die Rückkehr in die Stadt und ihr Wiederaufbau.

Im Jahre 431 v. Chr. begann der Peloponnesische Krieg – und damit der allmähliche Niedergang Athens. Dieser Krieg mit Sparta um die Hegemonie in Griechenland war keineswegs ein lokaler Konflikt. Wegen der komplexen Bündnissysteme und der geographischen Ausdehnung – er bezog auch Sizilien, Ägypten und Kleinasien mit ein – nahm er für die Zeitgenossen quasi Dimensionen eines Weltkriegs an, wie der Geschichtsschreiber Thukydides schreibt: „In der Tat ist dieser Krieg die gewaltigste Erschütterung, die Hellas und ein Teil der Barbarenländer, ja fast die ganze Menschheit erlebt hat."

Die erste Konfrontation zwischen den Hegemonialmächten Sparta und Athen war der Einfall der peloponnesischen Streitmacht (= Sparta und seine Verbündeten) in Attika zu Beginn des (nach dem spartanischen Feldherrn Archidamos benannten) archidamischen Krieges (431–421 v. Chr.). Archidamos ging davon aus, dass die Athener nachgeben und eine Landverwüstung vermeiden würden, aber der athenische Stratege Perikles, der eine von Hopliten ausgetragene Entscheidungsschlacht zu Lande vermeiden wollte, ließ die ländliche Bevölkerung evakuieren, die innerhalb der Stadtmauern Schutz suchen musste. „Es kam sie hart an, ihre Häuser zu verlassen und ihre von den Vätern

Krieger aus Sparta

übernommenen Heiligtümer [und wohl auch ihre Olivenhaine]. *Ihre ganze Lebensweise sollte eine andere werden, und es war ihnen, als kehrten sie ihrer Heimat den Rücken"*, schrieb Thukydides.

In den folgenden Jahren sollte die peloponnesische Streitmacht insgesamt fünf Mal in Attika einfallen und Felder, Äcker, Weinberge, Olivenhaine verwüsten und sonst alles Fruchtbare rund um Athen vernichten, während Athen im Gegenzug seine Flotte ausschickte, um die Küstenstriche der peloponnesischen Halbinsel zu verheeren: Naturzerstörung als Mittel antiker Kriegsführung!

Es folgte die Pestepidemie der Jahre 429/30 v. Chr., die ein Viertel der Bevölkerung hinwegraffte. Athen musste sich schlussendlich den siegreichen Spartanern ergeben – die endgültige Kapitulation erfolgte im Jahre 404 v. Chr.

Brot, Spiele und Öl –
Olivenanbau im Römischen Reich

Wir aber sind die gerechtesten Menschen, die wir die Völker jenseits der Alpen Oliven und Wein nicht anbauen lassen, damit unsere Ölhaine und Weinberge umso mehr wert sind.
Cicero (106–43 v. Chr.)

Eine weitere wichtige Ausbreitungsphase der Olivenkultur ist – nach den Griechen – den Römern zu verdanken. Sie sorgten nicht nur für den Ausbau der Ölbaumpflanzungen auf dem italienischen Stiefel und in Sizilien, sondern betrieben ihn im ganzen Mittelmeerraum – Spanien und Nordafrika mit eingeschlossen – in vorher nie gekannten Dimensionen. Der Eigenbedarf Roms stieg ständig, die Einfuhren wurden drastisch erhöht und den unterworfenen Völkern unter anderem Tributleistungen in Form von Öllieferungen auferlegt.

Die größte Bedeutung hatte das Olivenöl im Römischen Reich für die Ernährung. Neben Brot, Käse, Salz und Wein war es für alle Bevölkerungsschichten das Grundnahrungsmittel. Man verwendete es zum Kochen und Braten und zum Anrichten von Gemüse, es war unentbehrlicher Bestandteil von Saucen und anderen Speisen.

Bei den Römern war das Olivenöl auch das wichtigste Mittel der Körperpflege. Für ein Bad in den Thermen, die für alle zugänglich waren, sowie bei den gymnastischen Übungen, die dem eigentlichen Bad vorangingen, waren die *ampulla olearia*, die Ölfläschchen, sowie die *strigilis*, die Schabeisen, mit denen Staub, Schweiß und Sand vom Körper entfernt wurden, unverzichtbare Accessoires. Das Olivenöl war die Grundlage der parfümierten Salben, mit denen man sich nach dem Bad eincremte, um der Haut wieder Fett zuzuführen. Beliebt war das Öl auch als Sonnen- und Kälteschutz.

Der dritte große Anwendungsbereich des Öls lag in der Medizin. Als Mittel gegen Kopfschmerzen, als oral eingenommene Arznei gegen Mundgeschwüre, als blutstillendes Mittel und als Heilmittel gegen verschiedene Nesselstiche. Weiters diente das Öl auch zur Beleuchtung. Für die überall in der römischen Welt verbreiteten Öllampen verwendete man allerdings Öl minderer Qualität.

Wegen seiner vielfältigen Verwendungsmöglichkeiten wurde das Öl zu einem bedeutsamen Wirtschaftsfaktor Roms. Es war neben Getreide und Wein jenes Massengut, mit dessen Produktion, Transport und Vertrieb profitable Geschäfte gemacht werden konnten. Die *olearii*, die Ölhändler, organisierten im ganzen Römischen Imperium ein dichtes Vertriebsnetz. Allein im Stadtgebiet Roms zählte man 2000 *mensae oleariae*, also „Öl-Theken".

Römisches Mahl.
Fresco aus Herculaneum

Bezeichnend für die Bedeutung des Olivenöls im täglichen Leben aller Bevölkerungsschichten ist die Tatsache, dass Politiker schon sehr früh die popularitätsfördernde Wirkung von Ölspenden an die *plebs*, die städtische Unterschicht, entdeckten. So berichtet der römische Geschichtsschreiber Livius (59 v. Chr.–17 n. Chr.), dass sich Scipio, der spätere Bezwinger Hannibals, im Jahr 213 v. Chr. durch eine Gratisverteilung von Olivenöl beim Volk beliebt gemacht hatte. Nach dem Hohlmaß *congius* (= 3,3 Liter), das sich zunächst nur auf Ölmengen bezog, nannte man diese Spenden *congiaria*. Da das Volk von Rom nicht nur Brot und Spiele wollte, sondern auch Öl, waren großzügige *congiaria* eine Voraussetzung für eine erfolgreiche Karriere in der Politik. Auch in der Kaiserzeit Roms, also etwa ab Christi Geburt, als man die Naturalspenden ans gemeine Volk durch Geldspenden ersetzte, wurden große Mengen von Olivenöl verbilligt oder kostenlos an die Bevölkerung abgegeben.

Eine deutliche Intensivierung der römischen Ölwirtschaft setzte ein, nachdem Rom im Dritten Punischen Krieg (149–146 v. Chr.) Karthago, seinen Hauptgegner im Mittelmeerraum, endgültig besiegt hatte. Viele Bauern, die das Hauptkontingent der römischen Streitkräfte gestellt hatten, vernachlässigten während der langen Kriege Haus und Hof, verschuldeten sich und zogen, der landwirtschaftlichen Arbeit entfremdet, nach Rom, wo sie die *plebs*, die unteren sozialen Schichten, verstärkten. Die Römer legten riesige Oliven- und Weinplantagen an, die von massenhaft importierten Sklaven, zeitweise auch von Saisonarbeitern, bewirtschaftet wurden. Auf den weniger fruchtbaren Anbauflächen betrieb man extensive Viehzucht, in der Hauptsache mit Ziegen und Schafen. Grund und Boden wurden zu größeren Einheiten zusammengefasst, man legte gewinnversprechende Monokulturen an. Die großen landwirtschaftlichen Betriebe – Latifundien – wurden auf Kosten der kleinen und mittleren Landwirtschaften noch größer. Die Großgrundbesitzer, überwiegend der senatorische Adel, gingen politisch gestärkt aus dieser agrarischen Umwälzung hervor.

Olivenpresse aus Pompeji (Nachbildung)

Diese Umstrukturierung erfolgte zum Teil auch in den neu gewonnenen Provinzen des Römischen Reiches. Nach dem Punischen Krieg begann auf der dem heute tunesischen Festland vorgelagerten Insel Djerba die lange Geschichte des Ölexportes nach Italien. Die Römer bedeckten die Insel mit Olivenbäumen, bauten einen 5 km langen Brückendamm zum Festland und legten auch dort auf einer Länge von über 500 km bis zum Golf von Tunis Olivenhaine an. Römische Kolonialherren verdienten mit dem Ölhandel große Reichtümer, die sie u.a. in Villen aus Marmor, in Bäder und Gärten steckten.

Die Folge der landwirtschaftlichen Umstrukturierung zugunsten großer Landwirtschaftsbetriebe mit Monokulturen verursachte eine schwere innenpolitische Krise, die zum Gegenstand vieler historischer Debatten wurde. Einigkeit besteht darin, dass die Römer ihre angestammte bäuerliche Lebensweise aufgaben und sich eine städtische Kultur herausbildete.

Die späte Zeit der römischen Republik – etwa 150 v. Chr. bis Christi Geburt – zeigte sämtliche Symptome einer Übergangskrise. Die Sklavenaufstände unter den Führern Eunus (133 v. Chr.) und Spartakus (73 v. Chr.) brachten den römischen Staat in schwere Bedrängnis – doch das Imperium sollte noch fast 500 Jahre überdauern. Die Sklavenhaltergesellschaft Roms entwickelte sich allmählich zu einer feudalen Gesellschaft, die weiterhin am Olivenanbau festhielt. Damals wurden auch, wie das Beispiel von Djerba zeigt, Strukturen und damit Abhängigkeiten geschaffen, die heute noch bestehen. Italien ist nach wie vor der Hauptabnehmer des tunesischen Olivenöls, extra natives Öl wird in Tanker gepumpt, um dann verschnitten und mit gefälligen italienischen Etiketten versehen auf den Markt zu kommen.

Steintafel mit Taube und Olivenzweig aus den Domitilla-Katakomben in Rom

Zivilisation versus Barbarei

Die Barbaren halten dich nur dann für einen Mann, wenn du fähig bist, einen ganzen Berg zu verspeisen.

Aristophanes (zwischen 450 und 444–um 380 v. Chr.)

Die Zeit zwischen 400 und 600, die als Epoche der „Völkerwanderung" in unsere Geschichtsbücher eingegangen ist, weist alle Symptome einer schweren Übergangskrise auf: der Zusammenbruch des römischen Imperiums, Landflucht und Verfall der Landwirtschaft, Kriege und Verwüstungen sowie Epidemien, die regelmäßig den Hungersnöten folgten. Erst allmählich begannen sich neue politische und administrative Strukturen herauszubilden. Und die historischen Quellen beschreiben anschaulich die Nöte der Menschen. Es ist die Rede von „Phantasiebroten", gebacken aus Traubenkernen und Haselblüten oder aus zermahlenen Wurzeln des Farnkrautes, vom Genuss wild wachsender Kräuter, die die Menschen nicht vertrugen. Die Folgen waren Entkräftung, der Verlust der frischen Gesichtsfarbe, die Austrocknung der Haut, der „erregte Blick", völlige Erschöpfung und „wilde Raserei". Auch vom Verzehr von Kadavern, Mäusen und Insekten, vereinzelt sogar von Kannibalismus, wird berichtet.

Daraus kann aber nicht auf den Normalfall geschlossen werden. Vielmehr folgten die Geschichtsschreiber ihrer Vorliebe für das Schauderhafte, und in jeder Epoche ließen sich ähnliche Dramen und Abscheulichkeiten entdecken, denn selten nur befanden die Chronisten es für wert, Alltägliches zu verzeichnen. Man kann diese Extremfälle auch als Versuche interpretieren, unter dem Zwang der Nahrungsmittelknappheit nach neuen Lösungen zu suchen. An natürlichen Ressourcen mangelte es freilich nicht; es musste nur eine neue Organisationsform gefunden werden, um sie entsprechend zu nutzen.

Eine der wichtigsten Voraussetzungen dafür war die Überwindung der Geringschätzung, die die Menschen der griechisch-römischen Zivilisation der unbearbeiteten Natur entgegenbrachten. Sie begriffen sie als Antithese zu der von Menschen geschaffenen Ordnung. Die Bearbeitung des bereits kultivierten Bodens hatte in der antiken Landwirtschaft absolute Priorität, vor allem der Anbau von Korn, Wein und Olivenbäumen. Von Plutarch wissen wir von dem Brauch der Athener, ihre Jugendlichen zu einem Heiligtum zu führen, an einem Ort, der ihnen einen weiten Ausblick auf das ländliche Umfeld gewährte, wo sie schwören mussten, *„Weizen, Gerste, Feigen- und Ölbäume als Grenzen Attikas anzusehen* [… und …] *das urbar gemachte und fruchttragende Land für ihr eigen …"* zu betrachten.

Fernand Braudel hatte das „wahre" Mittelmeer als das „Mittelmeer der Olivenhaine" bezeichnet, das Zentrum, das den Rhythmus des mediterranen Organismus bestimmt, in dem Klima und Geschichte die gleiche landwirtschaftliche Zivilisation, die Trinität Getreide, Wein und Oliven, hervorgebracht haben. Diese produktive Triade ist immer noch die Nahrungsgrundlage der mediterranen Menschen und gleichzeitig das Symbol ihrer Kultur: *„Die ganze Mittelmeerwelt – Statuen, Palmen, goldene Rosenkränze, bärtige Helden, Wein, Ideen, Schiffe, Mondlicht, geflügelte Gorgonen, Männer aus Bronze und Philosophen –, alles reift im sauren, beißenden Geschmack dieser schwarzen Oliven heran, in einem Geschmack, der älter ist als der des Weines – ein Geschmack, so alt wie der des klaren Wassers"*, bemerkte der englische Schriftsteller Lawrence Durrell (1912–1990) in seinem Buch *Schwarze Oliven. Korfu – Insel der Phäaken*, das von seinem Leben auf Korfu in den 30er Jahren des 20. Jahrhunderts handelt.

Dieser spezifische kulturelle Hintergrund hat die Entstehung einer vegetarisch ausgerichteten Ernährungsweise begünstigt, die wir als „mediterran" bezeichnen und auf Mehlbrei, Brot, Oliven, Gemüse und Wein basiert. Als Ergänzung dazu dienen Obst, Käse, Fisch und ein wenig Fleisch. Der Anbau von Obst und die extensive Schafzucht war eine der seltenen Nutzungen natürlicher Ressourcen. Die Einfachheit und Bescheidenheit eines griechischen Mahles wird immer noch von Reisenden aus dem Norden in den höchsten Tönen gelobt, wie etwa vom deutschen Griechenlandkenner und Schriftsteller Erhart Kästner (1904–1974): *„Die griechische Kost ist liebenswert durch einen ländlichen Zug. Auch das verfeinerte Mahl ist aus dem Hirtenmahle entwickelt, dessen Gaben bescheiden und schlicht sind. […] Immer kommen die grünlichen und schwärzlichen Oliven zu Tisch. Weißer Schafkäse, Joghurt, Feigen, das jahreszeitliche Obst kehrt immer wieder, und niemand wird es missachten. Das Öl durchzieht die Speisen als Element;*

man schmeckt ihm das Erdige an, man liebt und isst die Landschaft in ihm, die ölbaumschimmern-den Fluren."

Rekonstruierte germanische Häuser, typischerweise umgeben von Wald

Bereits in der Antike berichteten griechische und römische Schrift-steller mit einer gewissen Her-ablassung über die nördlichen „Barbaren" als Völker, die weder Brot noch Wein kannten. Die Ger-manen betrieben zwar ein wenig Ackerbau, ihre Ernährung bestand aber zum größten Teil aus Milch, Käse und Fleisch, und ihr gewohn-tes Getränk war Cervesia, ein Saft aus Gerste oder Weizen, der durch Gärung eine gewisse Ähnlichkeit mit dem Wein aufwies und als Vor-gänger des heutigen Bieres gilt.

Der Stolz auf die eigene Kultur und wie diese sich in der Ernährungsweise manifestierte sowie das Bedürfnis, sich abzugrenzen, bewog die Autoren dazu, eher die Gegensätze zu den Bar-baren als die Gemeinsamkeiten hervorzuheben. So war weder den Griechen noch den Römern die Bewirtschaftung der Wälder und Sümpfe gänzlich unbekannt, wenngleich etwas Neben-sächliches. Der Wald bedeutete für die Römer das abseits Liegende, das Ausgeschlossene, das nur Außenseiter zur Nahrungsmittelbeschaffung nutzten, und die herrschaftliche Jagd diente eher der Ansammlung exotischer Trophäen als der Bereicherung des Speiseplanes. Auch sie wussten das Schweinefleisch zu schätzen – die Kaiser ließen es zusammen mit Öl und Brot an die Armen verteilen –, die Entdeckung des Schweines als „Zivilisationstier" war aber eine kulturelle Leistung der „barbarischen" Kelten.

Die keltische Passion für die Wildschweinjagd ist uns ja seit Asterix und Obelix hinreichend bekannt, aber auch im Zentrum der keltischen Mythologie steht das Schwein als erste und unentbehrliche Nahrungsgrundlage: ein riesiges Tier, das sieben Jahre lang mit der Milch von sechzig Kühen genährt und mit vierzig Ochsen auf dem Rücken serviert wird. Auch die Germanen hatten ein überirdisches Paradies, in dem die gefallenen Recken sich am unerschöpflichen Fleische des „Großen Schweins" labten; auch eine Kuh, aus deren Euter vier Milchflüsse rinnen, nimmt in den germanischen Schöpfungsmythen eine hervorragende Stellung ein. Beide sind Tiere für die Bewirtschaftung von Weiden und Wälder.

Die griechischen und römischen Schriftsteller beschworen hingegen ein „goldenes" vegetarisches Zeitalter, in dem, wie im biblischen Eden, die Erde zunächst von selbst, dann aber durch menschliche Arbeit, die tägliche Nahrung spendete.

Ab dem dritten nachchristlichen Jahrhundert, als die verschiedenen Kulturen intensiver in Kontakt traten, wurde der römisch-„barbarische" Gegensatz immer mehr zu einem kulturellen, und die unterschiedlichen Auffassungen über die richtige Ernährungsweise gaben diesem „Kulturkampf" reichlich Nahrung. Zahlreiche historische Quellen bezeugen den Gegensatz vom römisch-christlichen Ideal der Mäßigung und Demut und dem „barbarischen", das den gesunden Appetit des Kriegers preist: *„Er isst wie ein Löwe, der seine Beute verschlingt."*

Natürlich handelte es sich bei diesen Zuschreibungen um sogenannte Topoi, also Allgemeinplätze oder Stereotype, denn einerseits waren keineswegs alle Römer genügsam. Denken wir nur an das *cena Trimalchionis* (Gastmahl des Trimalchio) im *Satyricon* des Titus Petronius Arbiter (14–66), dem bekanntesten Sittenbild der römischen Kaiserzeit, das Federico Fellini kongenial verfilmt hat. Oder an den berühmten Feinschmecker Marcus Gavius Apicius (um 25 v. Chr.–vor 42), dem wir ein römisches Kochbuch verdanken. Aber Männer dieses Schlages repräsentierten weder altrömische noch christliche Ideale. Andererseits waren Wein und Olivenöl Kelten und Germanen keineswegs so unbekannt und, sofern sie mit dem Römischen Imperium in Kontakt standen, begehrte Konsum- und Handelsgüter.

Als es auch Männern „barbarischer" Herkunft möglich war, im Römischen Reich Karriere zu machen – manchen gelang es, sogar den Kaiserthron zu erobern – schauten ihnen die römischen Geschichtsschreiber genau

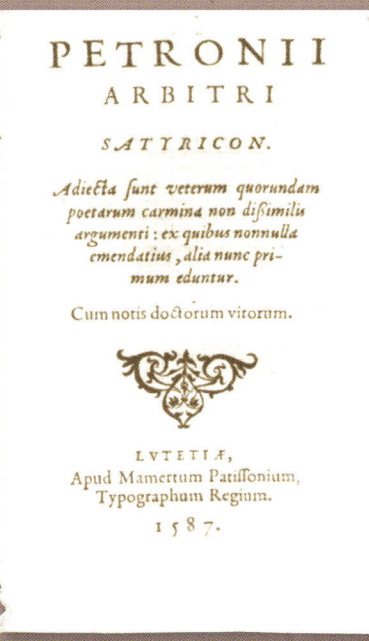

Satyricon-Ausgabe aus dem Jahr 1587

Münze mit Porträt
des Maximinus Thrax

auf den Tisch. Die kaiserliche Nahrungswahl prägte auch sein „Image". Bevorzugte er die mediterrane Kost, so bezeugte er damit Achtung vor den altrömischen Tugenden und den christlichen Werten, was allgemein positiv bewertet wurde. Verschmähte er aber die ausgewogene, römische „Hausmannskost", so galt er als „Leckermaul" und wurde nicht selten der sittlichen Immoralität geziehen. So soll der erste Soldatenkaiser Maximinus Thrax (verm. 173–238), Sohn eines Goten und einer Alanin, täglich bis zu eine Amphore Wein – das waren immerhin zwanzig Liter – getrunken und vierzig Pfund Fleisch verzehrt haben, außerdem habe er sich stets des Gemüses enthalten.

Für Karl den Großen (768–814) war die mit dem Amt eines christlich-römischen Kaisers übernommene Verpflichtung, beim Mahle den Tugenden der Ausgeglichenheit und Mäßigung zu entsprechen, eine schwere Bürde. „In Speise und Trank war er mäßig", berichtete sein Biograf Einhard. Das kaiserliche Nachtmahl bestand „nur" aus vier Gängen, außerdem „klagte er häufig, das Fasten schade seinem Körper." Und der Braten, „den ihm die Jäger am Bratspieß zu bringen pflegten und der ihm lieber war als jede andere Speise", wurde offiziell nicht als Gericht gerechnet. In fränkischen Kreisen war dies wohl so selbstverständlich, dass man es nicht extra zu erwähnen brauchte.

Der Historiker, Diplomat und spätere Bischof Liutprand von Cremona (920–972) sah im „Beherrscher der Griechen", dem byzantinischen Kaiser Nikephoros II. Phokas (912–969), eine verachtenswerte Gestalt, da er Gemüse liebte und genügsam war – der gesunde Appetit galt als Zeichen der Herrschaftsfähigkeit!

Das „römisch-barbarische" Ernährungsmodell

Der römisch-barbarische Gegensatz war aber nicht nur eine Frage des Geschmacks und des kulturellen Ressentiments. Darin manifestierte sich auch eine unterschiedliche Einstellung zur Natur, die eine andere Produktionsweise begünstigte. Für Kelten und Germanen war die unkultivierte Natur nie ein störendes Hindernis gewesen, das den Nahrung produzierenden Menschen Grenzen gesetzt hätte, sondern ein Nutzungsraum.

Als die Germanen im 5. und 6. Jahrhundert zur herrschenden Schicht im neuen Europa aufgestiegen waren, setzte sich, trotz bekannter Vorbehalte römischer Autoren, auch immer mehr ihr kulturelles Verständnis durch. Hinzu kam, dass die Ausbreitung der Wälder, Weiden und Sümpfe sowie der Schwund kultivierten Ackerlandes und zahlreicher Weinberge die Grenzen zwischen Zivilisation und Wildnis zunehmend verschoben und verwischten. In dieser Situation, die nach kreativen Lösungen verlangte, kam es zu einer Neuerung, die zwei oder drei Jahrhunderte früher noch undenkbar gewesen wäre und Europa vom 6. bis zum 10. Jahrhundert ein kontinuierliches Bevölkerungswachstum bescherte: Die systematische Verbindung herkömmlicher landwirtschaftlicher Aktivitäten mit der Nutzung unkultivierter Flächen, besonders die der Weiden und Wälder. Dies eröffnete den Menschen ein weites Feld an Nahrung erzeugenden Aktivitäten: Getreideanbau und Gartenanbau, Jagd und Fischerei, freie Tierhaltung und das Sammeln wild wachsender Kräuter und Früchte.

Bei der Kultivierung der Pflanzen und der Domestizierung der Tiere wurde keine Grenze zwischen Zivilisation und Wildnis mehr gezogen. Dass viele Pflanzen sowohl in wilder als auch kultivierter Umgebung gedeihen, begünstigte den Obstanbau und förderte die Kunst des Veredelns. Das Sammeln und Ziehen von Kräutern erweiterte die pharmakologischen Kenntnisse und der Anbau mehrerer und widerstandsfähigerer Getreidesorten machte von klimatischen Widrigkeiten unabhängiger. Viele Tiere, die heute domestiziert sind, wie zum Beispiel der Ur oder Auerochse, wurden damals noch gejagt, die Schweine glichen in Aussehen und Geschmack viel mehr den Wildschweinen als den heutigen Hausschweinen; die Langobarden hielten sich sogar Hirsche in Gehegen, und ihr König Rothari (um 606–652) musste per Dekret die Hirschhaltung einschränken, da das andauernde Röhren während der Brunftzeit viele Anrainer um ihre Nachtruhe brachte. Sonst stand der Nutzung dieser Ressourcen damals noch keine herrschaftliche Beschränkung im Wege, was sich spätestens nach der Jahrtausendwende noch entscheidend ändern sollte.

Das neue Bewusstsein, das keine Grenze zwischen Zivilisation und Wildnis mehr anerkannte, zeigte sich am deutlichsten darin, den Wert eines Waldes an der Menge der Schweine zu bemessen, die mit Eicheln, Bucheckern und anderen Waldfrüchten gefüttert und gemästet werden konnte. *Silva ad saginandum porcos*, diese Berechnungsgrundlage wurde im 7. und 8. Jahrhundert vor allem in Gegenden mit starker germanischer Kulturprägung wie England, Deutschland, Frankreich und Norditalien zur Gewohnheit. Der italienische Historiker Massimo Montanari bezeichnet sie zu Recht als einen Kultursprung: Die Nutzung der Wälder und Weiden machte das Fleisch zu einem begehrten und auch erschwinglichen Nahrungsmittel, zu einem Symbol der Macht, der Stärke und Kampfkraft, also Tugenden, die dem Selbstverständnis der neuen kriegerischen Oberschicht entsprachen. Diesen Trend würdigten schließlich auch Autoren der griechisch-römischen Bildungstradition. So widmete der Arzt Anthimos (Ende 5./ Anfang 6. Jh.), der in Ravenna am Hofe des Gotenkönigs Theoderich (451/56–526) lebte, also ein Grieche in germanischen Diensten, in seinem Epistel *De observatore ciborum* der Zubereitung von Schweinefleisch, insbesonders dem Speck, große Aufmerksamkeit.

Die Durchsetzungskraft des „barbarischen" Ernährungsmodells bedeutete aber keineswegs den Untergang des mediterranen. Die Kirche wurde immer mehr zur Erbin griechisch-römischer Traditionen, und mit der Verbreitung des Christentums wuchs auch das Ansehen der mediterranen Triade: Brot, Wein und Öl wurden zu Symbolen des neuen Glaubens. Aus dem barbarisch-römischen Gegensatz begann sich allmählich ein monastisch (klösterlich)-weltlicher herauszubilden. So wird in den Hagiographien, den Lebensbeschreibungen von Heiligen – ein literarisches Genre, das sich damals großer Beliebtheit erfreute –, häufig von Persönlichkeiten berichtet, die sich um die Verbreitung des christlichen Glaubens durch Wein- und Weizenanbau verdient gemacht haben. Ihre Taten erinnern an die Evangelien: an das Wunder der Brotvermehrung und an die Verwandlung von Wasser in Wein. So empfahl die noch heute bekannte Benediktinerin Hildegard („Heldin") von Bingen (1098–1179) bei verschiedenen Beschwerden Olivenöl. Sie verwendete vor allem auch die Blätter und das Holz. Einen Tee aus der Rinde verabreichte sie gegen Gicht, den Olivenblättertee bei Magenverstimmungen und Verdauungsbeschwerden.

Die römische Getreideproduktion hatte sich in der Hauptsache noch auf den Anbau von Weizen für einen städtischen Markt beschränkt, dessen Nachfrage die Sorte und Menge wesentlich bestimmte. Nach der Krise des 3. Jahrhunderts setzte man mehr auf den Eigenkonsum. Die Bauern pflanzten mehr und widerstandsfähigere Sorten, die höhere Erträge ermöglichten: Roggen, Gerste, Hafer, Emmer, Dinkel und Hirse. Die meisten davon waren den Menschen zwar schon bekannt, wurden früher aber nur zur Tiermast verwendet, den besonders widerstandsfähigen Roggen hatten römische Agrarexperten noch als Unkraut bezeichnet. Es entstanden Polykulturen, die die Gefahren klimatischer Widrigkeiten minderten und die Kreativität der Brotbäcker forderten, denn Brote konnten nun auch aus Mehl von Roggen, Dinkel oder aus einer Mischung verschiedener Getreidesorten gebacken werden. Dabei galt als Grundregel, dass das hellere Brot auch das bessere sei. Weißes, aus reinem Weizenmehl gebackenes Brot stand nach wie vor in hohem Kurs. Die „minderwertigeren" Getreidesorten wurden auch zu Polenta verarbeitet, der den Armen als Ersatzbrot diente, oder zusammen mit Hülsenfrüchten, allerlei Gemüse und Speck zu Suppen verkocht. Der mit einer Kette über einer Feuerstelle hängende Kessel, der Vorläufer unseres Suppentopfes, fehlte in keiner Küche und prägte auch das Bild der damaligen Gastronomie.

Der Baum des Lebens

Kennt ihr den Ratschlag des Olivenbaumes an seinen Eigentümer, um ihm zu einer guten reichen Ernte zu verhelfen? Erst sagt er: Wenn du mir die Erde lockerst, liebkost du mich. Später im Jahr sagt er: Wenn du mich düngst, bittest du mich um einen Gefallen. Aber zur Herbstzeit sagt er: Wenn du mich beschneidest, gebietest du über mich!

Barba Petro, maniotischer Olivenbauer

Olea europaea

(Illustration aus:
Köhler's Medicinalpflanzen, 1887)

1: Geschlossene Blüte = Blütenknospe

2: Staubblätter, Vorder- und Rückseite in geöffneter Blüte

3: Blütenstempel in Blüte ohne Blütenhüllblätter

4: Olivenkern = Same der Steinfrucht, rechts Längsschnitt

5: Staubblatt

6: Blüte und Fruchtknoten: Längsschnitt

7: Olive im Querschnitt, Fruchtfleisch und Samen darstellend

8: Steinfrucht (Olive)

9: Sternhaar

Anbau und Pflege

Der Oliven- oder Ölbaum, botanisch *olea europea*, gehört zur Familie jener Gattung von Blütenpflanzen, die als *Oleales* bezeichnet werden. Man vermutete als Vorfahren oder Stammpflanze den Oleaster (*Olea europea var. silvestris*), den wilden Ölbaum. Seine Früchte sind winzig, schmecken bitter und geben nur wenig Öl. Der kultivierte Ölbaum (*Olea europae var. sativa*) hat runde und immer dornenlose Zweige, große lanzettenförmige Blätter und Früchte mit hohem Ölgehalt. Nach der Theorie des italienischen Olivenforschers Alessandro Morettini stammt der kultivierte Ölbaum aber nicht vom wilden Ölbaum (Oleaster) ab, sondern von mit dem *Olea europea* verwandten Arten, die im ostasiatischen Raum beheimatet waren. Erst im Laufe der Zeit gelangten sie nach Europa, und unsere heutigen Arten seien durch deren sorgfältige Kultivierung entstanden.

Der Olivenbaum ist eine immergrüne Pflanze mit kleinen, in Blattstiel und Blattspreite gegliederten, lanzettenförmigen Blättern. Die Blattoberseite ist blaugrün und bedingt durch kleine Härchen, sogenannte Stern- oder Schuppenhaare, die auch die Wasserabgabe vermindern, glänzt die Blattunterseite silbrig.

Der unscheinbare Olivenzweig mit seinen silbrigen Blättern hat auch in der heutigen modernen Zeit die Symbolkraft, in der UNO-Flagge die Welt zusammenzuhalten. Die Flagge zeigt damit das Grundanliegen der Vereinten Nationen: Die *ganze Welt* in *Frieden* vereint.

Der Olivenbaum blüht von Ende April bis Ende Mai und bildet dabei Blütenstände mit 10 bis 40 Blüten aus. Bei Nährstoffmangel in dieser Zeit vermindert sich die Blütenzahl, wodurch der Ertrag verringert wird.

Es gibt selbst befruchtende Sorten und Sorten, die auf Fremdbestäubung angewiesen sind. Die natürliche Verbreitung des Olivenbaums erfolgt beispielsweise durch Vögel, die Vermehrung durch den Menschen erfolgt durch Stecklinge, um eine gleichmäßige Fruchtgüte zu erreichen.

Über das Alter, das Olivenbäume erreichen können, gibt es die verschiedensten Aussagen. Einige hundert Jahre alte Bäume sind keine Seltenheit. Die jungen Bäume haben noch eine eher glatte, silbergraue Rinde. Mit zunehmendem Alter entwickelt der Ölbaum Individualität, ja Charakter.

Die zuvor schlanken Stämme werden immer unförmiger, riffeliger und knorriger. Ein alter Baum wird innen hohl, man kann die Jahresringe nicht zählen – er weigert sich, sein wahres Alter preiszugeben –, im Stamm finden sich meistens auch Löcher, die von abgestorbenen Ästen herrühren. Jeder Baum ist ein Individuum, anarchistisch und gezeichnet von seinem Kampf ums Überleben.

Der Schriftsteller Lawrence Durrell beschreibt drei Typen von Ölbäumen:

- Der Verwilderte nimmt die seltsamsten Formen an: „Manchmal schwillt er und bricht auf, indem er seine Triebe schießen lässt, bis ein ganzer Klumpen von Bäumen auf dem Schoß der Stammpflanze emporzuwachsen scheint."

- Der Majestätische ist „hoch und schlank, mit glatten Stämmen von einem wunderbaren Platingrau und Zweigen mit zarter, graziöser Verästelung".

- Der Zähe hockt in den Schluchten: „Seine Wurzeln untergraben die Straße; seine Rinde ist grau und wurmzerfressen, und seine klägliche, kraftlose Aprilblüte ist wie ein Flehen um Gnade vor den verschworenen Feinden: Felsen und Hitze."

Da der Ölbaum erst um das fünfzigste Lebensjahr in sein leistungsfähigstes Alter kommt, werden Olivenhaine für die Generation der Söhne und Enkel angelegt. Die Natur der Pflanze verlangt stabile Verhältnisse, die eine ständige Betreuung und Pflege gewährleisten. Eigenschaften wie Zähigkeit, Langlebigkeit, Regenerationsfähigkeit, Bedürfnislosigkeit, Bescheidenheit und Großzügigkeit machen den Ölbaum zu einem idealen Symbol des Friedens und der Hoffnung. Grüne Schösslinge,

die aus einem alten verkohlten Baumstumpf hervorsprießen, begründeten den Ruf der Unsterblichkeit und Regeneration, die zum Mythos des Ölbaums gehören.

Der Olivenbaum gedeiht überall dort, wo die gleichen klimatischen Bedingungen herrschen wie im Mittelmeerraum, also auch in Kalifornien und in Teilen Südamerikas und Südafrikas, Australiens, Chinas und Japans. In der mittelalterlichen Literatur – die Baumgartenszene in Gottfried von Straßburgs *Tristan* – finden wir aber auch einen Hinweis auf das Vorkommen des Ölbaumes im südenglischen Cornwall. Möglicherweise gediehen also Ölbäume vor der Klimaverschlechterung des 14. Jahrhunderts sogar nördlich der Alpen.

Die ursprüngliche Verbreitung der Oliven rings um das Mittelmeer gab in der Antike Anlass zur Vermutung, dass die Bäume auf Salzwasser angewiesen wären und nur in einem maximal 75 Kilometer breiten Küstenstreifen gediehen.

Natürlich braucht die Pflanze nicht das Meer, wohl aber das milde Küstenklima. An der afrikanischen Küste wirkt das Meer kühlend, an der europäischen wärmend. Zur Entwicklung der Blüten bedarf es langer heißer Sommer und kühler Winter. Die Blüten vertragen keinen Frühjahrsfrost. 1957 wurden in Südfrankreich sechs Millionen Bäume, ein Drittel des gesamten Bestandes, durch einen plötzlichen Kälteeinbruch schwer beschädigt, eine Million ging unrettbar verloren. Auch 1987 richtete ein schwerer Winterfrost in der Toskana erhebliche, bis heute spürbare Schäden an.

Höhenlagen sind wegen der starken Taubildung am Morgen und der Trockenheit am Nachmittag besonders begünstigt. Kühles Wetter bereitet die Blüte vor, es setzt den Prozess in Gang, der die feinen vielblättrigen, weißen Blüten hervorbringt. Die meisten fallen bei Wind und Regen ab, die übrigen bilden im Spätsommer kleine grüne Früchte. Im Frühjahr wird der Boden rund um den Baum vertikutiert, und zwar in einem der Größe der Baumkrone entsprechenden Kreis, damit Luft und Wasser zu den Wurzeln vordringen können. Man entfernt Gestrüpp und Unkraut, das dem Baum die Nährstoffe entziehen könnte, und gräbt Dünger – am besten Schafmist oder Kompost – in die Erde ein.

Olivenbäume müssen regelmäßig beschnitten werden, damit der Saft konzentriert in die Hauptäste steigt und der Baum seine Gestalt beibehält. Um bequem von Hand ernten zu können, darf er nicht zu groß geraten.

Der Olivenbaum braucht Luft und Licht. Deshalb lässt man das Geäst nicht zu dicht werden. Eine Schwalbe, so sagt man in Südfrankreich, müsse die Baumkrone flügelschlagend durchflattern können, ohne dabei auch nur eine einzige Feder zu verlieren.

Für die Qualität des Olivenöls ist nicht nur das Herstellungsverfahren entscheidend, sondern die Qualität der Früchte, der Anbau und die Pflege der Olivenbäume, die Bodenbeschaffenheit und das Klima.

Anbaugebiete, die erstklassige Olivenfrüchte hervorbringen, sind heiß und trocken. Das Licht der Sonne bestimmt nachhaltig das Wachstum und die Fruchtbarkeit des Ölbaumes, die Qualität der Früchte und des gewonnenen Öls. Das Mittelmeerklima ist ideal, denn Olivenbäume brauchen viel Sonne und Hitze, aber auch einige kältere Tage und im Winter mäßige Regenfälle.

Da Olivenbäume ansonsten aber sehr anspruchslos sind, können sie auch in Regionen kultiviert werden, die für andere Formen der landwirtschaftlichen Nutzung ungeeignet sind. Denn der Baum hat ein ausgedehntes Wurzelwerk, das sich auch bei Trockenheit noch genügend Wasser aus dem Boden holt. Dieser sollte durchlässig sein, sich schnell in der Sonne erwärmen können, hin und wieder gelockert und gehackt, eventuell beregnet oder tröpfchenweise bewässert und fallweise gedüngt werden.

Was die Pflanzung betrifft, so sollten die Bäume im Interesse einer hohen Ölqualität nicht zu dicht stehen, denn die Wurzeln müssen sich gut entfalten können. Ein größerer Wurzelradius lässt den Baum deutlich mehr Nährstoffe aus dem Boden aufnehmen, und genügend Abstand von Baum zu Baum bietet auch einen natürlichen Schutz vor dem Übergriff von Schädlingen.

Entscheidend ist auch – wie bei jeder anderen landwirtschaftlichen Kultur – die Vermeidung von Monokulturen (große Flächen mit ein und derselben Pflanzengattung), denn nur in der Vielfalt können sich Pflanzen gegenseitig positiv beeinflussen. Dies trägt dazu bei, dass der Mensch unter diesen optimalen Bedingungen nicht mit chemischen Düngern und Pflanzenschutzmitteln in den Kreislauf der Natur eingreifen muss. Wir beziehen uns hier auf den Idealfall, weisen aber darauf hin, dass der Olivenanbau die größte Monokultur der EU ist.

Der Arbeitsaufwand in einem traditionellen Hain beträgt ca. 300 bis 400 Arbeitsstunden pro Hektar, an den felsigen Hängen der Süd-Peloponnes deutlich mehr, reine Handarbeit ist schon durch die geografischen Bedingungen garantiert. Auch in der Olivenlandwirtschaft wird mit Gewalt an der Kostenschraube gedreht. In den Ebenen rund um das Mittelmeer werden schnellen Ertrag bringende Sorten gezüchtet, um eine effiziente, maschinelle Bearbeitung zu gewährleisten. Unkrautvernichtungsmittel am Boden zerstören die natürliche Flora, zur künstlichen Bewässerung wird das Grundwasser abgepumpt, Spritzflugzeuge verbreiten Giftwolken. Dabei gehen auch die Nährstoffe des Bodens verloren, die Qualität des so gewonnenen Olivenöls ist entsprechend gering.

Durch die industrielle Form intensiver Landwirtschaft drohen weltweit vielen Landstrichen Austrocknung und Versteppung, weitere Folgen sind Humusabbau, Bodenerosion und stärkere Hochwasserereignisse durch verdichtete Böden. Weltweit, so schätzen Fachleute, gehen jedes Jahr rund 20 Millionen Hektar Ackerfläche allein durch Plantagenwirtschaft verloren.

Eine aktuelle Studie des Forschungsinstituts für biologischen Landbau schätzt die entstehenden Reparaturkosten durch diese Art der Landwirtschaft nur in Österreich auf jährlich mindestens 1,3 Milliarden Euro. Das sind z.B. Kosten für die Aufbereitung von nitrat- und pestizidverseuchtem Trinkwasser. Die gesellschaftlichen Kosten des Verlustes von Bestäubern und Biodiversität (d.h. Verlust am Reichtum der Lebensformen, der Vielfalt der Arten und der genetischen Vielfalt) sowie die gesundheitlichen Risiken für den Menschen durch den intensiven Einsatz von z.B. Pestiziden sind monetär kaum fassbar und werden, wie in anderen Industriezweigen auch, nicht zur Berechnung des Marktpreises herangezogen.

Was den gesellschaftlichen Nutzen betrifft, stellen viele Studien hier der biologischen Landwirtschaft ein gutes Zeugnis aus. Sie produziert qualitativ hochwertige Lebensmittel, trägt zum Umwelt- und Klimaschutz bei, sie senkt die ökologischen Folgekosten dramatisch und schafft Arbeit für die Menschen heute und auch morgen.

Pflücken, schlagen, rütteln, kämmen – die Olivenernte

Im tiefen Grün der Landschaft ist der Ölbaum König; für den Bauern ist er zugleich ein guter Diener und ein harter Herr. In einem guten Olivenjahr, in dem die Ernte von Januar bis Mai dauert, ist die ganze Landbevölkerung mit der Pflege des Baumes beschäftigt, der (. . .) das Hauptnahrungsmittel liefert – Öl.

Lawrence Durrell

Ab September warten die Olivenbauern sehnsüchtig auf den Herbstregen. „*Wird Gott es regnen lassen?*", fragen sich die Bauern im von sommerlicher Hitze und Trockenheit gezeichneten Südgriechenland. In diesem Monat werden in manchen Gegenden die noch grünen, unreifen Früchte, die dann als Tafeloliven verwendet werden, abge-

erntet. Die Haupternte beginnt im November und kann bis in den April dauern. Viele Bäume tragen nur alle zwei Jahre Früchte. Je reicher die Ernte in einem Jahr, desto geringer die Wahrscheinlichkeit, dass der Baum in der nächsten Saison üppig tragen wird. Reiche Ernten mit niedrigen Preisen in dem einen Jahr, knappe Erträge zu hohen Preisen im nächsten. Diese naturbedingten Schwankungen lassen sich mit den Erfordernissen des modernen Marktes, der gleichmäßige Mengen zu gleich bleibenden Preisen wünscht, nur schwer in Einklang bringen.

Auf Korfu, wo man wie in vielen Gegenden des extensiven Olivenanbaus dem Aufsammeln der Früchte den Vorzug gibt, gilt das Schütteln und Schlagen der Bäume seit Jahrhunderten als Unheil bringend. Schon der antike Naturforscher Theophrast (371–287 v. Chr.) behauptete, der Ölbaum sei sehr schwach und sehr empfindlich und leide darunter, werden seine Zweige geschlagen und abgebrochen: Andere glauben wieder, allzu große Fruchtbarkeit entkräfte den Baum, und sie schreiben die mageren Jahre seiner inneren Ökonomie zu. Während die letzten Früchte noch reifen, sprießen schon die ersten Blüten; war nun die Blüte im Vorjahr sehr reich, hat er kaum noch die Kraft, wieder zu erblühen.

Trotz modernster Agrartechnik werden in vielen Gegenden des Mittelmeerraumes zur Olivenernte und Ölgewinnung noch immer uralte Methoden angewendet. Auf einer bemalten

Amphore aus dem Jahr 520 v. Chr. ist mit dokumentarischer Genauigkeit festgehalten, wie damals geerntet wurde (vgl. Seite 40). Man sieht Olivenbäume und Arbeiter, die mit Stöcken auf Zweige und Stamm eines Baumes schlagen. In der Krone sitzt ein Jüngling, der ebenfalls mit einem Stock Früchte herunterschlägt, ein anderer sammelt die am Boden liegenden Oliven in einen Korb.

Im antiken Griechenland war es eine Zeitlang nur Jungfrauen und jungen, keuschen Männern erlaubt, die Olivenernte einzuholen. Als sich Lawrence Durrell in den 1930er Jahren auf Korfu aufhielt, war das Einsammeln der Früchte Sache der Frauen, während die Pressung von Männern besorgt wurde.

Heute beteiligt sich an der Olivenernte die ganze Familie, auch die Kinder. Die ganze Dorfgemeinschaft ist im Einsatz. Geübte Pflücker auf ihren typisch griechischen Leitern schaffen bis zu 15 Kilogramm in einer Stunde.

Wie in der antiken Literatur empfohlen, soll dann geerntet werden, wenn die Früchte ins Schwarze übergehen, von den Öl-Oliven immer nur so viele, wie man an einem Tag verarbeiten kann.

Das zeitgerechte Einbringen der Haupternte ist für alle Beteiligten eine äußerst strapaziöse Angelegenheit. Denn für die Herstellung von Qualitätsölen ist es notwendig, dass nur von Hand gepflückte, unversehrte Oliven verwendet werden. Vorzeitig vom Baum gefallene oder durch Maschinenernte beschädigte Früchte gären rascher und werden idealerweise liegen gelassen, da das aus ihnen gewonnene Öl einen unerwünscht hohen Gehalt an freier Ölsäure aufweisen würde – ein Gradmesser für „Ranzigkeit", der die Qualität beeinträchtigen würde. Der Transport in die Ölmühle und die Pressung müssen also möglichst rasch nach der Ernte erfolgen.

Mörser, Mühlen und noble Methoden der Ölgewinnung

Es gab viele Möglichkeiten, um aus den Oliven Öl zu gewinnen. Aber alle liefen in zwei Arbeitsgängen ab: Zerquetschen und Mahlen der Früchte und das Pressen des Olivenbreis. Dafür verwendete man früher Mörser und Pressen aus sehr grob zugehauenen Kalksteinblöcken. Funde von kleinen Handmörsern und Pressen aus der Umgebung von Haifa im heutigen Israel lassen Rückschlüsse auf die frühe Ölgewinnung zu. Dabei wurden die Oliven in einem Mörser mit einem länglichen runden Stein zerstampft und zu Brei gewalzt. Auf einem geglätteten Steinblock lag ein Geflecht aus Olivenzweigen bereit. Darauf schüttete man den Brei, beschwerte das Ganze mit Steinen, durch deren Gewicht das Öl aus dem Brei gepresst wurde.

Eine entscheidende Innovation für die Ölproduktion war die Verwendung der großen Pressen oder Ölkeltern. Dies leitete eine neue Ära in der Ölgewinnungstechnik ein, die um 1000 v. Chr. erstmals in Palästina in großem Stil eingesetzt und bis ins 17. Jahrhundert im Prinzip beibehalten wurde. Zuerst wurden die Oliven in einem Steintrog zerstampft, dann in Pressmatten ge-

Olivenöl Gesunder Genuss

füllt, auf einen geglätteten Steinblock gelegt und unter Druck gesetzt. Dazu bediente man sich eines in die Wand eingelassenen Balkens, der zusätzlich mit Steinen beschwert wurde. Man regulierte mit dem Pressdruck die Qualität des Öls. Das Öl der ersten Pressung hatte vorzügliche, das der zweiten mittlere und das der dritten mindere Qualität.

Heute wird bei einem Qualitätsöl zwar nur einmal gepresst, die Bezeichnung Erstpressung oder Jungfernpressung – italienisch *extra vergine*, griechisch *extra partheno* – für das gewonnene Produkt ist noch immer üblich, und das heute nach EU-Verordnung vorgeschriebene „*nativ extra*" setzt sich nur mühsam durch. Allerdings wurden mit dieser Verordnung auch erstmals eindeutige, einheitliche Qualitätsnormen festgeschrieben.

Hygiene, rasche Verarbeitung und erstklassige Oliven sind heute unabdingbare Voraussetzungen für die Herstellung von Olivenölen höchster Güte.

Rekonstruktion einer jungsteinzeitlichen Öl-mühle in Tel-Migne, Israel (Nachzeichnung von B. Bojic)

So primitiv die alten Ölpressen aus heutiger Sicht auch erscheinen mögen, waren sie zu jener Zeit dennoch ein wichtiges Produktionsmittel, dessen Besitz eine wirtschaftliche und politische Schlüsselstellung ermöglichte. So wird über Thales von Milet (um 624–um 547 v. Chr.) berichtet, der Philosoph hätte, des ewigen Gespöttes über seine Weltfremdheit überdrüssig, in Erwartung einer überreichen Ernte alle verfügbaren Ölpressen aufgekauft oder angemietet und dann, als sie dringend benötigt wurden, zu Höchstpreisen weitervermietet. Eine Spekulation, mit der er sich und seinen Mitmenschen bewies, dass auch ein Philosoph reich werden kann, wenn er nur will.

In den frühen 1980er Jahren fanden Archäologen in der Nähe von Tel Aviv die Überreste einer gewaltigen Ölanlage mit Mühlen und Pressen. Sie war von indogermanischen Eindringlingen, die in altägyptischen Quellen als „Nord- und Seevölker" und in der Bibel als „Philister" bezeichnet wurden, angelegt worden. Diese hatten sich nach dem „Seevölkersturm" gegen Ägypten in den Küstenebenen des nach ihnen benannten Palästina niedergelassen. Archäologen schätzten die Kapazität dieser Anlage auf 1000 bis 3000 Liter Öl pro Jahr.

Im ersten nachchristlichen Jahrhundert kamen die Schraubenpressen auf, die im Mittelmeerraum noch im 20. Jahrhundert verwendet wurden.

Das Mühlrad war eine wichtige Erfindung, die die Verarbeitung der Früchte erheblich verbesserte. Die antike Ölmühle (*mola olearia*) bestand aus einem festen, runden Bodenstein und einem radförmigen oberen Mahlstein aus Granit. Dieser dreht sich um eine Achse, die in der Mitte des Bodensteines eingelassen ist. Beim Mahlvorgang werden die Oliven mitsamt den Kernen zwischen den Steinen zu Brei zermalmt.

Darstellung
einer Schraubenpresse aus dem 3. Jahrhundert, Archäologisches Museum Aquileia (Nachzeichnung von B. Bojic)

Die Olive – ein kleines, rundes Wunder

Der Ölbaum bildet eine einsamige, ovale bis fast kugelige Steinfrucht mit einer Länge von ca.1 bis 4 cm und einem Durchmesser von ca.1 bis 2 cm, die Olive. Der Samen ist der harte Kern, umgeben von weichem Fruchtfleisch mit einem Ölgehalt von 15 bis 75 %.

Oliven enthalten die Vitamine A, B_1, B_2, B_6 und Vitamin E, das α-Tocopherol mit der höchsten Vitamin-E-Aktivität, weiters Folsäure, Pantothensäure und Vitamin C. Sie liefern uns aber auch die Mineralstoffe Magnesium, Kalzium und Kalium sowie die Spurenelemente Phosphor, Schwefel und Eisen. Außerdem enthalten Oliven noch wertvollste natürliche Phenolverbindungen wie Tyrosol und Hydroxytyrosol.

Oliven machen resistent gegen Stress und sind gegen Erkältungen noch wirksamer als Vitamin C. Man kann laut dem Gesundheitsexperten Prof. Hademar Bankhofer mit Oliven zu hohe LDL-Cholesterinwerte senken, Herz und Kreislauf stärken, die Leber und die Galle aktivieren und entgiften, zu hohen Blutdruck senken und rheumatische Schmerzen lindern.

Tafel-, also Speiseoliven stammen von veredelten Bäumen. Die Früchte vom Baum sind nicht essbar. Um sie genießbar zu machen, genügt es nicht, sie einfach in Essig und Öl einzulegen. Nach der traditionellen griechischen Methode werden die am Baum gereiften, violett-schwarzen Früchte zuerst eingeritzt und in reines Wasser eingelegt, anschließend in eine leichte Lake aus Meersalz und Wasser. Diese wird bis zur fertigen Entbitterung nach ca. 4 bis 6 Wochen einmal wöchentlich gewechselt. Danach kommen die Oliven wieder in eine ganz leichte Salzlake, darin sind sie ohne Konservierungsmittel gut lagerfähig. Es sollten keine Chemikalien, Zusatzstoffe oder Konservierungsmittel verwendet werden, die Früchte auch nicht künstlich gefärbt sein.

Leider befolgen nur noch wenige, auf höchste Güte bedachte Betriebe diese goldenen Regeln. Unter den Mikroorganismen, die dabei am Werk sind, befinden sich auch Verwandte der Bierhefe und der Sauerteigflora. Sie entziehen den Oliven die dem Genuss abträglichen Bitterstoffe. Die Kunst der Ölbauern besteht darin, den richtigen Zeitpunkt zu bestimmen, zu dem die Oliven herausgenommen werden müssen. Geschieht dies zu früh, sind die Oliven noch bitter, geschieht es zu spät, haben sie ihren Eigengeschmack eingebüßt.

Zum Konservieren eignet sich kalt extrahiertes Olivenöl hervorragend. Deshalb legen qualitätsbewusste Erzeuger die Tafeloliven in hochwertiges Olivenöl ein. Der natürliche Geschmack bleibt dadurch erhalten, und das Olivenöl eignet sich zur weiteren Verwendung in der Küche. Leider gibt es nur mehr wenige Betriebe, die diese aufwändige Methode anwenden.

Bei den grünen Oliven handelt es sich um unreif geerntete Früchte. Um den sehr hohen Bitterstoffgehalt dieser Oliven abzubauen, werden auch sie in einer leichten Lake aus Meersalz und Wasser, das immer wieder gewechselt wird, über viele Wochen entbittert und danach ebenfalls in kalt extrahiertes Olivenöl eingelegt. Auch hier gibt es natürlich industrielle Schnellverfahren, die den Arbeitsaufwand und damit die Kosten minimieren, aber zu Lasten der Qualität gehen.

Die Welternte von Oliven beträgt rund 16.555.375 t jährlich. Die größten Produzenten sind Spanien mit rund 22 % Anteil, Italien mit 18,5 % und Griechenland mit 12,6 %. Speiseoliven machen rund 10 % der Olivenernte aus, 90 % sind Öloliven. Es gibt auch Sorten wie die bekannte Kalamata-Olive, die sowohl als Speise- als auch Ölolive Verwendung finden. Schätzungen zufolge gibt es weltweit rund 2000 Olivensorten, davon rund 300 kultivierte und namentlich bekannte.

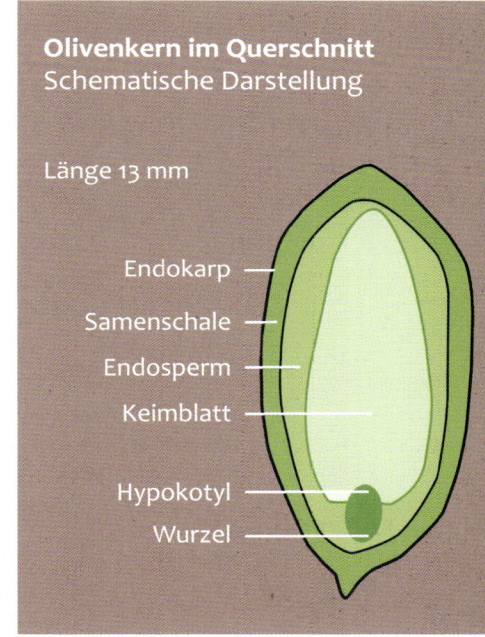

Olivenkern im Querschnitt
Schematische Darstellung

Länge 13 mm

Endokarp
Samenschale
Endosperm
Keimblatt
Hypokotyl
Wurzel

Raffiniert, aber nicht gerade fein

Nur ein sehr kleiner Teil der Speiseöle wird – so wie das aus der Ölfrucht stammende Olivenöl – durch schonende Pressung und Zentrifugierung ohne Wärmezufuhr gewonnen. Schon allein deshalb, weil diese mechanischen Verfahren für die Herstellung von billiger Massenware aus Ölsaaten bzw. Pflanzensamen völlig ungeeignet sind. Daher werden die meisten Öle durch Pressen bei höheren Temperaturen und/oder durch Extraktion mit Lösemittel (meist Leichtbenzin) hergestellt. Das Erstprodukt dieses Verfahrens ist ein Öl, das in dieser Form nicht für die menschliche Ernährung geeignet ist und daher raffiniert werden muss. Die einzelnen, nicht gerade appetitlich klingenden Prozesse, die dabei anfallen, sind Entlecithinierung, Entschlei-mung, Entsäuerung, Bleichung und Desodorierung. In allen Stufen wird das Öl über 200 °C erhitzt, es werden Dampf, Vakuum und verschiedene Chemikalien eingesetzt.

Ziel dieser Vorgänge ist es, alles aus dem Öl zu entfernen, was nicht reines Öl ist. Das heißt aber auch, dass bei der Raffination nicht nur das Leichtbenzin, sondern auch fast alle anderen, aus ernährungswissenschaftlicher Sicht erwünschten Stoffe entfernt werden.

Die Raffination beeinträchtigt den Gesundheitswert der Öle und Fette entscheidend. Es wer-den nicht nur – wie beabsichtigt – Schadstoffe, sondern auch Geruchs- und Geschmacksstoffe, Vitamine und weitere aus gesundheitlicher Sicht wichtige, natürliche Inhaltsstoffe (Phytoche-micals) zerstört. Zudem kann es bei der Raffination zur chemischen Veränderung der Fette kommen. Sobald man bei der Desodorierung (Entfernung aller riech- oder schmeckbaren Substanzen) Temperaturen von über 240 °C erreicht, entstehen neuartige Verbindungen, so-genannte Transfette, die in dieser Form in den natürlichen Fetten gar nicht vorkommen. In Österreich gilt seit 2009 eine Verordnung, die für Fette und fette Öle sowie für Lebensmittel mit einem Fettgehalt von mehr als 20 Prozent einen Grenzwert von zwei Prozent veresterten trans-Fettsäuren festlegt. Für Lebensmittel mit einem Fettgehalt von weniger als 20 Prozent soll der Grenzwert vier Prozent betragen.

Ein heißer Tipp: „nativ extra"

Olivenöl *nativ extra* hingegen kann völlig naturbelassen genos-sen werden. Nativ extra ist der EU-Terminus für Olivenöl höchs-ter Güte. Es wird seit Jahrtausenden auf die gleiche schonende Weise hergestellt. Das Prinzip der althergebrachten Ölgewin-nung – die Extraktion erfolgt ausschließlich durch Druck – wurde bei der Herstellung von Qualitätsölen im Wesentlichen beibehal-ten. Im besten Fall sind die Ölfrüchte handgepflückt, gewaschen und sorgfältig verlesen, denn sie müssen nicht nur frisch und sauber sein, sondern dürfen auch keine Druckstellen oder Ver-letzungen aufweisen.

Um eine erstklassige Produktqualität für den „Nektar der Götter", das gesündeste Pflanzenöl der Welt, zu erreichen, wird laufend an Innovationen zur Ölgewinnung gearbeitet. Bis vor wenigen Jahren zerkleinerte man die Oliven in Ölmühlen, die über Granitmahlsteine verfügten. Dieser Brei wurde in Matten gefüllt und hydraulisch ausgepresst. Die Qualitätsparameter waren zwar akzeptabel, entsprachen aber nicht der den Früchten innewohnenden hohen Qualität. Dann kamen sogenannte 3-Phasen- und, ganz innovativ, die 2-Phasen-Zentrifugaldekanter auf.

Es wurde bereits viel über die Qualitätsunterschiede von nativem Olivenöl extra in Abhängigkeit vom Pressverfahren der Olivenfrüchte geschrieben. In einer wissenschaftlichen Arbeit wurde inzwischen erhoben, ob die verbesserten 2-Phasen-Dekanter qualitativ hochwertigeres Olivenöl extrahieren als das Olivenöl, das von traditionellen 3-Phasen-Dekantern extrahiert wird. Das Bläuel-Team und die Universität Charokopio (Athen) führten gemeinsam mit der Wissenschaftlerin Anna Artemiou einen entsprechenden Versuch durch. Es wurden dabei Olivenfrüchte von dem gleichen Olivenhain in West-Mani händisch geerntet und sofort zu zwei verschiedenen Olivenpressanlagen gebracht: einer 2-Phasen- und einer 3-Phasen-Dekanter-Olivenölpresse. Die extrahierten Öle wurden bald darauf bezüglich Geschmack, Aromen und chemischer Parameter untersucht.

Mag. Anna Artemiou

Viele Inhaltsstoffe des Olivenöls wurden gemessen. Dazu zählen etwa Sterole, Fettsäuren, Terpene, Phenolverbindungen (Polyphenole) und flüchtige Verbindungen (Aromen). Die Studie untersuchte auch die Antiradikalwirkung der erhaltenen Öle, die antioxidative Serumlipid-Kapazität und das entzündungshemmende Potenzial in menschlichen Blutzellen.

Die Ergebnisse zeigen, dass kalt extrahierte Olivenöle, die aus beiden Technologien erhalten wurden, die Qualität „nativ extra" hatten. Allerdings wurde festgestellt, dass das 2-Phasen-Öl eine signifikant bessere Qualität, einen signifikant besseren Geschmack und signifikant bessere Aromen hatte:

- Die 2-Phasen-Ölproben enthielten mehr flüchtige Aromastoffe.
- Die Peroxid-Werte waren signifikant niedriger bei 2-Phasen-Dekanter-Proben.
- Die mehrfach ungesättigten Ω-6-Fettsäuren waren in den 2-Phasen-Proben höher.
- Der signifikant höhere Phenol-Gehalt im Öl, das von dem 2-Phasen-Dekanter produziert wurde, ist hauptsächlich der höheren Menge an *Hydroxytyrosol* zuzuschreiben.

Während der Bewertung der Wirkung der beiden unterschiedlichen Extraktionsverfahren stellte das wissenschaftliche Team fest, dass das 2-Phasen-Dekanteröl bezüglich der positiven Auswirkungen auf die menschliche Gesundheit überlegen war. Bei dem Olivenöl, das durch den 2-Phasen-Dekanter extrahiert wurde, gab es ein höheres Eisenreduktionsvermögen, eine Erhöhung der Serumlipid-Verzögerungszeit und eine Abnahme der Zytokin-Reaktion von stimulierten menschlichen mononukleären Zellen im Vergleich zu denen des 3-Phasen-Dekanters. Es kann also festgehalten werden, dass das 2-Phasen-Olivenöl bei Laboruntersuchungen zeigte, dass es menschliche Blutzellen noch besser vor Oxidation, Entzündung und auch vor chemisch induziertem Zelltod schützt.

Heutzutage gewinnen wir auf der Südpeloponnes mit diesen neu entwickelten 2-Phasen-Systemen Olivenöl von noch höherer Ölqualität. Nach dem Entblättern und Waschen werden die Oliven in Hammermühlen vermahlen, anschließend erfolgt die „Malaxi", die einer Bewegung in einem Teigrührwerk sehr ähnlich ist und einige Zeit in Anspruch nimmt. Die Öltröpfchen bilden sich während dieser beiden Phasen langsam aus der Maische. Anschließend werden sie einfach im Dekanter abzentrifugiert. Der dabei entstehende Pressdruck ist geringer als in den früher verwendeten hydraulischen Pressen. Bei diesen Vorgängen darf eine Temperatur

von 27 °C nicht überschritten werden. Neben der Abwasserreduzierung gegenüber früheren Verfahren spricht vor allem die erstklassige Produktqualität für dieses Verfahren. Der Trester kann nach der Trocknung und Trennung von den Kernen als Dünger oder Futtermittelzusatz verwendet werden.

Schon die Griechen der Antike unterschieden zwischen dem aus den Oliven gepressten Saft, den sie als Öl (gr. *elaion*) bezeichneten, und dem aus den Pressrückständen anfallenden Fruchtwasser (*amorge*), das als Mittel gegen Geschwüre und zur Wundreinigung genutzt wurde. Im Rahmen des im Jahr 2014 gestarteten EU-Projektes „Phenolive" sollen die in den Rückständen enthaltenen wertvollen natürlichen Inhaltsstoffe, ganz besonders die Polyphenole, ein stark nachgefragter Rohstoff, rückgewonnen und zum Wohl der Menschheit eingesetzt werden.

Olivenöl ist also nicht gleich Olivenöl. Nur die beste Qualität der Früchte und die Gewinnung durch mechanische Verfahren garantieren, dass das Öl seine gesundheitsfördernde Wirkung entfalten kann. Nur durch sorgfältigste und rascheste Verarbeitung ist die höchste Güteklasse „nativ extra" zu erzielen. Es muss sensorisch einwandfrei sein und das typische Aroma der frischen Oliven haben. Diese Herstellung ist eine aufwändige, handarbeitsintensive Angelegenheit und daher auch mit ein Grund, warum es diese Spitzenqualität nicht zum Diskontpreis geben kann.

Bläuel | Gasser

Olivenöl Gesunder Genuss

Achten Sie beim Einkauf auf die Bezeichnung „nativ extra" und meiden Sie Billigstanbieter. Wie aus Medienberichten hervorgeht, kommt es aus kommerziellen Gründen sogar immer wieder vor, dass einzelne Hersteller Olivenöle unterschiedlicher Qualität vermischen oder Samenöle wie Rapsöl beimengen und als natives Olivenöl extra etikettieren und anbieten. Vertrauen Sie Ihrem Geschmack und Ihrer Intuition.

Olivenöl – Güteklassen, die der Konsument im Geschäft findet

Die wichtigsten Güteklassen gemäß der EU-Verordnung 1019 aus 2002, gültig seit 1. November 2003, sind native Olivenöle, also jene Öle, die direkt aus der Frucht und ausschließlich durch mechanische oder physikalische Verfahren unter Bedingungen gewonnen wurden, die nicht zu einer Verschlechterung des Öls führen und keine andere Behandlung erfahren haben als Waschen, Dekantieren, Zentrifugieren und Filtrieren. Davon ausgenommen sind durch Lösungsmittel, durch chemische oder biochemische Hilfsmittel oder durch Wiederveresterungsverfahren gewonnene Öle sowie jede Mischung mit Ölen anderer Art.

■ **Natives Olivenöl extra**: Die Gewinnung erfolgt direkt aus der Olive, ausschließlich durch mechanische Verfahren, ohne chemische Behandlung oder Erhitzung: Der Anteil an freien Fettsäuren (berechnet als Ölsäure) erreicht maximal 0,8 g pro 100 g. Ein einwandfreier sensorischer Befund unter Einhaltung der analytischen Parameter ist eine weitere Grundvoraussetzung für diese höchste Qualitätsstufe.

■ **Natives Olivenöl**: Die Gewinnung erfolgt durch mechanische und physikalische Verfahren, der Anteil an freien Fettsäuren (berechnet als Ölsäure) beträgt maximal 2 g pro 100 g, geschmackliche Abweichungen sind zulässig.

■ **Olivenöl**: Hierbei handelt es sich um einen Verschnitt von raffinierten (also industriell hergestellten) und nativen Olivenölen, deren Anteil an freien Fettsäuren nicht mehr als 1,0 g pro 100 g beträgt.

Für die Konsumenten ist auf dem Flaschenetikett nicht ersichtlich, dass es sich bei der Produktbezeichnung „Olivenöl" um ein Teilraffinat handelt.

Nach EU-Verordnung muss diese niedrigste Kategorie von Olivenöl als „Olivenöl – bestehend aus raffinierten Olivenölen und nativen Olivenölen" gekennzeichnet werden. Es genügt schon 1 % natives Olivenöl extra, um diese Bezeichnung verwenden zu dürfen. Auch das Tresteröl, ein Raffinat aus dem chemisch extrahierten Öl des Presskuchens, wird als Olivenöl bezeichnet. Daher ist es dringend empfohlen, genau auf die Bezeichnung „natives Olivenöl extra" zu achten.

Als „pflanzliches Fett" oder „pflanzliches Öl" bezeichnete Speiseöle sind Mischungen aus Ölsaaten verschiedenster Herkunft (Ausnahme: Olivenöl!).

Zur Gewinnung von Öl aus Pflanzensamen braucht es immer hohen Druck bei hoher Temperatur. Bei einigen Pflanzen wird bereits gentechnisch verändertes Saatgut kommerziell eingesetzt, was sich aber nach der Raffination nicht mehr nachweisen lässt. „Pflanzliches Fett, teilweise gehärtet", kann auf künstliche Transfette hinweisen, die heute für eine Vielzahl von Krankheiten verantwortlich gemacht werden.

Die wichtigsten Tests

- Acidität bzw. Säuregrad: freie Fettsäuren, berechnet in Prozent der Ölsäure.

- Peroxidzahl: ist sie zu hoch, wurde das Öl durch zu viel Licht und Wärme verdorben oder schlecht gelagert. Altes Öl.

- Messung im UV-Spektrum: Die UV-Spektroskopie hat doppelten Nutzen: Sie ist eine Bestätigung der Peroxidzahl und dient zusätzlich als erster Hinweis auf unerlaubt zugesetztes raffiniertes Öl. In Kombination mit anderen Kennzahlen

lassen sich daraus Rückschlüsse auf Lagerung und Alter sowie eine Erhitzung oder chemische Bearbeitung des Öls ziehen.

- **Sterine:** eine Reihe von Kennzahlen gibt unter anderem Aufschluss darüber, ob das Olivenöl mit billigem Öl vermengt wurde.

- **Stigmastadien:** eine im Olivenöl nativ extra nicht vorkommende Komponente, die ein wichtiger Indikator zur Unterscheidung von naturbelassenem und erhitztem Olivenöl (Raffinaten) ist.

- **Trilinolein:** ein weiterer Indikator zur Aufdeckung von Pantscherei mit Samenölen.

Hier noch einige weitere Parameter:

Olivenöl nativ extra besteht hauptsächlich aus an Glyzerin gebundenen Fettsäuren, davon durchschnittlich 77 % einfach ungesättigte Fettsäuren, 9 % mehrfach ungesättigte Fettsäuren und 14 % gesättigte Fettsäuren. Weiter findet man 55 bis 83 % Ölsäure, 7 bis 20 % Palmitinsäure, 3 bis 21 % Linolsäure, 0 bis 5 % Stearinsäure und 0 bis 4 % Palmitoleinsäure. Der unverseifbare Anteil liegt zwischen 0,5 und 3 %, es entfallen 0,15 bis 0,37 % auf Sterole, 0,1 bis 0,7 % auf Squalene und 0 bis 10 ppm auf Chlorophyll. Es sind weiter Phospholipide, Karitonoide, Vitamin E (α-Tocopherol) und Vitamin A enthalten. Der Gehalt an Polyphenolen (wie z.B. Oleuropein, Hydroxytyrosol) ist ein wichtiger Maßstab für die Qualität eines Öls und wirkt sich stark auf die sensorische Qualität und die gesundheitlichen Vorzüge aus.

Das natürliche Olivenöl enthält somit ein Gemisch verschiedener, klar definierter Fette und weist dadurch keinen scharfen Schmelzpunkt, sondern einen Schmelzbereich auf, der bei ca. 8 °C liegt, was bei niederen Temperaturen zum Ausflocken führen kann.

Die amtlich vorgegebenen analytischen Kennzahlen liefern einen großen Spielraum, der ausgenutzt werden kann, um z.B. Lösungsmittel-extrahiertes Öl in einem Pressöl unterzubringen und damit den Herstellerpreis deutlich zu senken. Damit wird dem Wunsch des Konsumenten nach „Preis-Schnäppchen" Rechnung getragen, allerdings wieder zu Lasten der Qualität.

Hier ein typisches Analysezertifikat eines hochwertigen Olivenöls:

Gehalt an freien Fettsäuren	0,33 %		**Sterols**	
Moisture	<0,1 %		Cholesterol	0,0 %
Peroxidzahl	7,2 meq/kg		Brascasterol	0,0 %
Spectrophot. UV			Campesterol	3,6 %
			Campestanol	0,1 %
Absorbion bei 232 nm	1,785		24-Methyl-chloresterol	0,4 %
Absorbion bei 270 nm	0,138		Stigmasterol	0,6 %
ΔK	-0,003		B-Sitosterol	76,1 %
Fettsäurezusammensetzung			D7, Stigmasterol	0,2 %
			D7-Campestanol	0,0 %
C14:0 = Myristinsäure	0,01 %		D5, 23-Stigm/Dienol	0,0 %
C16:0 = Palmitinsäure	11,59 %		Clerosterol	1,1 %
C16:1 = Palmitoleic	0,83 %		D5-Avenasterol	16,5 %
C17:0 = Heptadecanoic	0,04 %		D5, 24-Stigm/Dienol	0,7 %
C17:1 = Heptadecanoic	0,07 %		D7-Avenasterol	0,3 %
C18:0 = Stearinsäure	2,62 %		Erythodiol+Uvaol	3,1 %
C18:1 = Ölsäure (W9)	77,44 %		Gesamsterine	1154 mg/kg
C18:2 = Linolsäure	5,76 %			
C18:3 = Linolensäure	0,65 %		ΔE CN42	0,0 %
C20:0 = Arachinsäure	0,46 %		Waxes	52 mg/kg
C20:1 = Eicosensäure	0,30 %		Hydrocarb. (Stigmastadiene)	0,05 mg/kg
C22:0 = Behensäure	0,17 %			
C22:1 = Erucic	0,00 %		Beta-Carotin	0,58 mg/100 g
C24:0 = Lignoserinsäure	0,06 %		Vitamin E Summe	28,7 mg/100 g
Trans C18:1	0,01 %		Alpha-Tocopherol	28,6 mg/100 g
Trans C18:2, C18:3	0,01 %		Beta-Tocopherol	0,1 mg/100 g

Zur Aufbewahrung

Was der lebenden Frucht am Baum gut tut, nämlich Licht, Luft und Hitze, schadet dem Öl. Natives Olivenöl extra behält seinen ursprünglichen, fruchtigen Geschmack und hält bis zu 18 Monate, wenn es kühl (10–18 °C) und dunkel in einem Gefäß verschlossen aufbewahrt wird. Die lange Haltbarkeit verdankt es seiner stabilen Fettzusammensetzung und dem Gehalt an Vitamin E. Wird es zu kalt gelagert, zum Beispiel im Kühlschrank, dickt es ein oder flockt aus. Bei Erwärmung auf Zimmertemperatur nimmt es seine ursprüngliche Form wieder an und kann wie gewohnt verwendet werden.

Die spezifische Fettzusammensetzung macht das Öl besonders hitzestabil. Es behält bei bis zu ca. 180 °C seine natürlichen Eigenschaften. Außerdem bilden sich – im Gegensatz zu manch anderen Pflanzenölen – bei Erhitzung bis zu 180 °C keine giftigen Substanzen. Deshalb seine hervorragende Eignung zum Braten und Backen.

Gesundheitsgeheimnis Olivenöl

Mit mediterraner Kost ließe sich ein Drittel der Ressourcen einsparen.
Sozialökologin Marina Fischer-Kowalski fordert ein Umdenken in der Ernährung
(Der Standard 26.05.2014)

Seit dem Altertum ist Olivenöl als ein wichtiger, gesunder Bestandteil der Ernährung bekannt. Dieses Bewusstsein um den Wert des Olivenöls zeigt sich bereits daran, dass Homer es als „flüssiges Gold" bezeichnete und Hippokrates es als ein entscheidendes Heilmittel betrachtete.

Im Mittelmeerbereich hat das Olivenöl seit über 4.000 Jahren eine große Bedeutung für Leben und Kultur der Bevölkerung. Schon in den Grabkammern der alten Pharaonen fanden sich vergoldete Schnitzereien mit Olivenmotiven geschmückt. Die hellenischen Athleten wurden mit Olivenöl eingerieben, und das Olympische Feuer war ein brennender Olivenzweig. Der König Israels wurde mit Olivenöl gesalbt, und Messias bedeutet im Hebräischen „der Gesalbte". In der jüdischen, christlichen und islamischen Welt symbolisiert die Olive Fruchtbarkeit, Weisheit und Frieden, und das Olivenöl ist ein Symbol der Lebenskraft. Die von den alten Ärzten Griechenlands beschriebene Bedeutung des Olivenöls für die Gesundheit des Menschen unterscheidet sich eigentlich kaum von den Aussagen eines internationalen Konsensusstatements, das vor wenigen Jahren als Empfehlung der Europäischen Union verabschiedet wurde: *„Die wissenschaftliche Beweisführung"*, heißt es dort, *„ist ausreichend, um Kampagnen zu rechtfertigen, welche Politikern, Regierungen, Gesundheitsämtern, Ärzten, Gesundheitserziehern, Medien, Ernährungsspezialisten, Lebensmittellieferanten und -produzenten, Schulen und der Öffentlichkeit nahe legt, dass Olivenöl und die Prinzipien der mediterranen Ernährung von großem Nutzen sind für die Ernährung in den europäischen Ländern."* Und weiter heißt es: *„Es besteht Einigkeit darüber, dass es genug Beweise gibt, dass eine mediterrane Ernährung, in welcher Olivenöl die grundlegende Fettquelle ist, kar-*

diovaskuläre Erkrankungen, Fettstoffwechselstörungen, Hochdruck, Diabetes und Übergewicht und damit die primären und sekundären Ursachen der koronaren Herzkrankheit vermindert. Außerdem besteht Einigkeit darüber, dass diese Art der Ernährung auch eine präventive Rolle gegen verschiedene Formen von Krebserkrankungen spielt."

Ähnlich wie im zitierten Konsensuspapier der Europäischen Union legten bereits drei römische Sachbuchautoren den Bauern ihres Staates den Olivenanbau ans Herz: Marcus Porcius Cato der Ältere (234–149 v. Chr.) in seinem Werk *De agri cultura*, Marcus Terentius Varro (116–27 v. Chr.) mit *Rerum rusticarum libri tres* sowie Lucius Moderatus Columella mit *De re rustica*. Auch in dem 2.000 Jahre alten Kochbuch *De re coquinaria* des Marcus Gavius Apicius (um 25 v. Chr.– vor 42 n. Chr.) wird das Olivenöl als entscheidender Beitrag für eine gesunde Küche erwähnt.

Die europäische Schulmedizin brauchte bis in die 70er Jahre des 20. Jahrhunderts, um den gesundheitlichen Wert des Olivenöls zu erkennen. Der Beweis aber, dass Olivenöl und mediterrane Kost das Herzinfarktrisiko deutlich senken, gelang 1995 französischen Wissenschaftlern aus dem Team von Professor Michel de Lorgeril. Er senkte bei Patienten mit schwerer koronarer Herzkrankheit die Infarkthäufigkeit durch eine mediterrane Diät, in der die Hauptfettquelle Olivenöl war. Das ist mit keinem derzeit am Markt erhältlichen Medikament möglich.

Die Kenntnis und das Verständnis der Wirksamkeit des Olivenöls in der Prävention verschiedener Erkrankungen hat mich dazu bewogen, diesen Beitrag zu verfassen. Die Freundschaft mit Ing. Manfred Bläuel, einem der großen Olivenölkenner und -hersteller, der gemeinsam mit seiner Familie den Anbau, die Herstellung, Verarbeitung und Produktion von Olivenöl zu seiner Lebensaufgabe gemacht hat, gab mir die nötige Inspiration, diesen Beitrag zu verfassen. Ich sehe es als einen wichtigen Teil meiner ärztlichen Aufgabe, möglichst vielen Menschen den Wert und die Bedeutung dieses Naturproduktes nahezubringen, zumal es sich hier um wissenschaftlich ausreichend fundierte Daten handelt. Während der letzten Jahre wurden zunehmend Studien durchgeführt, die nicht nur Menschen betreuten, welche Olivenöl als Nahrungsbestandteil zu sich nehmen, sondern auch einzelne Komponenten des Olivenöls untersuchten. Neue Techniken molekularer und genetischer Analysen sowie Untersuchungen an Zelllinien haben nun auch Licht in das Dunkel des von der Natur gut gehüteten Olivenöl-Geheimnisses gebracht. Mit sogenannter *genome-wide transcriptome analysis* konnten so zum Beispiel antikanzerogene Mechanismen von Olivenöl-Polyphenol und Hydroxytyrosol dargestellt werden.

Olivenöl Gesunder Genuss

Auf den folgenden Seiten möchte ich Ihnen die medizinischen Aspekte des Olivenöls in der täglichen Ernährung darlegen und gleichzeitig ein bisschen grundlegendes Wissen über die wesentlichen Erkrankungen vermitteln, gegen die Olivenöl zu schützen vermag.

Eine Zusammenfassung zahlreicher moderner wissenschaftlicher Untersuchungen hat ergeben, dass die Olive über 200 verschiedene gesundheitsfördernde Substanzen enthält. Die Phytochemicals wirken über die verschiedensten Mechanismen entzündungshemmend, hemmen die Fettoxidation (Arteriosklerose!) und schützen auch das Erbgut der einzelnen Zellen vor äußeren, Krebs erregenden Einflüssen. Inzwischen geht man bei einzelnen dieser Bestandteile bereits dazu über, die chemischen Komponenten im Labor zur Herstellung von Arzneimitteln nachzubauen, und mehr und mehr zeigt sich, dass das Heilpotential des Olivenöls trotz aller bekannten positiven Effekte immer noch unterschätzt wird.

Olivenöl und koronare Herzkrankheit

Der Herzinfarkt ist nach wie vor unser „Killer Nummer eins". Fast ein Drittel aller Todesfälle ist durch eine koronare Herzkrankheit verursacht. Die Ursachen dafür sind vielfältig, und es gibt eine Menge Risikofaktoren, wie zum Beispiel Rauchen, falsche Fette in der Ernährung, Diabetes mellitus und Bluthochdruck, um nur einige zu nennen.

Was sind die Ursachen der koronaren Herzkrankheit? Wie kommt sie zustande?

Prinzipiell handelt es sich dabei um eine Minderdurchblutung des Herzmuskels, die durch Verengungen in den Herzkranzgefäßen, den Arterien, die den Herzmuskel mit Blut versorgen, ausgelöst wird. Diese Engstellen entstehen durch einen über viele Jahre hinweg verlaufenden Prozess, die sogenannte Arteriosklerose. Dabei kommt es zur Einlagerung von Cholesterin, und es bilden sich auch entzündliche Veränderungen, narbenartige

Strukturen, und mit der Zeit verengt sich der Hohlraum, durch den das Blut fließen kann. Ab einer kritischen Verengung von ca. 50 % kommt es dann zu den typischen Symptomen, welche durch eine solche Minderdurchblutung hervorgerufen werden: Angina pectoris (Brustenge) und Atemnot bei Anstrengung. Je verengter die Gefäße sind, desto geringer ist die Toleranz gegenüber körperlicher Anstrengung. Patienten mit höhergradigen Verengungen der Herzkranzgefäße können nicht einmal mehr von einem Stockwerk ins andere über die Stiegen gehen, ohne Atemnot und Schmerzen in der Brust zu bekommen. Verschließt sich ein Herzkranzgefäß vollständig, entsteht der sogenannte Herzinfarkt, der sich in einem „Vernichtungsschmerz" äußert, einem Schmerz, der den Patienten in Todesangst versetzt. Zusammen mit einem Herzinfarkt können lebensbedrohliche Herzrhythmusstörungen auftreten: Pumpversagen des Herzens und plötzlicher Herztod. Diese größte Geißel der Menschheit, die mehr Menschen hinwegrafft als alle Kriege und Seuchen zusammen, lässt sich, so unwahrscheinlich es klingt, durch eine Änderung des Speiseplans, unter anderem durch Einnahme von ausreichend Olivenöl in der täglichen Ernährung, bekämpfen. Das Risiko, am Herztod zu sterben, lässt sich also durch entsprechende Ernährungsumstellung sehr wohl beeinflussen.

Risikofaktoren für koronare Herzkrankheit	
Beeinflussbar	Nicht beeinflussbar
erhöhte Blutfette	genetische Anlage
Bluthochdruck	Alter
Zigaretten rauchen	Geschlecht
Diabetes mellitus	
Übergewicht	
hohes Fibrinogen	
Homozysteinspiegel	

Ernährungsfaktoren spielen eine entscheidende Rolle bei der Entwicklung der koronaren Herzkrankheit. Dies ist durch zahlreiche Studien belegt, insbesondere die regelmäßige Einnahme von gesättigten Fettsäuren (Saturated fatty acids [SFA]) korreliert direkt mit der Häufigkeit von koronarer Herzkrankheit. Besonders hoch ist der Anteil an SFA in der Ernährung der industrialisierten westlichen Welt, insbesondere Mitteleuropa und Nordeuropa bzw. USA, Kanada etc. Dem gegenüber stehen die südeuropäischen Länder, in denen die Hauptfettquelle der Ernährung Olivenöl darstellt; dort findet sich eine sehr niedrige Rate an koronarer Herzkrankheit. Die Einnahme von Olivenöl mit der täglichen Nahrung scheint mehreren der beeinflussbaren Risikofaktoren entgegenzuwirken.

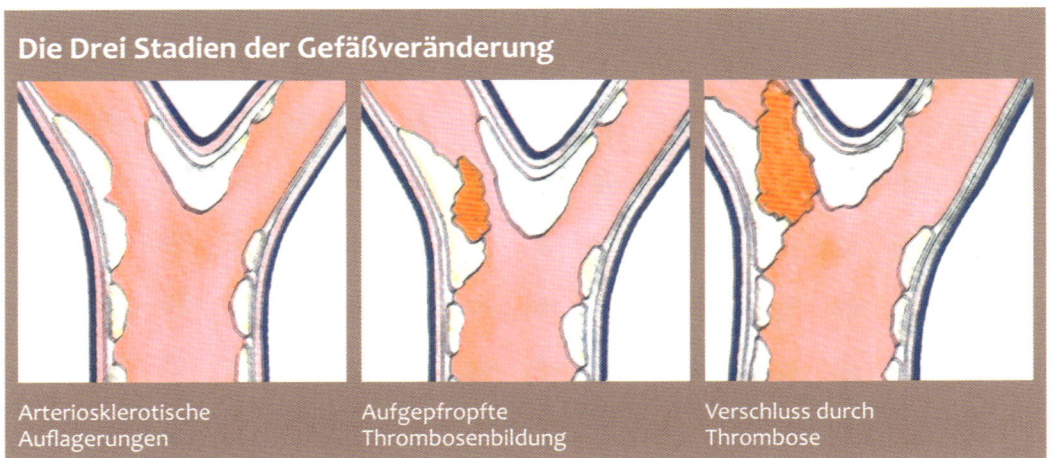

Die Drei Stadien der Gefäßveränderung

Arteriosklerotische Auflagerungen

Aufgepfropfte Thrombosenbildung

Verschluss durch Thrombose

Eine Studie mit Bahnarbeitern belegt, dass Olivenöl den Blutcholesterinspiegel verbessert. Eine Ernährung, die Olivenöl enthält, verbessert das Verhältnis von LDL zu HDL (schlechtem zu gutem Cholesterin), wenn gleichzeitig das gesättigte Fett um eine äquivalente Menge gesenkt wird. Dies wurde von Claude Colette vom Institut Universitaire de Recherche Clinique in Montpellier (Frankreich) nachgewiesen. In einer Untersuchung an 50 Testpersonen, die bei der nationalen französischen Eisenbahngesellschaft (SNCF) beschäftigt waren, wurden hier über sieben Tage die verzehrten Nahrungsmittel aufgezeichnet. Alle wiesen einen normalen Blutdruck auf, der Body-Mass-Index war unter 30, und es wurden weniger als 10 Zigaretten pro Tag geraucht. 22 der 50 Personen bereiteten Salat und Saucen mit Olivenöl zu. Das Verhältnis von einfach ungesättigten Fettsäuren (MUFA) und mehrfach ungesättigten Fettsäuren

(PUFA) und gesättigten Fettsäuren (SFA) betrug 3 zu 1 zu 3. Bei der Berücksichtigung des Body-Mass-Index korrelierte der LDL-HDL-Quotient negativ mit dem MUFA zu SFA-Quotienten bei den Nicht-Olivenöl-Konsumenten. In der Gruppe der Olivenöl-Konsumenten hingegen positiv bei der Gesamtfettaufnahme. Die Ergebnisse zeigten, dass sich die Gabe von MUFA günstig auswirken kann, vorausgesetzt, dass die SFA in gleichem Ausmaß verringert werden.

Olivenöl fördert die Gallenausscheidung von Cholesterin. Verschiedene Fette in der Ernährung beeinflussen die Ausscheidung von Cholesterin aus dem Körper. In einem Experiment an Ratten wiesen Kathy Botham und ihre Kollegen aus London nach, dass Cholesterin wesentlich länger im Körper jener Ratten verblieb, denen gesättigte Fettsäuren verabreicht wurden, als bei jenen, die Olivenöl erhalten hatten. Dies wurde durch radioaktiv markiertes Cholesterin aufgezeigt. Auch das könnte eine zusätzliche Erklärung für den positiven Effekt von Olivenöl auf die koronare Herzkrankheit sein. Nicht nur die koronare Herzerkrankung, sondern auch die Herzschwäche (Herzinsuffizienz) kann von der Olivenöleinnahme profitieren, wie 2014 im European Journal of Heart Failure von Montserrat Fitó berichtet wurde.

Auf welche wissenschaftlichen Studien stützt sich die Annahme, dass Olivenöl einen positiven Effekt auf die Herzgesundheit hat?

Eine der ersten Untersuchungen über den Zusammenhang zwischen Ernährungsgewohnheiten und der Häufigkeit koronarer Herzkrankheit stammt aus den 1950er Jahren und wurde von Ancel Keys (1904–2004) und Mitarbeitern in mehreren Ländern durchgeführt. Er konnte zeigen, dass die Häufigkeit der Herzinfarkte mit den Serumcholesterinspiegeln korreliert und berichtete weiters, dass die Häufigkeit der Infarkte in den südlichen europäischen Ländern, also Spanien, Italien und Griechenland, geringer war als in den mitteleuropäischen Ländern, den USA und Nordeuropa. Diese Beobachtungen bildeten die Grundlage für die Durchführung einer Untersuchung, welche als Sieben-Länder-Studie bezeichnet und an 13.000 Männern zwischen 40 und 59 Jahren durchgeführt wurde, die zu Anfang der Beobachtung in einer Untersuchung als gesund ausgewiesen

wurden. Diese Männer wurden über 15 Jahre beobachtet und die Häufig-keit der koronaren Herzkrankheit mit dem Serumcholesterin, Blutdruck, den Rauchgewohnheiten sowie den Essgewohnheiten verglichen. Ein gro-ßer Unterschied zeigte sich in der Einnahmegewohnheit von gesättigten und ungesättigten Fettsäuren.

Zusammenfassend zeigte sich, dass sowohl die Gesamtsterblichkeit als auch die Sterblichkeit an koronarer Herzkrankheit in jenen Bevölkerungen am niedrigsten war, die Olivenöl als Hauptfettquelle eingenommen hatten (Griechenland, Italien und ehemaliges Jugoslawien). Besonders hoch war die Sterblichkeit in jenen Ländern, in welchen besonders viele gesättigte Fettsäuren als Nahrungsquelle dienten. Innerhalb von Europa zeigte Kre-ta die niedrigste Sterblichkeit an koronarer Herzkrankheit und anderen Todesursachen. Auf Kreta fand sich auch die höchste tägliche Einnahme an Olivenöl, ausgesprochen wenig Fleisch, stattdessen eher Fisch und in gemäßigten Mengen Rotwein. Und hier ergab sich eine der ersten beson-ders interessanten Beobachtungen: nämlich dass das Serumcholesterin der kretischen Bevölkerung dem der anderen mediterranen Bevölkerung ähnlich war und trotzdem eine noch viel niedrigere Rate an koronarer Herz-krankheit zu finden war. Unter den genannten Männern fanden sich auf Kreta pro 10 Jahre und 10.000 Männer rechnerisch neun koronare Herzto-de, verglichen mit 574 in den USA und 420 in den Niederlanden. Auch in den anderen mediterranen Ländern fanden sich in diesem Zusammenhang um die 200 Herztode. Aus dieser Untersuchung wurde der Schluss gezogen, dass die mediterrane Ernährungsweise ideal sei, um die Häufigkeit der koronaren Herzkrankheit in der Bevölkerung möglichst gering zu halten. Bei weiterer spezieller Untersuchung der kretischen Bevölkerung zeigte sich, dass nicht nur ein niedriger Serumcholesterinspiegel, sondern auch möglicherweise andere Fakto-ren aus dem Olivenöl herzschützende Mechanismen darstellen. Bemerkenswert ist in diesem Zusammenhang auch, dass in den letzten 20 Jahren die mediterranen Länder ihre traditionel-le Lebensweise, vor allem in den Ballungszentren, weitgehend aufgegeben haben, wodurch sich das Herz-Kreislauf-Erkrankungsrisiko im südlichen Mittelmeerraum deutlich erhöht hat. Noch gibt es zwischen den nördlichen und südlichen Ländern Europas ein signifikantes Gefälle im Hinblick auf Herzerkrankungen und Blutcholesterinwerten; allerdings scheint sich dieses

Bild zu verändern. Vor allem in Kroatien, Griechenland und Portugal steigt die Herz-Kreislauf-Sterblichkeit langsam an, zum Beispiel unter griechischen Männern um 1 % pro Jahr. Diese Entwicklung ist auch in anderen Ländern in Mittel- und Osteuropa zu beobachten. George Michas, Renata Micha und Antonis Zampelas fassten die Ergebnisse zur Erforschung der Wirkung von Nahrungsfetten in einer großen Übersichtsarbeit im Jahr 2014 zusammen und kamen zu dem Schluss, dass möglicherweise nicht nur die Zusammensetzung der eingenommenen Fette beim Risiko, an einer koronaren Herzerkrankung zu leiden, eine Rolle spielt, sondern die Gesamtmatrix der Ernährung, insbesondere auch andere Inhaltsstoffe wie zum Beispiel im Olivenöl.

Susana Sans, 1992–1994 Vorsitzende der Arbeitsgruppe zur Epidemiologie und Prävention in der Europäischen Kardiologischen Gesellschaft, erklärte die Zunahme der Herz-Kreislauf-Erkrankungen in Südeuropa bereits damals so: *„Einer der wichtigsten Gründe für die genannte Veränderung ist der, dass die Modernisierung in den Mittelmeerländern dazu geführt hat, dass auch Frauen arbeiten gehen und damit weniger Zeit haben, so aufwändig zu kochen wie früher."* Eine durchaus interessante Beobachtung. In Italien zum Beispiel zeigten Untersuchungen des Essverhaltens einen deutlichen Anstieg bei der Einnahme von tierischem Fett (Fleisch und Milchprodukte) und dass dadurch Risikofaktoren, wie Serumcholesterinspiegel, Hochdruck und Übergewicht, zugenommen haben. Die Tatsache, dass die Zahl der koronaren Herzerkrankungen in den mediterranen Ländern mit dieser Änderung des Ernährungsprofils zunimmt, weist epidemiologisch ebenfalls auf den Zusammenhang zwischen einer ausgeglichenen mediterranen Diät, welche viel Olivenöl enthält, und dem Herz-Kreislauf-Risiko hin. Nach wie vor allerdings haben die Bewohner der mediterranen Länder ein deutlich geringeres Herz-Kreislauf-Risiko als die Menschen in den nördlichen Ländern Europas. Die folgende Tabelle veranschaulicht dies:

Herz-Kreislauf-Tote in Europa und den USA in den 1990er Jahren

(Herz-Kreislauf-Sterblichkeitsraten pro Jahr pro 100.000 Menschen)
Quelle: Statistisches Jahrbuch 1995

Schweden	301	Niederlande	145
Großbritannien und Nordirland	288	Luxemburg	131
Finnland	282	Italien	127
Dänemark	278	Belgien	120
Deutschland	226	Griechenland	116
Irland	225	Portugal	95
Österreich	213	Frankreich	87
USA	196	Spanien	86

Hinsichtlich Ernährungsgewohnheiten und Herz-Kreislauf-Erkrankungen wurden seit den 1950er Jahren auch verschiedene Interventionsstudien durchgeführt. Dazu gehörten etwa die Veterans Administration Study, The Finnish Mental Hospital Study, The Multiple Risk Factor Intervention Trial, The North Karelia Project, The WHO European Multifactor Preventive Trial of Coronary Heart Disease, das Oslo Preventive Trial und andere mehr. In den meisten dieser Untersuchungen allerdings waren die diätetischen Bemühungen dahin gerichtet, die Einnahme von saturierten Fettsäuren, also von gesättigten Fettsäuren (SFA) zu senken und unter Umständen die Einnahme von ungesättigten Fettsäuren zu erhöhen. Allerdings warf keine der Untersuchungen überzeugende Daten ab.

Erst Anfang der 1990er Jahre kamen Michel de Lorgeril vom Universitätskrankenhaus Saint-Étienne und seine Kollegen vom Institut National de la Santé et de la Recherche Médicale

(INSERM) in Lyon auf die Idee, eine direkte Diätintervention bei Patienten nach einem Herzinfarkt durchzuführen, um einen Zweitinfarkt zu verhindern und dazu aufgrund der vorliegenden Daten jene Essgewohnheiten in Form einer Diät den Patienten zu verordnen, wie sie auf Kreta bei der normalen Bevölkerung üblich sind. Das Wichtigste vom Speiseplan: Weglassen von Butter und Sahne, Reduktion von Fleisch, Wurst und Milchprodukten; Ersatz dieser durch Fisch und Olivenöl. Ansonsten waren die Umstellungen minimal. An dieser sogenannten Lyon Heart Study nahmen also nur Frauen und Männer teil, die bereits einen Herzinfarkt erlitten hatten, bei denen man also davon ausgehen konnte, dass sie mit Sicherheit eine schwere koronare Herzkrankheit aufwiesen.

Der einen Hälfte der Teilnehmer wurde eine normale cholesterinarme Diät verschrieben (Kontrollgruppe) und die andere Hälfte auf Grundlage der Kreta-Diät ernährt. Die Studie musste nach bereits 27 Monaten abgebrochen werden, weil in der Kontrollgruppe viel mehr Patienten den Herztod oder einen schweren Herzinfarkt erlitten hatten als in der Kreta-Diät-Gruppe. Durch die Kreta-Diät konnte das Herzinfarktrisiko um mehr als 70 % gesenkt werden! Kein gegenwärtig erhältliches Medikament ist in der Lage, ähnliche Erfolge zu bringen.

Immer wieder wurde die Verlässlichkeit dieser Erkenntnisse in Frage gestellt. Kliniker bemängelten, dass die Zahl der kardiovaskulären Zwischenfälle (Angina pectoris, Herzinfarkt,

Schlaganfall, Herzinsuffizienz, Lungenembolie und plötzlicher Herztod) in dieser Studie für weitreichende Schlussfolgerungen zu klein wäre. Obwohl an ihrer Studie grundsätzlich nichts zu bemängeln war, beschlossen de Lorgeril und seine Kollegen, die Patienten weiter zu beobachten. Die Ergebnisse wurden dann 1999 in der angesehenen Fachzeitschrift *Circulation* veröffentlicht, der zweite Teil der Lyon Heart Study hatte 19 Monate, die gesamte Studie somit 46 Monate gedauert. Die längere Laufzeit änderte an den ursprünglichen positiven Ergebnissen nichts. Alle genannten kardiovaskulären Ereignisse zusammen traten ohne Kreta-Diät dreimal häufiger auf als mit Kreta-Diät. Der überaus günstige Einfluss der Kreta-Diät auf die Entstehung kardiovaskulärer Erkrankungen war interessanterweise auch unabhängig von den Risikofaktoren Cholesterin, Blutdruck und Geschlecht. Die Autoren führten das Ergebnis vor allem auf die Verwendung von größeren Mengen Olivenöl zurück. Die Lyon Heart Study entkräftete auch das Argument, dass eine Ernährungsumstellung nur wenigen Menschen gelingt. Im Studienkollektiv hielten die allermeisten den mediterranen Speiseplan konsequent ein. Die Autoren hielten es jedoch für wünschenswert, dass die Patienten und ihre Angehörigen zu Beginn der Ernährungsumstellung von einem professionellen Team betreut werden.

Die traditionelle gesunde Mittelmeerkost-Pyramide

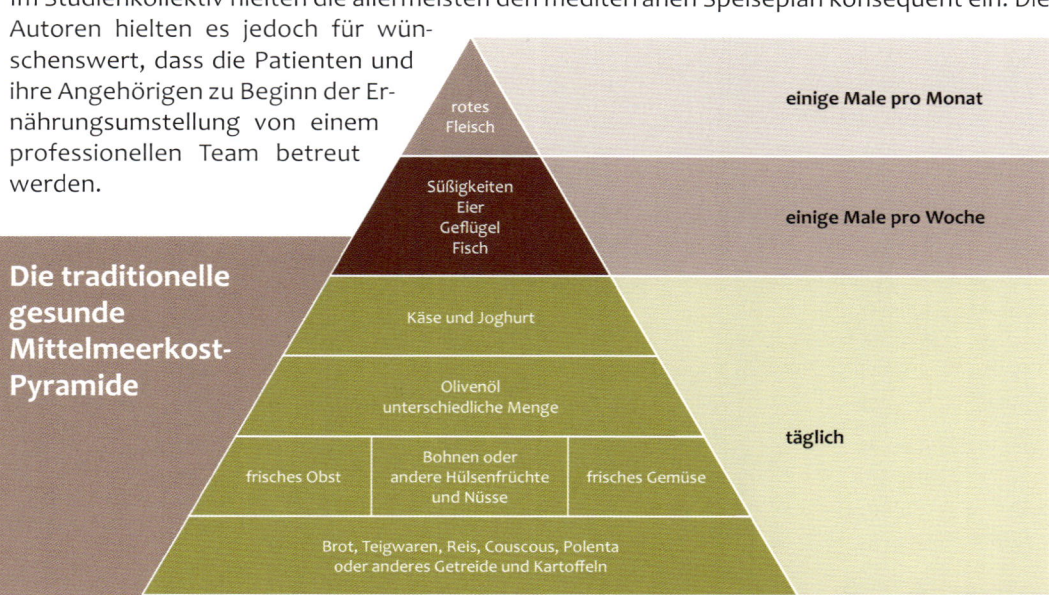

rotes Fleisch — einige Male pro Monat

Süßigkeiten Eier Geflügel Fisch — einige Male pro Woche

Käse und Joghurt

Olivenöl unterschiedliche Menge

frisches Obst | Bohnen oder andere Hülsenfrüchte und Nüsse | frisches Gemüse — täglich

Brot, Teigwaren, Reis, Couscous, Polenta oder anderes Getreide und Kartoffeln

Olivenöl und Blutgerinnung

Die Blutgerinnung spielt bei der Entwicklung von Schlaganfall und Herzinfarkt, aber auch bei der tiefen Beinvenenthrombose und anderen Erkrankungen eine große Rolle. Letztendlich sind es Blutgerinnsel, die die Gefäße verstopfen und zu Infarkt oder Schlaganfall führen. Auch hier hat das Olivenöl einen positiven Einfluss. Mehrere wissenschaftliche Arbeiten wurden inzwischen zu diesem Thema durchgeführt. Sogenannte Omega-3-Fettsäuren bzw. ungesättigte Fettsäuren haben nachweislich eine Wirkung auf die Blutgerinnung: Die Gerinnungszeit wird verlängert und die Verklumpung von Blutplättchen gehemmt. Eine ähnliche Wirkung hat auch das Aspirin. Der Gehalt an Linolensäure im Olivenöl wirkt sich günstig auf die Blutgerinnung aus. Eine im Jahr 1999 im *American Journal of Clinical Nutrition* erschienene Arbeit mit dem (übersetzten) Titel *Sind Olivenöldiäten antithrombotisch?* behandelte die Bedeutung des Olivenöls besonders exakt. Es handelte sich um eine Folgeuntersuchung, die auf den Studien von Michel de Lorgeril basierte. Besondere Bedeutung wurde hier den einfach ungesättigten Fettsäuren zugewiesen. Es wurde die Hypothese geprüft, ob Olivenöl den sogenannten Faktor VII der Blutgerinnung beeinflusst. Dabei handelt es sich um ein Schlüsselprotein in der Entwicklung der Thrombose. Es lagen bereits mehrere Studien vor, die zeigen konnten, dass durch eine entsprechende Diät dieser Faktor VII beeinflusst werden kann. In der neuen Studie wurde Olivenöl auch mit anderen ähnlichen Ölen verglichen: Rapsöl und Sonnenblumenöl. Letztendlich ergab sich der Schluss, dass eine Diät, welche reich an Olivenöl ist, die sogenannten prokoagulatorischen Faktoren, also die gerinnungsfördernden Faktoren fetter Mahlzeiten, abschwächen kann. Olivenöl schnitt in dieser Untersuchung gegenüber den anderen Ölen am besten ab und konnte das Thromboserisiko deutlich senken.

Zusammenfassend kann man sagen, dass selbst das komplizierte Gerinnungssystem im Menschen durch die Einnahme von Olivenöl positiv beeinflusst werden kann und auch darin sicher ein positiver Effekt des Olivenöls zu sehen ist, der mit dazu beiträgt, dass in den mediterranen Ländern, insbesondere auf Kreta und im restlichen Griechenland, die Sterblichkeitsrate bei Herzinfarkt und Schlaganfall geringer ist.

Woraus besteht Olivenöl?

Olivenöl besteht zu etwa 70 % aus einfach ungesättigten Fettsäuren mit Spuren des oxidationshemmenden Vitamins E und zu einem Viertel aus mehrfach ungesättigten Fettsäuren. Es enthält kaum gesättigte Fettsäuren und kein Cholesterin. Im Olivenöl sind überdies viele pharmakologisch interessante Wirkstoffe enthalten; über diese wird in der Fachwelt heftig diskutiert. Zu diesen Stoffen gehören zum Beispiel die sogenannten Iridoide, die ähnlich wie Antibiotika wirken. In der Natur schützen sie vermutlich die Oliven vor dem Befall von Viren und Bakterien. Welche Stoffe insbesondere das Herz schützen, ist in Diskussion. Ähnlich wie beim Wein weiß man beim Olivenöl noch nicht genau, welche der zahllosen Inhaltsstoffe für den möglichen Herzschutz verantwortlich sind. Stellen Sie sich vor: Allein 800 verschiedene chemische Substanzen sind für Geruch und Geschmack des Weines verantwortlich. Es mag noch ein Jahrhundert vergehen, bis man weiß, welche die entscheidenden herzschützenden Stoffe in Olivenöl oder Wein sind. Zu den wichtigsten Wirkstoffen im Olivenöl gehören aber das Oleuropein, das 2-3-4-Dihydroxyphenylethanol, die Alpha-Linolensäure und das antioxidativ wirksame Vitamin E, das die Zellwände vor schädlichen Angriffen der freien Radikalen schützt. Freie Radikale sind geladene Sauerstoffmoleküle oder ähnliche chemische Verbindungen, die eine Oxidation der Zell- und Gefäßwände bewirken können. Vergleichbar sind diese Radikale mit dem Salz auf den winterlichen Straßen, welches das Auto schneller rosten lässt. Olivenöl würde in diesem Zusammenhang einer Einbrennlackierung oder sogar einer Vollverzinkung entsprechen. Eine weitere wesentliche Komponente ist die sogenannte Alpha-Linolensäure, welcher verschiedene Wirkungen auf die Blutgerinnung, aber auch auf Herzrhythmusstörungen nachgesagt werden. Weiters scheint Olivenöl auch organische Verbindungen zu enthalten, welche die Ablage-

rung von Cholesterin in den Arterienwänden hemmen und beseitigen sowie die Bildung von gefäßverstopfenden Blutgerinnseln bremsen.

Weitere Wirkstoffe im Olivenöl sind sekundäre Pflanzenwirkstoffe wie Squalen und Phytosterine (Betasitosterin). Diese haben ebenso wie Phenole, Tocopherol und diverse Geschmacks- und Aromastoffe einen günstigen Effekt auf die Gesundheit. Zahlreiche experimentelle Studien sowie epidemiologische Untersuchungen unterstützen diese Überlegungen.

Warum ist die oxidationshemmende Wirkung von Inhaltsstoffen des Olivenöles so wichtig?

Wie schon erwähnt, ist das Cholesterin ein Hauptrisikofaktor für den Herzinfarkt. Insbesondere eine hohe Konzentration an einem Bestandteil, der als LDL (Low Density Lipoproteine) bezeichnet wird, ist für die Entwicklung der Arteriosklerose verantwortlich. Dieses sogenannte LDL-Partikelchen besteht aus vorwiegend ungesättigten Fettsäuren und einem Trägereiweißstoff. Ihm gegenüber steht das HDL (High Density Lipoproteine), ebenfalls ein Partikelchen, das Fett, an ein Eiweiß gebunden, enthält. Diese Bindung an Eiweißstoffe von Fett ist notwendig, um dieses Fett im Blut zu transportieren, prinzipiell deshalb, damit das Fett nicht wie „Fettaugen in einer Suppe" im Blut schwimmt, sondern gezielt transportiert werden kann. Der Prozess der Arterioskleroseentwicklung im Zusammenhang mit LDL-Molekülen ist weitgehend aufgeklärt, obwohl es noch einige unbekannte Größen dabei gibt. LDL ist im Allgemeinen nicht selbst schädlich, sondern muss erst biochemisch verändert werden, und dabei spielt die Oxidation eine große Rolle. Wie leicht sich das LDL-Molekül oxidieren lässt, hängt von einer Vielzahl exogener und endogener Faktoren ab, wobei Ernährungsfaktoren eine große Rolle spielen.

Ein LDL-Molekül enthält ungefähr 3.600 Fettsäuren, ungefähr die Hälfte sind polyunsaturierte Fettsäuren (PUVA). Das Molekül selbst enthält aber auch einige Antioxidantien, unter anderem Vitamin E. Die Oxidation des LDL-Moleküls ist eine Kettenreaktion, welche durch die oben genannten freien Radikale ausgelöst wird. Diese entstehen in den Zellen als Nebenprodukte der Energiegewinnung. Biochemisch sieht das so aus, dass eine Kettenreaktion dadurch ausgelöst wird, indem ein sogenanntes freies Radikal ein Wasserstoffatom von einer mehrfach ungesättigten Fettsäure am LDL-Partikel entfernt. Dadurch entstehen Lipidperoxydradikale, welche wiederum eine Oxidation der benachbarten Fettsäuren auslösen können. Dadurch kommt es zu einem Aufsplittern der mehrfach ungesättigten Fettsäuren. Dabei entstehen verschiedene hochreaktive Aldehyde, Ketone und andere schädliche Stoffe.

Aber ich will Sie nicht mit biochemischen Details belasten. Normalerweise sind die LDL-Partikel im Blut gegen diese Oxidation geschützt, da das Blutplasma verschiedene wasserlösliche, antioxidativ wirksame Substanzen wie Vitamin C, Bilirubin, aber auch Harnsäure enthält und das Partikel selbst Vitamin E als Oxidationsschutz besitzt. Daher kommt der gefährliche Oxidationsprozess im Blut normalerweise nicht zustande, sondern erst, wenn sich so ein Partikel an oder in der Arterienwand anlagert, wo der Oxidationsschutz aus dem Blut wegfällt. In der Arterienwand ist das Partikel auch vermehrt Stoffwechselprodukten wie den freien Radikalen ausgesetzt. Unter diesen oxidativen Bedingungen wird als Erstes das eigene Antioxidans, das Vitamin E, verbraucht, es beginnt der relativ rasche Zerfall der polyunsaturierten Fettsäuren, und verschiedenste gefährliche bioaktive Substanzen werden freigesetzt.

In der Entwicklung der Arteriosklerose wandern verschiedene Blutzellen unter die Innenschicht der Arterienwand ein und nehmen dort oxidierte oder in Oxidation begriffene LDL-Partikel auf; es kommt zu einer massiven Cholesterin-Ester-Akkumulation in den eingewanderten Fresszellen. Dies bewirkt wiederum einen entzündlichen Reiz, und langsam bilden sich kleine Geschwüre und Entzündungen an der Gefäßinnenwand, die wiederum vernarben. Der Körper versucht diese zu reparieren, und es entsteht ein sich selbst unterhaltender Prozess.

Olivenöl und LDL-Oxidation

Es konnte gezeigt werden, dass durch entsprechende diätetische Maßnahmen die LDL-Fraktion im Blut überhaupt gesenkt werden kann und durch die Änderung der Zusammensetzung des LDL-Moleküls selbst die Anfälligkeit desselben für oxidative Prozesse beeinflusst wird. Olivenöl enthält eine Zusammensetzung von Fettsäuren, welche sich positiv auf die LDL-Oxidation auswirken und das Molekül „stabiler" machen. Insbesondere die Alpha-Linolensäure scheint hier eine große Rolle zu spielen. Andere Untersuchungen haben gezeigt, dass durch manche in Olivenöl enthaltene Fettsäuren die Produktion von freien Radikalen, insbesondere der Superoxidation, in verschiedenen Zellarten gebremst werden kann. Letztendlich enthält Olivenöl aber auch eine Reihe von antioxidativen Stoffen, wie zum Beispiel Phenole, Vitamin E und andere, welche selbst die oxidativen Prozesse hemmen können und somit das „Verrosten" der Blutgefäße einbremsen. Die Bedeutung des Vitamin E ist in diesem Zusammenhang allerdings wissenschaftlich umstritten. So zeigte eine große Untersuchung (die Cambridge Heart Antioxidant Study) eine deutliche Reduktion der Infarkthäufigkeit bei Patienten, welche Vitamin E eingenommen haben, während eine andere große Untersuchung (HOPE-Studie) nahe legte, dass die Vitamin-E-Gabe keinen Einfluss auf die Entwicklung der koronaren Herzkrankheit hat. Insgesamt jedoch lässt sich sowohl aus den experimentellen als auch aus den epidemiologischen Daten ableiten, dass Olivenöl eine hemmende Wirkung auf die Entstehung von Herz-Kreislauf-Erkrankungen hat.

Eine Empfehlung, die sich aus den genannten Faktoren ableiten lässt, stellt der niederländische Wissenschafter Martjin Katan etwa so dar: „*Der Schwerpunkt verlagert sich von der Fettreduktion hin zum Fettaustausch. Öle mit einem hohen Anteil an ungesättigten Fettsäuren, wie Olivenöl, könnten geeigneter sein als kohlenhydratreiche Diäten. Alle vorliegenden Daten sprechen für den Ersatz von gesättigten und transfettsäurereichen Fetten durch ungesättigte, nicht gehärtete Öle.*" Einzelne molekulare Komponenten begünstigen die sogenannte Triglycerid-Clearance von postprandial ansteigenden Serumlipoproteinen.

Olivenöl und Bluthochdruck

Betrachtet man die großen medizinischen Bevölkerungsstudien, zeigt sich ein eindeutiger Zusammenhang zwischen Ernährung und Blutdruck. Beispielsweise haben Vegetarier signifikant niedrigere Blutdruckwerte als Nicht-Vegetarier. Auch die mediterrane Ernährungsweise hat einen positiven Einfluss auf den Blutdruck. So findet sich in Italien ein durchschnittlich niedrigerer Blutdruck als bei Finnen und Schotten. Man weiß, dass die täglich eingenommene Menge an Salz den Blutdruck beeinflusst, ist sich aber unsicher, welche Faktoren im Detail für niedrigere Blutdruckwerte in den mediterranen Ländern verantwortlich sind. Es scheint, dass der Ersatz von Fleisch durch vegetarische Produkte, aber auch die Einnahme von

Olivenöl den Blutdruck beeinflussen. Möglicherweise spielt auch die Zusammensetzung der eingenommenen Salze (Kalium, Kalzium und Magnesium) eine Rolle. Auch wenn die großen Untersuchungen aus wissenschaftlicher Sicht häufig diverse Schwächen aufweisen (z.B. ungenaue Blutdruckmessung durch die Patienten selbst oder ungenaue Angaben über die Ernährungsweise), sind doch die Ergebnisse richtungweisend und weisen auf einen günstigen Effekt einer vegetarischen bzw. mediterranen Diät hin. Als Beispiel möchte ich das Multiple

Risk Factor Intervention Trial (MRFIT) nennen, an dem 1.200 Teilnehmer mitgewirkt haben, welches zeigte, dass die Einnahme von gesättigten Fettsäuren bzw. Cholesterin mit erhöhten Blutdruckwerten korreliert. Im Gegensatz dazu stand die Nurses Health Study, an der 58.000 gesunde Krankenschwestern teilnahmen. In dieser Studie zeigte sich kein Zusammenhang zwischen Bluthochdruck und der Einnahme von gesättigten bzw. ungesättigten Fettsäuren. Ein ähnliches Ergebnis brachte eine Untersuchung an 30.000 amerikanischen Männern, die im Gesundheitsbereich arbeiteten.

In einer spanischen Studie wurden zwei Gruppen von Hochdruckkranken verglichen: Die eine Gruppe erhielt viel Sonnenblumenöl, das reich an mehrfach ungesättigten Fettsäuren ist, die andere vorwiegend Olivenöl, das reich an einfach ungesättigten Fettsäuren ist. Schon nach vier Wochen zeigte die Olivenölgruppe eine statistisch sichere Blutdrucksenkung, was nach dieser kurzen Zeit bemerkenswert ist. Andere Studien wiederum untersuchten Patienten mit normalem Blutdruck und stellten die Frage, ob sich ein hoher Blutdruck entwickeln könnte oder wie sich ein hoher Blutdruck unter entsprechenden diätetischen Maßnahmen entwickelt. Die Ergebnisse dieser Untersuchung wiederum lassen sich nicht für Patienten mit schon bestehendem hohen Blutdruck anwenden.

Eine andere interessante italienische Studie versuchte den Weg andersherum: Hier wurde die normale mediterrane Diät durch eine Diät – reich an gesättigten Fettsäuren – ersetzt. Es wurden bei diesen Patienten spezielle Essgewohnheiten (Olivenöl, Ballaststoffe und Gemüse) durch Milchprodukte und Fleisch ersetzt. Bereits nach sechs Wochen war der Blutdruck bei den Patienten signifikant angestiegen. Nach Rückkehr zu den bekannten mediterranen Essgewohnheiten normalisierte sich auch der Blutdruck wieder.

Zusammenfassend lässt sich sagen, dass die Frage nach dem Zusammenhang zwischen Fetten in der Ernährung und Blutdruck noch nicht endgültig beantwortet ist. Es gibt allerdings Hinweise, dass eine mediterrane Diät, welche die Einnahme von Olivenöl, vielen Ballaststoffen, Gemüse und Früchten beinhaltet, einen günstigen Effekt auf den Blutdruck hat. Was offen bleibt, ist die Frage, ob tatsächlich nur einzelne Nahrungsbestandteile, zum Beispiel die Art der aufgenommenen Fette, Kalium oder Ballaststoffe, als Einzelkomponenten verantwortlich sind oder ob es die Gesamtheit der mediterranen Diät ausmacht.

Olivenöl und Hirnleistung

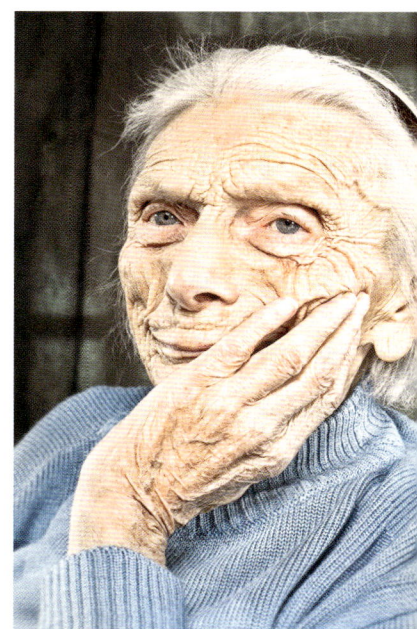

Es mag vielleicht etwas übertrieben anmuten, aber es gibt auch Hinweise dafür, dass Olivenöl die Denkfähigkeit bei älteren Menschen verbessert. Die Demenz, die mit zunehmendem Alter immer stärker werdende Einschränkung der Denkleistung, steht – wie aus einer großen Untersuchung, der SYSTEUR-Studie, hervorgeht – in einem direkten Zusammenhang mit Hypertonie. Durch die Verabreichung von blutdrucksenkenden Medikamenten ist man in der Lage, das Entstehen der Altersdemenz hintanzuhalten. Mediterrane, olivenölreiche Ernährung ist ebenfalls in der Lage, den Blutdruck zu beeinflussen und somit vermutlich auf die Entwicklung der Altersdemenz einzuwirken.

Eine italienische Studie konnte nachweisen, dass Olivenöl die Abnahme der geistigen Leistungsfähigkeit bei älteren Menschen vermindern kann. Francesco Panza aus Bari untersuchte 278 Männer und Frauen im durchschnittlichen Alter von 74 Jahren, die über eine normale Schulbildung von durchschnittlich sechs Jahren verfügten. Er untersuchte den Zusammenhang zwischen der Ernährungsweise und der geistigen Leistungsfähigkeit. So umstritten auch die retrospektive Analyse solcher Ergebnisse ist, zeigte sich, dass der Verzehr von einfach ungesättigten Fettsäuren eine bessere geistige Leistungsfähigkeit im höheren Lebensalter gewährleistet. Interessant war, dass bei Menschen, die weniger als fünf Jahre Schulbildung hatten, die Einnahme von einfach ungesättigten Fettsäuren, sprich Olivenöl, keine wesentliche Schutzfunktion auf die

Hirnleistung hatte. Das Ergebnis ist auch aufgrund der Untersuchungstechnik sicher kritisch zu sehen, andererseits bildet es einen Ansatzpunkt für längerfristige Untersuchungen, welche meiner Meinung nach ihre Berechtigung fänden und durchgeführt werden sollten.

Ganz neue Ergebnisse (Proceedings of the Nutrition Society 2013) konnten allerdings in einer großen Übersicht zeigen, dass die mediterrane Diät und olivenölreiche Ernährung tatsächlich einen positiven Einfluss auf die kognitive Leistung haben.

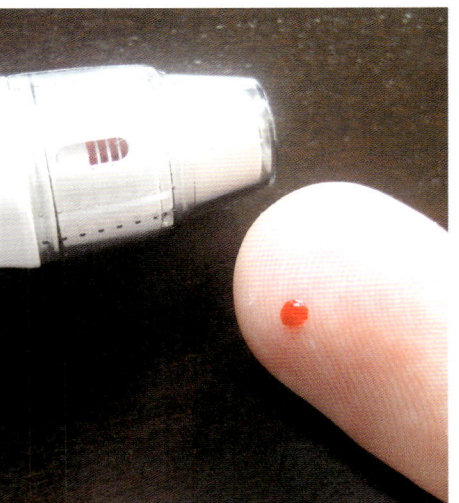

Olivenöl und Diabetes mellitus

Diabetes mellitus ist keine so seltene Erkrankung. Erbfaktoren spielen eine große Rolle, man unterschätzt aber die Bedeutung des Diabetes mellitus vor allem bei der älteren Generation. Die Häufigkeit des nicht insulinpflichtigen Diabetes mellitus, des sogenannten Altersdiabetes, bzw. die sogenannte Insulinresistenz, welche mit dieser Krankheit einhergeht, hat sich in den letzten 50 Jahren deutlich erhöht. Daraus geht hervor, dass nicht nur genetische Faktoren, sondern auch ernährungsbedingte Einflüsse bei der Entwicklung dieses Krankheitsbildes eine große Rolle spielen. Insbesondere Ernährungsfaktoren und die Frequenz körperlicher Aktivität scheinen die wichtigsten zusätzlichen Faktoren für die Entstehung des Diabetes mellitus zu sein.

Untersuchungen haben gezeigt, dass der Übergang von der einfachen Glukoseintoleranz hin zum richtigen Diabetes mellitus durch entsprechende Ernährungsweise und vermehrte körperliche Aktivität verhindert werden kann. Insbesondere sind es die Folgeerkrankungen des Diabetes mellitus, die dem Arzt Sorgen machen: Bei diesen Patienten kann lang dauernde, schlechte Blutzuckereinstellung bis zur Erblindung führen. Herzinfarkt, Schlaganfall, Nierenversagen, sogar der Verlust von Gliedmaßen können auf einen schlecht eingestellten Diabetes mellitus zurückgeführt werden. Ursächlich in diesem Zusammenhang ist eine tief greifende Schädigung des Gefäßsystems, insbesondere der kleinsten Blutgefäße, aber auch der großen, zum Beispiel der das Herz oder die Nieren versorgenden Arterien.

Eine 2013 abgeschlossene Untersuchung zeigte klar, dass insbesondere kaltgepresstes natives Olivenöl aus der ersten Pressung (EVOO) bei Patienten mit hohem kardiovskulären Risiko die Entwicklung von Diabetes verhindern konnte. In diesem Kontext sei auch eine neue Untersuchung erwähnt, welche zeigen konnte, dass Fettsucht und Esssucht sowie diverse Geistesstörungen durch die mediterrane, olivenölreiche Kost verbessert werden konnten.

Epidemiologische Untersuchungen zeigten, dass eine vegetarische Ernährungsweise die Entwicklung von Diabetes mellitus hemmt, andererseits die Einnahme komplexer Kohlenhydrate, zum Beispiel Süßigkeiten etc., sowie eine Ernährung, die reich an gesättigten Fettsäuren ist, die Entwicklung von Diabetes mellitus begünstigt. In einer anderen Studie konnte gezeigt werden, dass dann, wenn der Anteil an der Gesamtenergieeinnahme aus relativ viel gesättigten Fettsäuren bestand, ein höheres Risiko für die Entwicklung eines nicht insulinpflichtigen Diabetes gegeben war. Eine weitere, an Japanern und Amerikanern durchgeführte Studie ergab, dass vor allem jene Patienten mit gestörter Glukosetoleranz einen Diabetes mellitus entwickelten, die einen hohen Anteil an tierischem Fett und Cholesterin in ihrer Nahrung aufwiesen. In der oft zitierten Nurses Health Study konnte andererseits auch nachgewiesen werden, dass bei jenen Krankenschwestern, bei denen tierisches Fett durch pflanzliches Fett substituiert wurde, die geringste Häufigkeit eines späteren Diabetes mellitus gesehen wurde.

Welche Mechanismen allerdings dieser Beobachtung zugrunde liegen, ist noch nicht bekannt. Klar ist: Bei Vorliegen einer genetischen Voraussetzung fördert die Einnahme von vor allem tierischem Fett die Entwicklung eines Diabetes mellitus, während die Substitution von tierischen Fetten durch pflanzliche Öle, insbesondere Olivenöl, die Entwicklung dieses Krankheitsbildes verlangsamt oder verhindert. Bei Patienten, die bereits einen Diabetes mellitus haben, ist der Ersatz von tierischem Fett durch Olivenöl daher empfehlenswert. Dass dies von entscheidender Bedeutung ist, geht daraus hervor, dass Patienten mit Diabetes mellitus ein viel höheres Risiko haben, eine ausgeprägte Arteriosklerose mit allen Folgeschäden an den Endorganen zu entwickeln. Daher sollte der Speiseplan jedes Diabetikers vorwiegend pflanzliche Fette enthalten.

Zusammenfassend lässt sich sagen, dass natürlich die Gesamtmenge der aufgenommenen Energie bzw. des aufgenommenen Fettes das Risiko, an Übergewicht, Insulinresistenz und Diabetes zu erkranken, beeinflusst. Wichtig ist daher, bei Diabetikern – und in der Prävention des Diabetes mellitus – übergewichtige Patienten zu einem normalen Körpergewicht zu führen und die gesättigten Fettsäuren möglichst durch einfach ungesättigte Fettsäuren zu ersetzen. Hier bietet sich Olivenöl im Besonderen an. Zur Behandlung von Patienten mit nicht insulinpflichtigem Diabetes sind die Aussagen kontrovers. Einerseits wird eine faserreiche, kohlenhydratreiche Kost empfohlen, andererseits konnte auch gezeigt werden, dass eine Kost, die reich an einfach ungesättigten Fettsäuren ist, durchaus auch empfehlenswert ist. Letztendlich muss dies der Arzt für den Patienten individuell entscheiden, zumal auch der Diabetes mellitus ein heterogenes Krankheitsbild aufweist, bei welchem unterschiedliche Patienten-Managementziele für den Arzt vorliegen können. Die traditionelle Mittelmeerdiät kommt diesen Anforderungen am besten entgegen. Sie enthält wenig gesättigte Fettsäuren und ist reich an einfach ungesättigten Fettsäuren, Ballaststoffen sowie Kohlenhydraten. Der absolute Fettgehalt kann je nach Kalorienziel variiert werden, indem einfach die tägliche Menge an Olivenöl variiert wird. Diese Auffassung unterstützt auch Mario Mancini von der Abteilung für Klinische und Experimentelle Medizin der Universität Neapel. Seine Forschungsgruppe zeigte, dass mit einer Ernährung, die einen hohen Anteil an Olivenöl aufweist, wenig gesättigte Fettsäuren und nur mäßig Kohlenhydrate sowie lösliche Ballaststoffe aus Obst, Gemüse und Getreide enthält, bei Patienten mit Diabetes mellitus die größten Therapieerfolge erzielt werden konnten. Diese Form der mediterranen Ernährung hat bei Diabetikern die typisch erhöhte Konzentration von Lipoproteinen, welche die Arterioskleroseentwicklung beschleunigen, verringert und die Blutzuckerspiegel gesenkt sowie die Insulinsensitivität erhöht. In Mancinis Studie wurden 6.000 Männer und Frauen aus verschiedenen Regionen Italiens untersucht und in drei Gruppen aufgeteilt, je nach Aufnahme von ungesättigten Fettsäuren in der Ernährung. Bei jenen Patienten, welche Olivenöl als Hauptbestandteil in ihrer Ernährung hatten, konnten niedrigere Cholesterinspiegel beobachtet werden, was auch im Einklang mit der Beobachtung der Sieben-Länder-Studie steht. Auch der systolische Blutdruck war in der Olivenölgruppe niedriger. Das Wichtigste allerdings: Der Nüchternblutzucker zeigte bessere Werte. Bei Diabetikern, so Mancini, übt eine olivenölreiche Ernährungsweise einen präventiven Effekt somit auch gegen die Arterioskleroseentwicklung aus, welche die gefährlichsten Folgeerkrankungen des Diabetes mellitus bedingt. Der Zusammenhang zwischen gestörter Insulinresistenz und Bluthochdruck ist ein bekannter; meine eigene Arbeitsgruppe hat intensiv an den molekularen Ursachen dieses Zusammenhanges geforscht und herausgefunden, dass bereits bei nicht diabetischen Hypertonikern mit einer noch normalen Glukosetoleranz die Bildung des insulinabhängigen Glukosetransportmoleküls in den Zellwänden des Herzens geringer ist als bei Patienten mit normalem Blutdruck. Dies heißt, dass sehr wohl bereits früh auf molekularer Ebene ein Zusammenhang zwischen den Krankheitsbildern Hypertonie und Glukosetoleranzstörung bzw. im Weiteren Diabetes mellitus besteht.

Erwähnt sei in diesem Zusammenhang auch eine andere Untersuchung, publiziert in der angesehenen Fachzeitschrift *Journal of Translational Medicine*, nach der die mediterrane Diät, reich an Olivenöl, das Auftreten von Nierensteinen bei diabetischen Patienten verringert.

Olivenöl und rheumatische Gelenkerkrankungen

Wenn Sie die Vielzahl an günstigen Effekten des Olivenöls bis hierher mitverfolgt haben, mag Ihnen Olivenöl als ein „Allheilmittel" erscheinen, mit dem jeder Krankheit vorgebeugt werden kann, mit der jede Krankheit geheilt werden kann. Natürlich ist das nicht ganz so, und es wäre vermessen zu glauben, dass durch zwei Esslöffel Olivenöl das ewige Leben erlangt werden könnte. Dennoch gibt es zahlreiche Hinweise darauf, dass Olivenöl ein wesentlicher und wichtiger Bestandteil der Ernährung sein sollte und tatsächlich in allen genannten Fällen eine günstige Auswirkung hat.

Aber bleiben wir bei den Gelenkerkrankungen. Ein im Jahr 1999 in der angesehenen Fachzeitschrift *American Journal of Clinical Nutrition* erschienener Artikel von Athena Linos und Kollegen weist tatsächlich auf so einen Zusammenhang hin. Obwohl bereits verschiedene Studien zeigten, dass rheumatische Gelenkerkrankungen durch die Einnahme von ungesättigten Fettsäuren verhindert werden, zeigt diese Studie direkt, dass Olivenöl in diesem Zusammenhang eine schützende Rolle spielen könnte. Rheumatische Gelenkerkrankungen sind in ihrer genauen Ursache nicht eindeutig geklärt. Viele Faktoren scheinen eine Rolle zu spielen: anlagebedingte, genetische Faktoren, Hormone, entzündliche Komponenten, Autoimmunphänomene, aber auch Viruspartikel scheinen in diesem Zusammenhang genauso wie feuchtes Klima und anderes mehr bei der Krankheitsentstehung mitzuwirken. In der Medizin würde man sagen: eine „multifaktorelle Genese". Aber auch Ernährungsfaktoren spielen eine Rolle, im Besonderen wurde dies experimentell an Ratten gezeigt. An Patienten konnte nachgewiesen werden, dass die Verabreichung von Fischöl und

Olivenöl die Symptome von rheumatischer Arthritis bessern kann, vermutlich dadurch, dass durch diese Stoffe die Mediatoren der Entzündung beeinflusst werden.

Hier ist auf noch einen Wirkstoff aus der Olive hinzuweisen, auf das Oleocanthal, einen Schmerz- und Entzündungshemmer, der mit klinisch angewandten, nicht steroidalen Antirheumatika chemisch verwandt ist.

In der traditionellen Kreta-Diät, in welcher Gemüse, Fisch und Olivenöl die Hauptbestandteile darstellen, konnte von denselben Autoren bereits im Jahr 1991 im *Scandinavian Journal of Rheumatology* gezeigt werden, dass der Schweregrad der rheumatischen Arthritis bei Patienten, welche nach diesen Ernährungsrichtlinien leben, deutlich geringer ist. Die 1999 publizierte Arbeit der Autoren zeigte, dass das Risiko, eine rheumatische Arthritis zu entwickeln, durch die regelmäßige Einnahme von gekochtem Gemüse und Olivenöl deutlich verringert wurde. Je mehr Olivenöl die Patienten zu sich nahmen, desto geringer war das Risiko, an rheumatischer Arthritis zu erkranken.

Eine spanische Gruppe um Cernades zeigte in einer Übersicht zum gegenwärtigen Stand der Forschung auf diesem Fachgebiet im Jahr 2014, dass sowohl der Schmerzlevel als auch die Krankheitsaktivität durch Inhaltsstoffe des Olivenöls sowie mit mediterraner Diät reduziert werden konnten.

Die inzwischen zahlreichen Untersuchungen zeigen also, dass es sich beim Olivenöl nicht nur um ein „altbewährtes Hausmittel", sondern tatsächlich um einen von Wissenschaft und Ärzten sehr ernst genommenen Nahrungsbestandteil handelt, dessen günstige Effekte durch Hunderte von Untersuchungen belegt sind.

Olivenöl und Übergewicht

Dass Übergewicht ein weit verbreitetes Problem ist, geht allein aus einem rezenten Zeitungsartikel einer österreichischen Tageszeitung hervor, die berichtet, dass jeder dritte Österreicher übergewichtig ist. Kaum anzunehmen, dass dies für Deutschland oder die Schweiz anders ist. Übergewicht ist ein zunehmendes Problem der reicheren Länder. Wegen der Verfügbarkeit ausreichender Nahrungsreserven, dem ständigen Wettbewerb der besonders schmackhaften

Zubereitung sowie der immer größer werdenden finanziellen Ressourcen des Einzelnen sind wir heute so weit, dass wir sagen können: „Alles, was wir nicht essen, ist gesund für uns." Wenn Übergewicht doch nur ein ästhetisches Problem wäre! Aber Übergewicht stellt einen Risikofaktor für zahlreiche Erkrankungen dar, die sogenannten Gesellschaftserkrankungen der industrialisierten Welt.

Umfassende Untersuchungen an 1.000 übergewichtigen Patienten durch eine spanische Arbeitsgruppe um Razquin (Die Studienleiter gaben jedem beteiligten Haushalt 1 l Olivenöl pro Woche gratis.) konnten eine sprunghafte Reduktion des Körpergewichtes verzeichnen. Auch Herzinfarkte und Schlaganfälle traten bei den Patienten in der Olivenölgruppe in reduziertem Umfang auf. Dies ist auch in dem Zusammenhang zu sehen, dass die Mittelmeerdiät das Risiko reduziert, einen Herzinfarkt oder Schlaganfall zu erleiden oder an Typ-2-Diabetes zu erkranken. Von mehreren Gruppen konnte der Nachweis erbracht werden, dass die Art und nicht der Brennwert der zugeführten Fette entscheidend ist für die Gefahr einer Adipositasentwicklung. Wie der körpergewichtsregulierende und appetithemmende Mechanismus beim Olivenöl genau verläuft, ist noch nicht ganz klar, ein Team von kalifornischen und italienischen Wissenschaftlern hat aber zeigen können, dass die ungesättigten Fettsäuren zur Freisetzung eines Hormons führen, welches das Hungergefühl reduziert und den Cholesterinspiegel leicht senkt. Aber offensichtlich nur dann, wenn der Cholesterinspiegel von vornherein zu hoch war. Spanische Wissenschaftler zeigten, dass Olivenöl die Blutgefäße besonders dehnbar macht – auch nach einer Mahlzeit, die zusätzlich reich an tierischem Fett war, was die Zirkulation verbessert und den Blutdruck senkt, wofür sie bestimmte Phytochemicals, insbesondere Gerbstoffe, verantwortlich machten. Bei einer Umstellung auf die Kreta-Diät, welche besonders reich an Olivenöl und Meeresfisch ist, kam es zu einer Erhöhung des Antioxidantienanteils im Körper der Patienten und zu einer Abnahme des Körpergewichts. Der positive Effekt korreliert invers mit der erblichen Vorbelastung der Patienten. Einhellig vertreten die verschiedenen Studienleiter die Meinung, dass allerdings nur die höchste Olivenöl-Qualität tatsächlich die richtigen Bestandteile aufweist.

Was kann Übergewicht alles bewirken?

Offensichtlich kommt es bei zu hohem Körpergewicht zu einer vermehrten Belastung und daher zu einer Abnutzung des Bewegungsapparates, insbesondere der Wirbelsäule und der Gelenke, mit entsprechenden Dauerschäden. Überernährung führt zu einer Verschiebung des Gleichgewichtes zwischen gutem und schlechtem Cholesterin im Blut zugunsten des schlechten und fördert somit die Entstehung der Arteriosklerose, der koronaren Herzkrankheit. Wesentlich häufiger finden sich bei übergewichtigen Patienten Bluthochdruck, Schlaganfälle, Herzinfarkte und – interessanterweise – Gallensteine. Weiters zeigen Patienten mit Übergewicht eine vermehrte Neigung zum nicht insulinpflichtigen Diabetes mellitus. 50 % der Patienten mit Hypertonie sind übergewichtig! Nicht zuletzt zeigten groß angelegte epidemiologische Untersuchungen, dass gewisse Krebsarten sich häufiger bei übergewichtigen Patienten finden, insbesondere Brustkrebs, Dickdarm- und Prostatakarzinom. Natürlich ist auch das Lebensgefühl von übergewichtigen Patienten oft beeinträchtigt. Nicht nur das ästhetische Problem, auch die Mühsal der täglichen Bewegung beeinträchtigen das Wohlbefinden. Die Ursachen von Übergewicht sind komplex. Sie liegen im Lebensstil und in der Verfügbarkeit der entsprechenden Nahrungsmittel bzw. auch in der Gewohnheit, spezifische Nahrungsbestandteile (Süßwaren, Delikatessen etc.) zu sich zu nehmen. Dies beginnt schon im Babyalter, denn da wird bereits die Zahl der Fettzellen festgelegt. „Gut genährte" Babys neigen später eher zu Übergewicht als zurückhaltend ernährte Babys. Lassen Sie Ihr Baby deshalb nicht gleich verhungern! Dennoch ist etwas Wahres daran. Auch die Essgewohnheiten werden bereits in frühester Kindheit durch die Essgewohnheiten der Eltern festgelegt. Übergewicht ist keine Erbkrankheit, sondern in fast allen Fällen eine Folge der Lebens- und Essgewohnheiten. Die von Patienten gerne vorgebrachte Erklärung, es handle sich bei dem Krankheitsbild um eine „Drüsengeschichte", ist nur bei einem verschwindend geringen Prozentsatz richtig (zum Beispiel bei Schilddrüsenunterfunktion).

Welche Ernährungsgewohnheiten sind es nun, die uns zu Schwergewichtlern machen?

Es ist vor allem die Einnahme komplexer Kohlenhydrate (Süßwaren) und versteckter sowie offensichtlicher Fette in Form von Fleisch, Wurst und Milchprodukten. Nicht vergessen werden darf hier Alkoholkonsum (Bierbauch). Alkohol führt nicht nur zu einer Steigerung des Appetites, sondern auch zu einem rascheren Umbau der aufgenommenen Nahrungsstoffe in Fett. Die mediterrane Diät ist von ihrem Konzept her ausgesprochen günstig für die Gewichtsabnahme. Ein bemerkenswertes Beispiel ist mein Freund Johann Lafer, mit dem ich das Buch *Die Kreta-Diät* geschrieben habe. Er hat sich mit der Materie ausgiebig beschäftigt, seine Ernährung umgestellt und innerhalb von einem Monat fünf Kilogramm Gewicht verloren. Es ist die faserreiche Kost mit viel Gemüse, wenig Fleisch und wenig gesättigten Fettsäuren auf der einen Seite. Auf der anderen Seite gibt es aber Hinweise darauf, dass Olivenöl selbst einen appetitzügelnden Effekt hat. Dies geht auch aus epidemiologischen Studien hervor, welche zeigen, dass Bevölkerungen, welche nach der mediterranen Ernährungsweise leben, im Allgemeinen ein geringeres Körpergewicht haben als Mitteleuropäer. Obwohl Olivenöl selbst ein hochkalorisches Fett darstellt, bewirkt eine olivenöl- und ballaststoffreiche Diät trotzdem keine Gewichtszunahme, sondern das Gegenteil. Schon Untersuchungen der 1960er Jahre zeigten, dass das Vorkommen von Übergewicht in mediterranen Ländern wesentlich geringer war als im mittel- und nordeuropäischen Raum. Olivenöl, welches 9 kcal/g hat, scheint auch somit in diesem Zusammenhang seine positive Wirkung zu entfalten. Ein Grund mehr, seine Ernährung in diese Richtung umzustellen.

Olivenöl und Verdauung

Bereits vor über 100 Jahren wurde festgestellt, dass Nahrungsfette die Magensäureproduktion beeinflussen. Insbesondere die Zusammensetzung der aufgenommenen Nahrungsfette spielt hier eine Rolle. Rezente Arbeiten konnten zeigen, dass der Verzehr von Olivenöl zu einer deutlichen Verringerung der Magensäuresekretion führt. Dies könnte sich günstig auf Erkrankungen, wie Magen- oder Zwölffingerdarmgeschwüre, auswirken.

Ein ebensolcher Zusammenhang wurde zwischen Fettaufnahme und Gallensteinbildung erkannt. Tierexperimentelle Untersuchungen, aber auch epidemiologische Studien weisen darauf hin, dass Patienten, deren Hauptnahrungsquelle Olivenöl ist, eine geringere Wahrscheinlichkeit der Entstehung von Gallensteinen zeigen. Ein in diesem Kontext neu gefundenes Anwendungsgebiet ist die nicht alkoholische Fettleber, auch hier gibt es neuen Erkenntnissen zufolge eine positive Wirkung von Olivenöl (Alessandra Ferramosca und Vincenzo Zara im *World Journal of Gastroenterology* 2014).

Interessant ist, dass deutsche Veröffentlichungen im Rahmen der Mittelmeerdiät immer wieder vom Vollkornbrot sprechen, obwohl dieses im Mittelmeerraum praktisch gar nicht verfügbar ist. Im selben Atemzug wird in diesen deutschen Arbeiten auf die Bedeutung des Vollkornbrotes gegen eine träge Verdauung hingewiesen – vielleicht ist letztere in Deutschland ein größeres Problem als in anderen Ländern? Erfreulich mag für unsere deutschen Leser, von denen statistisch etwa jeder zweite mit dem „Magenbakterium" Helicobakter pylori infiziert ist, daher sein, dass nun spanische Forscher herausgefunden haben, wie bestimmte Inhaltsstoffe des Olivenöls diesem Keim das Leben schwer machen könnten. Olivenöl höherer Güteklasse enthält eine Menge von Phytochemicals, z.B. bestimmte Phenole, welche dazu dienen, die Olive vor Bakterienbefall zu schützen. Zu dieser Stoffgruppe gehören insbesondere Iridoide, welche wachstumshemmend auf Helicobakter einwirken. Bemerkenswert ist in diesem Zusammenhang auch, dass diese Stoffe sogar gegen antibiotikaresistente Helicobakterstämme wirksam waren. Eine andere, sehr interessante Studie mit 25.000 Patienten (EPIC) weist in diesem Zusammenhang darauf hin, dass Studienteilnehmer, welche viel Ölsäure zu sich nehmen, weniger häufig an Colitis ulcerosa erkranken. Olivenöl ist reich an Ölsäure. Eine sehr interessante Beobachtung, welche eine tunesische Forschergruppe gemacht hat, betrifft den Einfluss von Olivenöl auf die Leber. Häufiger und regelmäßiger Olivenölkonsum schützt die Leber vor toxischen Einflüssen durch ihre antioxidative Wirkung. Dies geht aus Tierversuchen hervor, bei denen Ratten einem hepatotoxischen Herbizid ausgesetzt wurden. Bei den Tieren kam es zwar zu einer Leberschädigung, welche aber bei der Gruppe, die regelmäßig Olivenöl in ihrer Nahrung hatte, wesentlich geringer ausfiel.

Olivenöl und Krebserkrankungen

Krebserkrankungen bilden die Ursache für etwa ein Fünftel aller Todesfälle in Europa. Aus zahlreichen epidemiologischen Studien ist deutlich zu sehen, dass die Zahl der Krebstoten in den mittel- und nordeuropäischen Ländern wesentlich höher ist als in den mediterranen Ländern. Man ist sich darüber im Klaren, dass etwa ein Drittel aller Krebserkrankungen durch falsche Ernährung hervorgerufen wird. Insbesondere ist es die Zusammensetzung der Ernährung, aber auch einzelne Komponenten, wie Lebensmittelzusätze und verschiedene Karzinogene. Auch die Herstellung der einzelnen Komponenten der Ernährung spielt eine Rolle, so zum Beispiel Stoffe, welche beim Braten oder Grillen entstehen. Aber auch biochemische Veränderungen von Nährstoffen, wie zum Beispiel Verwesungs- oder Zerfallprozesse, spielen eine Rolle. Insbesondere Schimmel auf Nahrungsmitteln (Aflatoxine) bewirkt eine erhöhte Krebsgefahr. Ein direkter Zusammenhang besteht zum Beispiel zwischen Erdnussschimmel und dem Leberzellkarzinom. Die Zahl der Faktoren scheint endlos und reicht auf der anderen Seite von der Temperatur der eingenommenen Speisen bis zur Kalorienzusammensetzung. Große, sogenannte Interventionsstudien, welche gezielte diätetische Veränderungen vorschreiben und dadurch das Risiko, an Krebs zu erkranken, verändern sollten, bräuchten riesige Teilnehmerzahlen und sind praktisch nicht finanzierbar. Dennoch gibt es viele Hinweise auf den Zusammenhang zwischen Ernährung und Krebs.

Eine wichtige Rolle bei Krebserkrankungen spielt das Körpergewicht. Der Zusammenhang zwischen Krebsrisiko und Körpergewicht wurde ausgiebig studiert. Übergewicht ist ein klar charakterisierter und eindeutig bestimmter Risikofaktor für Brust-, Prostata-, Endometrium- und Gallenblasenkrebs. Es gibt auch Hinweise, dass das Nierenzellkarzinom und der Gebärmutterkrebs in Zusammenhang mit Übergewicht stehen. Auch das Dickdarmkarzinom zeigt eine positive Korrelation zum Körpergewicht. Hier muss erwähnt werden, dass der Zusammenhang zwischen Übergewicht und der Entwicklung von Karzinomerkrankungen eigentlich nicht bekannt ist. Möglicherweise hängt das Risiko, an Krebs zu erkranken, von der Art, aber auch der eingenommenen Menge der karzinogenen Stoffe ab. Es gibt Untersuchungen, die darauf hinweisen, dass die Einnahme von Lebensmittelfett direkt korreliert mit speziellen Dickdarm-, Brust- und Prostatakrebserkrankungen. Dies sind allerdings alles epidemiologische Studien. Prospektive Studien, welche nachweisen sollten, dass ein Zusammenhang zwischen Fetteinnahme und Brustkrebs besteht, gibt es zwar, aber das Ergebnis war negativ.

Es gibt auch Untersuchungen, die zeigen, dass die regelmäßige Einnahme von Olivenöl das Risiko, an Krebs zu erkranken, senkt. Interessanterweise sind die meisten dieser Studien auf den Zusammenhang zwischen Brust- und Magenkrebs und Olivenöl gerichtet. Die Häufigkeit von Brustkrebs variiert zwischen den verschiedenen Ländern um das etwa Fünffache. Dies scheint keine genetische Gegebenheit zu sein, sondern ernährungsbedingt bzw. durch Umweltfaktoren beeinflusst. So kommt es zum Beispiel bei Menschen, welche aus einem Land kommen, in dem die Brustkrebsrate niedrig ist, zur gleichen Häufigkeit, an Brustkrebs zu erkranken, wie bei Menschen, die von vornherein in einem Land mit einer hohen Rate an Brustkrebs leben, sobald sie in dieses Land einwandern und dort längere Zeit verbringen. Allein diese Beobachtung weist darauf hin, dass der Lebensstil bzw. die Ernährungsfaktoren sehr wohl eine Rolle spielen. Insbesondere in den südeuropäischen Ländern ist die Wahrscheinlichkeit, an Brustkrebs zu erkranken, relativ gering.

Im Journal *Food and Chemical Toxicology* wurde 2013 berichtet, dass der im Olivenöl enthaltene Inhaltsstoff Oleopurin experimentell bestimmte Wachstumsproteine in Brustkrebszellen hemmen kann. Ähnlich verhält es sich mit Oleocanthal, ein anderer Olivenölinhaltsstoff, der die Proliferation und MIP-1alpha-Expression in und damit das Wachstum von multiplen Myelomzellen (Morbus Kahler, eine Art von Knochenkrebs) hemmen kann.

In einer großen Übersichtsstudie hat man Daten von 337.800 Frauen erfasst, von denen 5.000 einen Brustkrebs entwickelt hatten. Die Autoren konnten zeigen, dass keine Korrelation zwischen der Gesamtmenge an eingenommenem Fett und dem Brustkrebsrisiko bestand. Dem gegenüber standen vier bemerkenswerte Untersuchungen, welche den Effekt von Olivenöl auf das Brustkrebsrisiko untersuchten. Alle vier Studien zeigten einen leicht positiven Effekt von Olivenöl. Eine davon, eine italienische Untersuchung an 2.500 Patienten, zeigte einen direkten Benefit durch die Einnahme von Olivenöl, während die Einnahme von Margarine keinen positiven Effekt hatte. Auch eine griechische Untersuchung bestätigte das Ergebnis: viel Olivenöl – wenig Brustkrebs. Die Frage, die offen bleibt: Über welche Mechanismen bildet Olivenöl diese Schutzfunktion?

Ein anderes, umfassend untersuchtes Gebiet ist der Magenkrebs. Magenkrebs ist die dritthäufigste Krebsart in den europäischen Ländern. Interessanterweise ist Italien jenes Land, welches die höchste Rate an Magenkarzinomen aufweist. Bemerkenswert ist auch, dass Magenkrebs häufiger in niedrigeren Gesellschaftsschichten und weniger entwickelten Gegenden auftritt. Dies ist in Italien genau umgekehrt. Auch über dieses Thema wurden zahlreiche Studien durchgeführt, und der Hinweis auf einen protektiven Effekt von Olivenöl ist vielversprechend, denn gerade in jenen Regionen, in welchen besonders viel Olivenöl konsumiert wird, ist, trotz relativ großer Armut der Bevölkerung, die Häufigkeit, an Magenkarzinom zu erkranken, relativ niedrig. Wiederum wissen wir nicht, wie es funktioniert!

Aber bereits zwei Esslöffel natives Olivenöl extra höchster Güte pro Tag, so eine spanische Studie, sind in der Lage, einen messbaren, Krebs vorbeugenden Effekt zu erzielen. So hat man jüngst herausgefunden, dass Hydroxytyrosol, ein im Olivenöl vorkommendes Molekül, das Wachstum von Leberkarzinomzellen hemmt. Vor allem natives, kaltgepresstes Olivenöl hat nach einer experimentellen Studie von Myriam Fezai aus dem Jahr 2013 eine entzündungshemmende und antikarzinogene Wirkung. Diese Wirkung wurde von Luo und seinen Mitarbeitern in einer aufwändigen experimentellen Arbeit an Prostatakarzinomzellen bestätigt.

Internationale Richtlinien für den Schutz vor Krebserkrankungen wurden von der amerikanischen Krebsgesellschaft herausgegeben; sie enthalten sechs Punkte:

- Vermeiden Sie Übergewicht.
- Verringern Sie die Gesamtfetteinnahme.
- Essen Sie reichlich Gemüse und Früchte.
- Nehmen Sie mehr Ballaststoffe zu sich.
- Reduzieren Sie den Alkoholkonsum, wenn er das normale Maß übersteigt.
- Vermeiden Sie die Einnahme von geräuchertem, geselchtem und gepökeltem Essen.

Olivenöl und andere Erkrankungen

Morbus Parkinson und Morbus Alzheimer treten bei Menschen, die ausreichend Olivenöl zu sich nehmen, in wesentlich geringerem Ausmaß auf, als bei anderen. Dies konnte in einer neueren italienischen Studie von Mauro Borione aus Turin gezeigt werden (EUFEP).

Eine spanische Arbeitsgruppe wies sogar darauf hin, dass die im Olivenöl enthaltene Maslinsäure bestimmte, von HIV-Erregern benötigte Fermente hemmt. Ob dies einmal einen therapeutischen Ansatz ermöglichen wird, ist noch nicht zu sagen.

Eine olivenölreiche Diät verhindert nach Erkenntnissen von Giuseppe Musumeci aus dem Jahr 2013 sogar Knorpeldegeneration und Osteoporose.

Verlängerung der Lebenserwartung

Im Jahr 2003 veröffentlichten griechische Forscher epidemiologische Daten über den Zusammenhang zwischen Olivenöl und Lebenserwartung. Die Autoren konnten nachweisen, dass

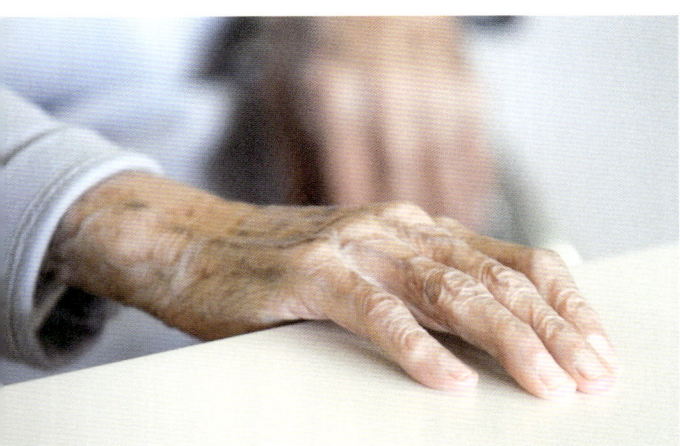

die Lebenserwartung mit der Olivenölaufnahme genauso korrelierte wie mit der Einhaltung einer mediterranen Ernährungsweise. Interessant ist, dass diese Beobachtungen nur für Griechenland und Spanien gelten, aber in den Niederlanden und Deutschland nicht reproduziert werden konnten. Vermutlich war die Adhärenz zu den Ernährungsvorschriften bei deutschen und niederländischen Studienteilnehmern geringer, ist doch auch z.B. die deutsche und niederländische Küche häufig sehr fett und salzhaltig, wenngleich sich hier seit einigen Jahren zumindest partiell und vor allem in der gehobenen Küche gegenläufige Tendenzen feststellen lassen und immer häufiger auch fettärmere traditionelle Gerichte angeboten werden. Eine Entwicklung, die aber sicher noch ausbaufähig ist.

In den letzten Jahren haben Begriffe wie Anti-Aging und Successful Aging Eingang in die medizinisch-wissenschaftliche Literatur gefunden und so schließt Hodge aus seinen diesbezüglichen Untersuchungen (2013), dass die Reduktion von tierischem Fett sowie die vermehrte Einnahme von Gemüse und Obst den Alterungsprozess am besten verlangsamen sowie die Lebensqualtität im Alter verbessern können.

Olivenöl in der Volksmedizin

Die gesundheitsfördernden Wirkweisen des Olivenöls wurden und werden auch in der sogenannten Volksmedizin genutzt. Dazu hier einige Beispiele:

Atembeschwerden und Bronchitis

Zehn Tropfen ätherisches Eukalyptusöl werden mit 50 Milliliter Olivenöl gemischt. Damit reibt man bei Atembeschwerden den gesamten Brustkorb mehrmals täglich ein.

Bei Husten werden vier Esslöffel Zitronensaft mit vier Esslöffel Olivenöl in einem Fläschchen vermischt, und von der Mixtur wird stündlich ein Schlückchen eingenommen. Alternativ werden zwei Zehen von einem jungen, frischen Knoblauch zerdrückt und die Masse wird in zwei Esslöffel Olivenöl verrührt. Etwas Zitronensaft hinzugeben. Davon dreimal täglich einen Teelöffel nehmen.

Mund- und Rachenhygiene

Der römische Naturforscher Plinius (23–79) hatte schon die Vorzüge des Olivenöls für die Mund- und Rachenhygiene erkannt. Er empfahl Olivenöl mit Wein vermischt gegen Entzündungen im Mundraum und Mundspülungen mit frischem Olivenöl, die die Zähne weiß erhalten sollen.

Heutzutage wissen wir, dass regelmäßige Ölspülungen mehr bewirken. Vielerorts wird die sogenannte Ölziehkur empfohlen. Regelmäßiges Spülen des Mundraumes mit naturbelassenem Olivenöl fördert die Entgiftung des Körpers, denn das Öl „zieht" die Schad- und Giftstoffe, die sich über Nacht in den Mund- und Rachenschleimhäuten angesammelt haben, heraus.

Olivenöl Gesunder Genuss

Und so funktioniert das „Ölziehen": Am Morgen einen guten Schluck Olivenöl einige Minuten zwischen den Zähnen hin- und herziehen und gurgeln, nicht schlucken, sondern ausspucken und mit frischem Öl die Prozedur wiederholen. Das Öl bekommt am Ende einen bitteren Geschmack und wird trüber.

Oliven-Johanniskraut-Öl

Seit der Antike hat Johanniskraut (Hypericum perforatum) einen hervorragenden Ruf als Heilpflanze. Es ist ein vorzügliches Wundkraut, das heilend, antiseptisch und entzündungshemmend auf die Haut wirkt. Andererseits hat es eine beruhigende und stimmungsaufhellende Wirkung und ist ein Seelentröster an trüben Tagen. Johanniskraut bringt wie Olivenöl Sonne auf die Haut und ins Gemüt.

Zutaten: 500 ml Olivenöl
               ca. 30 g frische Blüten und Blätter des Johanniskrauts

Zubereitung: Ernten Sie das Johanniskraut von Juni bis August, wenn die meisten seiner Blüten geöffnet, aber noch nicht verwelkt sind. Füllen Sie die frisch gepflückten Blüten und Blätter locker in ein Glas mit breiter Öffnung, bis es randvoll ist. Zerquetschen Sie die Blüten mit einem Löffel und übergießen Sie das Johanniskraut mit so viel Öl, bis es völlig bedeckt ist (ansonsten ist Schimmelbildung möglich). Stellen Sie das Glas vier bis sechs Wochen in die Sonne oder an einen warmen Ort und schütteln Sie es öfter gut durch. Nach einiger Zeit färbt sich das Öl rot. Pressen Sie den Ölauszug zuletzt durch ein Tuch und drücken Sie dabei die Pflanzenrückstände kräftig aus. Die Heilkraft des Oliven-Johanniskraut-Öls bleibt bis zu zwei Jahre erhalten, wenn Sie es in einem dunklen Apothekerfläschchen lichtgeschützt aufbewahren.

Hinweis: Um Johanniskraut sicher zu erkennen, zerreiben Sie die Blüten zwischen den Fingern. Färben sie sich rot, handelt es sich um echtes Johanniskraut.

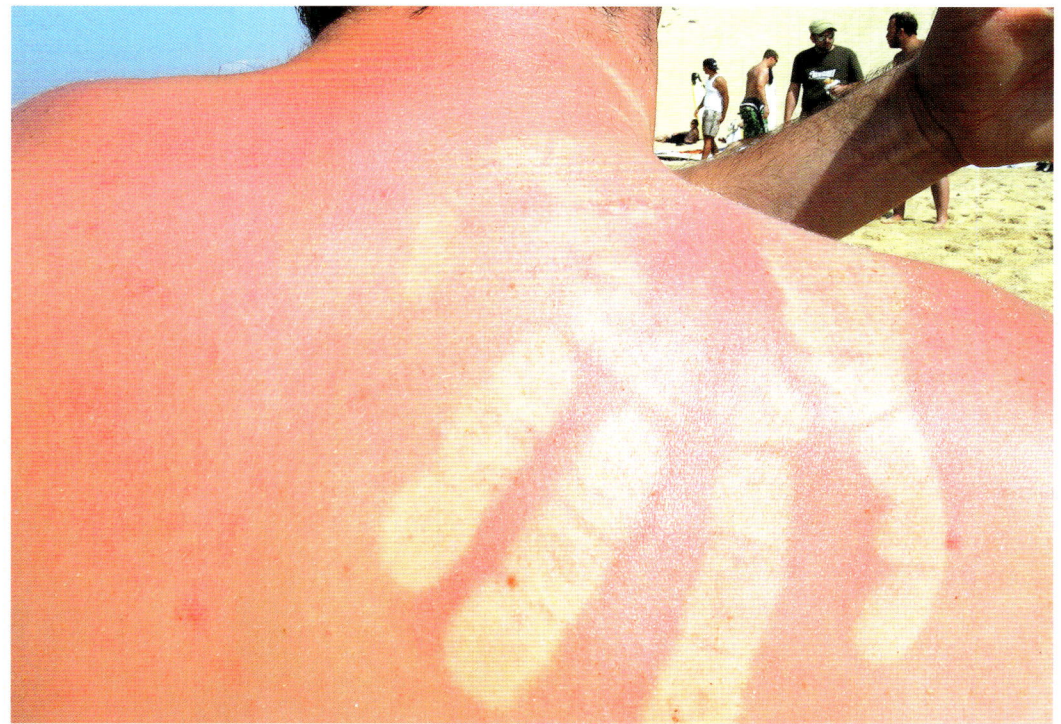

Als „After-sun-Pflegeöl" bei Sonnenbrand, schlecht heilenden Wunden, Wundliegen kommt folgende Zusammensetzung in Betracht:

Zutaten:　100 ml Oliven-Johanniskraut-Öl
　　　　　　10 ml Sanddornöl
　　　　　　40 Tropfen ätherisches Lavendelöl

Bei rheumatischen Beschwerden, Muskelzerrungen, Gliederschmerzen ist die gleiche Mischung als Badeöl hilfreich.

Schlussbemerkung

Miesmacher gibt es überall, vor allem im Bereich der Wissenschaft. Aufsehen erregt man mit Untersuchungen, welche Etabliertes in Frage stellen. Während die Bedeutung von Olivenöl als flüssiges Gold in der gesundheitlichen Küche bereits von Hippokrates und Apicius etabliert wurde, haben deutsche Wissenschaftler darauf hingewiesen, dass große Mengen von einfach ungesättigten Fettsäuren doch zu Zellschäden führen können und verfütterten Meerschweinchen enorme Mengen Olivenöl. Diese entwickelten jedoch trotz aller Bemühungen keine Arteriosklerose, zeigten aber in der Entwicklung etwas kleinere, leichtere Herzen und geringfügige Herzmuskelschäden. In letzter Konsequenz konnte allerdings der gesundheitliche Wert des Olivenöls nicht einmal mit zwangsweise an Meerschweinchen verfütterten Höchstdosen, die ohnedies kein Mensch essen könnte, widerlegt werden.

Wie Sie aus obigen Ausführungen ersehen konnten, hat Olivenöl nicht nur eine wirtschaftliche und kulturelle Bedeutung, sondern spielt auch eine große Rolle in der Medizin (abgesehen von der Gastronomie). Bei den alten Ägyptern war es die Göttin Isis, bei den Griechen Pallas Athene, bei den Römern Minerva, die Göttin der Weisheit, die den Menschen die Kunst der Kultivierung des Ölbaumes vermittelte. Aber auch „niedere" Gottheiten kümmerten sich um diese Kunst. Von seinen verschiedenen Ammen und Beschützern lernte auch Aristeos, der Sohn des Apollon und der Nymphe Kyrene, die Kunst des Heilens, der Prophezeiung und der Jagd, außerdem die für die Bauern so wichtige Kunst der Bienenzucht und des Olivenanbaus. Die Kultivierung des Olivenbaums war etwas besonders Heiliges, nur Jungfrauen und unschuldige Männer durften die Olivenhaine bearbeiten.

Bio-Oliven Creme

Schönheitsgeheimnis Olivenöl

Ein altes Hausmittel neu entdeckt

Ehe das Olivenöl seinen Platz in der Küche einnahm, der ihm heute zukommt, fand es vor allem in der Körperpflege Verwendung. Wenn sich die antiken Griechen ins Bad begaben, hatten sie immer ihre Phiole mit Öl bei sich. Nach dem Bad rieben sie ihren Körper mit Olivenöl ein, um ihn zu wärmen und anzuregen und um das Austrocknen der Haut durch das vielerorts kalkhaltige Wasser zu vermeiden. In unserer modernen Zeit, in der immer mehr Menschen an Allergien und Unverträglichkeiten leiden, wird eine reizlose, aber wirksame Hautpflege wichtiger denn je. In den letzten Jahren war zu bemerken, dass immer mehr Kosmetikfirmen u. a. eine Olivenserie anbieten. Das ist gut so, wurde doch das „grüne Gold" aus der Olive für die Hautpflege lange Zeit unterschätzt. Es ist jedoch wichtig, genau hinzuschauen: Naturkosmetikprodukte – und nur solche enthalten das beste Olivenöl in Kombination mit wertvollen Fetten, Wachsen, Hydrolaten und reinen ätherischen Ölen als Duftkomponenten – erkennen Sie an der Tatsache, dass die Inhaltsstoffe neben den europaweit vorgeschriebenen INCI-Bezeichnungen (International Nomenclature of Cosmetic Ingredients) auch in der Landessprache angegeben sind und die Mehrzahl der Bestandteile aus kontrolliert biologischem Anbau stammt. Nur solche

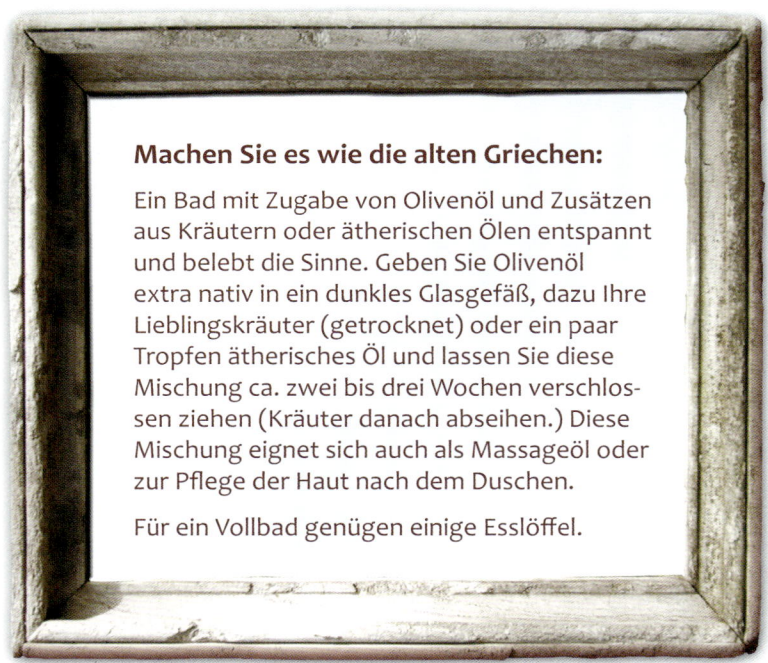

Machen Sie es wie die alten Griechen:

Ein Bad mit Zugabe von Olivenöl und Zusätzen aus Kräutern oder ätherischen Ölen entspannt und belebt die Sinne. Geben Sie Olivenöl extra nativ in ein dunkles Glasgefäß, dazu Ihre Lieblingskräuter (getrocknet) oder ein paar Tropfen ätherisches Öl und lassen Sie diese Mischung ca. zwei bis drei Wochen verschlossen ziehen (Kräuter danach abseihen.) Diese Mischung eignet sich auch als Massageöl oder zur Pflege der Haut nach dem Duschen.

Für ein Vollbad genügen einige Esslöffel.

Produkte sind gut für die Haut, aber nicht nur das – auch die Umwelt wird durch ihre Erzeugung nicht belastet.

Neue wissenschaftliche Forschungen haben gezeigt, dass dieses – im Verhältnis zu den klassischen Kosmetikölen – preiswerte Öl aufgrund seiner Zusammensetzung geradezu ideal für unsere Haut ist: Natives Olivenöl höchster Qualitätsstufe hat einen hohen Anteil (70–80 %) an einfach ungesättigten Fettsäuren und ist in seiner Zusammensetzung unserem Hautfett sehr ähnlich.

Dadurch wird es von der Haut gut absorbiert, vermischt sich mit dem körpereigenen Hydrolipidmantel (Fett und Feuchtigkeit), wodurch die Wasserabgabe deutlich verringert wird. Das Öl dringt tief in die Hornschicht ein und bindet die Feuchtigkeit in den Zellzwischenräumen. Gleichzeitig erfolgt eine Rückfettung, sodass Trockenheitssymptome (Spannungsgefühl, Gereiztheit, Irritation) verschwinden und einer frühzeitigen Faltenbildung entgegengewirkt wird.

Eine erwähnenswerte Besonderheit des Mani Bio-Olivenöls nativ extra, wie es in der Mani Bio-Oliven-Naturkosmetik Verwendung findet, ist der hohe Wachsanteil, wodurch die Pflege- und Schutzwirkung für die Haut erhöht wird.

Nur natives Olivenöl extra enthält wichtige Fettbegleitstoffe, das sind eine Vielzahl natürlicher Inhaltsstoffe, sogenannte sekundäre Pflanzenstoffe, wie Pflanzenfarbstoffe, Phytosterole, Spurenelemente, Aromastoffe, phenolische Verbindungen oder das α-Tocopherol, das Tocopherol mit der höchsten Vitamin-E-Aktivität.

Dessen günstige Auswirkungen kommen nicht nur dem Organ Haut, sondern dem gesamten menschlichen Organismus als Schutzstoffe gegen „freie Radikale" zugute. Diese aggressiven chemischen Verbindungen greifen nicht nur die Gefäßwand an, sondern auch Hautzellen und können dadurch zur vorzeitigen Hautalterung führen. Einfache phenolische Verbindungen wie Oleuropein und Hydroxytyrosol besitzen antimikrobielle und antioxidative Eigenschaften, schützen vor UV-Strahlung und wirken entzündungshemmend.

Wie aus der wissenschaftlichen Pflanzenheilkunde bekannt, ist die Wirkung eines natürlichen Stoffgemisches mit seinen bioaktiven Substanzen von großem Vorteil gegenüber der Wirkung eines Einzelstoffes.

In der herkömmlichen Industriekosmetik wird Olivenöl in raffinierter und häufig in chemisch veränderter Form als hydriertes Öl verwendet. Derart veränderte Öle enthalten praktisch keine natürlichen bioaktiven Substanzen mehr. Wenn wir in unserer Ernährung Natürlichkeit und Qualität den Vorzug geben, sollten wir dies auch in der Haut- und Haarpflege tun. Und nichts ist einfacher als das!

Die Sonne – Pflege und Schutz

Die Sonne gibt uns die Wärme und das Licht, das wir zum Leben brauchen. Ein maßvolles Sonnenbad regt alle Körpersysteme positiv an: Hormone, Nerven- und Immunsystem, Kreislauf und Stoffwechsel.

Über den Stimmungsbereich hinaus hat Sonnenlicht zahlreiche positive Auswirkungen, die auch gezielt medizinisch eingesetzt werden. Die Vitamin-D-Synthese wird erhöht, was bewirkt, dass der Einbau von Kalzium in die Knochen sichergestellt wird. Durch die Sonne wird die Konzentration der Stresshormone Adrenalin und Cortisol im Körper verringert. Auch die körperliche und geistige Leistungsfähigkeit ist kurzzeitig erhöht. Nach mehrmaliger, gezielter Sonneneinstrahlung arbeitet der Kreislauf ökonomischer, die Fließeigenschaft des Blutes verbessert sich, die unspezifische Immunabwehr ist optimiert, da die Interferonproduktion angeregt wird. Bei Hauterkrankungen wie Akne, Neurodermitis und Psoriasis wirkt dosiertes Sonnenlicht, das ja auch Mikroorganismen und Keime abtöten kann, positiv.

Die sogenannten „Frühlingsgefühle" bei Mensch und Tier stellen sich durch Sonnenlicht und Wärme ein, das ganze Hormonsystem kommt in Schwung. Sonne bedeutet Leben, aber auch Gefahr für das Leben. Auf die Dosierung und den Schutz kommt es an. Als Schutz bieten sich drei Komponenten an: die Entwicklung und Intensivierung des Eigenschutzes, das Auftragen von Naturkosmetik-Sonnenschutzpräparaten und ein vernünftiges und intelligentes Verhalten.

Die natürliche Eigenschutzzeit, das ist die Zeitdauer bis zur Hautrötung auf ungeschützter Haut, ist je nach Hauttyp verschieden und schwankt zwischen fünf Minuten bei auffallend hellhäutigen Menschen und 40 Minuten bei stark pigmentierter Haut.

Wie schnell der Eigenschutz überfordert ist, hängt vom Hauttyp ab, von seinem bereits entwickelten Eigenschutz und von der Intensität der Sonneneinstrahlung (gesteigerte Intensität zur Mittagszeit, in großen Höhen, auf dem Wasser, im Schnee). Schützen Sie Stellen mit sehr dünner Haut besonders sorgfältig vor der Sonne durch Bekleidung, Kopfbedeckung, Sonnenbrille. Kinder und vor allem Babys dürfen nicht der direkten Sonnenbestrahlung ausgesetzt werden. – Keine Sonnenbäder bei direkter Sonnenbestrahlung zur Mittagszeit!

Steigern Sie den Eigenschutz der Haut durch Aktivierung und Vermehrung der Pigment bildenden Zellen, der Melanozyten. Sie erzeugen Melanin und sind neben ihrer Schutzfunktion für den begehrten Braunton der Haut verantwortlich. Und hier können Sie selbst sehr viel dazu beitragen, indem Sie einmal auf Karotin in der Ernährung achten und zum anderen sehr bald, wenn nach der dunklen Jahres-

Oliven-Sanddorn-Sonnenpflegeöl

Die wunderschöne, orangegelbe Mischung aus Olivenöl und Sanddornöl ergibt zwar keinen hohen Sonnenschutzfaktor, gemessen nach der gesetzlich vorgeschriebenen COLIPA-Methode, aktiviert jedoch die Melaninbildung, und es werden so der körpereigene Schutz aufgebaut und die Immunabwehr gestärkt. Die sogenannte COLIPA-Methode misst nur die Zeit, bis sich auf der Haut Rötungen zeigen, andere Schädigungen werden nicht erfasst.

Zutaten: 200 ml Olivenöl
10 ml Sanddornöl: am besten eine Mischung aus Fruchtfleisch- und Kernöl 1 : 1 gemischt.
4 g Bienenwachs
10 Tropfen ätherisches Lavendelöl

Zubereitung: Lassen Sie das Bienenwachs im warmen Olivenöl schmelzen, vor dem Erkalten das Sanddornöl und das ätherische Lavendelöl hinzufügen (Lavendelöl ist zwar mit fast 100%iger Sicherheit reizfrei, aber Sie können das ätherische Öl auch weglassen – oder Sie machen den „Ellenbeugetest" und schauen, ob Ihre Haut mit Rötungen reagiert).

Hinweis: Dieses fruchtig-wohlriechende pflegende Öl ist auch ein wunderbares Mittel zur Pflege der Haut nach einem Sonnenbad und kann auch das ganze Jahr über verwendet werden. Selbstverständlich ist es auch für Kinder und Babys gut geeignet.

zeit die Tage wieder länger und die Sonnenstunden wieder mehr werden, ihre Haut langsam an die Sonne gewöhnen. Wie lange Sie jeweils in der Sonne bleiben sollen, hängt – wie oben beschrieben – von Ihrem Hauttyp ab.

Sonnenschutz und Hautkrebsrisiko

Zur üblichen Verlängerung der Eigenschutzzeit durch das Auftragen eines konventionellen Sonnenschutzmittels mit chemischem UV-Filter muss gesagt werden, dass dieses zwar vor Sonnenbrand, nicht aber vor Hautkrebs schützen kann.

Dazu gibt es eine Studie der Grazer Universitätshautklinik über die Wirkung der herkömmlichen Sonnenschutzmittel mit UV-Filter, die besagt, dass trotz vollständigen Schutzes vor Sonnenbrand das Wachstum von Melanomzellen nicht verhindert werden kann! Dem liegt die Tatsache zugrunde, dass für die Sonnenbrandreaktion andere Stoffe (Prostaglandine) bedeutsam sind als für die Schwächung des Immunsystems (Langerhanssche Zellen). Wenn man bedenkt, dass von den meisten Menschen Sonnenschutzpräparate verwendet werden, um länger in der Sonne liegen zu können, kommt der Leiter der Studie zu dem Schluss, dass das Hautkrebsrisiko dieser Anwender sogar erhöht sein kann.

Um sich nicht nur vor Sonnenbrand, sondern auch vor Hautkrebs zu schützen, ist demnach ein vernünftiger Umgang mit der Sonne und die Steigerung des hauteigenen Schutzes durch entsprechende Hautpflege, die jedoch nicht nur die Hautoberfläche färbt (sogenannte Selbstbräuner), sondern die Melaninbildung steigert, unerlässlich.

Letzteres erreichen Sie durch die konsequente Pflege der Haut mit dem oben beschriebenen Oliven-Sanddorn-Sonnenpflegeöl, wie es von der Firma Mani bereits seit Jahren zur Zufriedenheit vieler Benutzer angeboten wird – natürlich in Verbindung mit einem intelligenten Verhalten beim „Sonnenbaden", wie auf Seite 127 angeführt.

Gefährlicher Sonnenschutz mit Hilfe der Nanotechnologie

Viele Naturkosmetik-Hersteller – darunter auch namhafte Marken – haben jahrelang den „optimalen" Schutz vor UVB- und UVA-Strahlen in Form von sogenannten Nanopartikeln – Titandioxyd und Zinkoxyd – angepriesen und verkauft. Sehr bald konnte die Forschung aber beweisen, dass diese kleinsten Partikel mit einer Größe unter 100 Nanometer (1 Nanometer ist der 70.000! Teil des Durchmessers eines menschlichen Haares, oder 1 mm = 10^6 nm) durch die Haut ins Blut gelangen und Zellschädigung bis hin zu Krebs erzeugen können.

Obwohl besonders der Vorteil angepriesen wurde, dass das komplette Spektrum von UVA-, UVB- und UVC-Strahlen abgedeckt sei, zeigte sich schließlich, dass dies nicht der Fall ist. Seit 2009 gilt laut europäischer Kosmetikverordnung die Vorschrift, dass der UVA-Schutz mindestens 1/3 des UVB-Schutzes betragen muss. Damit nahmen die ersten Firmen ihre neuen Sonnenschutzprodukte wieder vom Markt. Neben der gefährlichen Irreführung des Kunden ist vor allem kritisch anzumerken, dass Konsumenten möglicherweise jahrelang einer unter Umständen höheren Gefahr durch Nanopartikel in ihrer Sonnencreme ausgesetzt waren.

Es gingen noch einige Sommer ins Land, bis das Verbot von Titandioxyd in Nanogröße in die Richtlinien von Natur- und Biokosmetik Eingang fand. In „herkömmlicher" Kosmetik ist Titandioxyd vor unter gewissen Bedingungen leider nach wie vor erlaubt.

An diesem Beispiel zeigt sich wieder einmal, dass wir uns von den natürlichen Erscheinungsformen des Lebens nur wenig entfernen können, ohne Schaden zu erleiden.

Schön mit Olivenöl – Haut- und Haarpflege

Olivenöl schützt nicht nur von innen, sondern auch von außen. Beim Massieren nimmt die Haut die heilkräftigen Substanzen besonders gut auf. Das Öl steigert das Wohlbefinden und fördert die Durchblutung. Olivenöl ist eine hervorragende Trägersubstanz für ätherische Öle, schützt und glättet die Haut und ist bewährt bei trockenen Lippen.

Um Schwangerschaftsstreifen vorzubeugen, empfiehlt es sich, ab dem dritten bis vierten Monat zur Aktivierung der sich dehnenden Haut die entsprechenden Körperpartien regelmäßig mit Olivenöl einzureiben.

Oliven-Gesichtscreme (I)

Schutz und Pflege für eher trockene und sensible Haut, für Tag und Nacht.

Zutaten: 5 g Bienenwachs
15 g Lanolin-Anhydrid (2 Kaffeelöffel)
40 g Rosen- oder Orangenblütenwasser
40 g Olivenöl
20 Tropfen ätherisches Öl (Rose, Neroli, Jasmin oder Ylang Ylang)

Zubereitung: Lanolin und Bienenwachs im heißen Wasserbad schmelzen, Olivenöl hinzufügen und alles auf 60 °C erwärmen, Schmelze vom Feuer nehmen, langsam das Wasser mit dem Handmixer anrühren, handwarm die ätherischen Öle eintropfen, kalt rühren und in den Cremetiegel abfüllen.

Anwendung: Diese reichhaltige Creme lässt sich gut auf der Haut verteilen und hinterlässt ein angenehm weiches Hautgefühl. Verwenden Sie die Creme sparsam und massieren Sie sie gut ein. Falls die Haut glänzt, einfach ein Kosmetiktuch oder Papiertaschentuch aufdrücken und die überschüssige Creme „absaugen".

Hinweise: ■ Wasserfreies Lanolin, das Sie unter der Bezeichnung Lanolyn-Anhydrid in der Apotheke kaufen können, dient als Emulgator, der die Verbindung von Fett und Wasser ermöglicht. Achten Sie darauf, dass es keine Pestizidrückstände enthält und dass der Geruch durch Wasserdampf entzogen wurde.

■ Blütenwasser und ätherische Öle kaufen Sie bei Naturkosmetikherstellern, in Reformhäusern und Naturkostläden. Kaufen Sie ätherische Öle in Bio-Qualität, die ausreichend deklariert und als 100 % rein ausgewiesen sind. Handelt es sich um eine Verdünnung, wie dies häufig bei sehr teuren Ölen der Fall ist, achten Sie auf die Angabe des Verdünnungsmittels (zu empfehlen sind reiner Alkohol oder Jojobaöl) und den Prozentsatz der Verdünnung. Ätherische Öle sind ein komplexes, aber äußerst interessantes Thema, und es lohnt sich, nachzulesen. Nicht zuletzt auch, um Schaden zu vermeiden.

Eine Alternative: *Mani Bio-Oliven-Gesichtscreme reichhaltig* aus der *Mani Bio-Oliven-Naturkosmetik-Serie.*

Und für besonders sensible Haut haben wir ein Produkt entwickelt, das keine ätherischen Öle, auch keine Hydrolate und absolut reizfreie Rohstoffe enthält: den *Mani Bio-Oliven-Hautbalsam sensitiv*.

Oliven-Gesichtscreme (II)

Schutz und Pflege für Mischhaut, fette oder unreine Haut, für Tag und Nacht.

Zubereitung:

Ersetzen Sie bei der Oliven-Gesichtscreme (I) das Rosenwasser und beduften Sie die Creme mit ätherischem Lavendel-, Salbei-, Zitronen- oder Zypressenöl.

Oliven-Regenerationscreme

Zellschutz gegen vorzeitige Hautalterung.

Zutaten: 5 g Bienenwachs
15 g Lanolin-Anhydrid
5 g Sanddornöl
20 g Olivenöl
40 g Rosenwasser
je 1 Tropfen ätherisches Rosen-, Weihrauch- und Ylang-Ylang-Öl
5 g Granatapfelsamenöl

Zubereitung: Wie Oliven-Gesichtscreme (I).

Anwendung: Durch Beigabe des kräftig orangefarbenen Sanddornöls mit seinen hoch ungesättigten Fettsäuren, Farbstoffen, Flavonoiden und Vitaminen eignet sich diese Creme hervorragend zur Vorbeugung gegen Zellschäden durch zu viel Sonne. Als „After-sun-Creme" repariert sie die von der Sonne angegriffenen Zellen und schützt damit die Haut gegen vorzeitige Alterung. Die Oliven-Regenerationscreme ist auch eine ausgezeichnete Pflegecreme für Menschen, die zu Ekzemen, Neurodermitis und Schuppenflechte neigen oder eine spröde, trockene, rissige Haut haben.

Hinweis: Sanddornöl ist eines der wirksamsten Öle für therapeutische Zwecke in der Hautpflege. Wegen seiner intensiven Farbe soll es mit anderen Ölen gemischt werden.

Das zähflüssige Öl aus den Samen des Granatapfels ist sehr teuer, gilt jedoch als das Verjüngungsöl schlechthin. Sie können es auch von Zeit zu Zeit für eine Gesichtsmassage verwenden.

Die Gesichtsreinigung mit Oliven-Gesichtsreinigungsöl – pur oder in Kombination mit einer geringen Menge Naturshampoo – ist die schonendste Art, die Haut zu reinigen.

Fett und Feuchtigkeit bleiben bei der Reinigung mit diesem Öl erhalten; es ist die schonendste Art, die Haut zu reinigen. Die häufigsten gravierenden Fehler geschehen bei der Reinigung. Es wird zu viel und zu gründlich gereinigt, d.h. bei herkömmlichen Reinigungsmitteln, die meist Tenside enthalten, wird nicht nur Schmutz entfernt, sondern rigoros der gesamte hauteigene Hydrolipidmantel. Trockene und empfindliche Haut reagiert darauf mit Spannungsgefühl und Irritationen.

Oliven-Gesichtsreinigungsöl

Zutaten: 100 ml Olivenöl oder ein Olivenöl-Mazerat aus Olivenblättern oder Lavendelblüten
5 Tropfen ätherisches Lavendelöl
5 Tropfen ätherisches Orangenöl

Zubereitung: Zutaten vermischen und in eine Glasflasche abfüllen.

Anwendung (nur am Abend)**:**

- Bei trockener, sensibler Haut: Etwas Öl in die feuchten Hände geben, auf Gesicht und Hals auftragen, kurz einwirken lassen und dann mit feuchtem Wattebausch entfernen, danach das Gesicht mit heißem Wasser waschen.

- Bei eher fetter, unreiner Haut: Etwas Öl in die feuchten Hände geben, ein wenig Naturshampoo dazurühren, Gesicht und Hals mit dieser Mischung abreiben, kurz einwirken lassen, mit lauwarmem Wasser abwaschen. Finden Sie selbst heraus, welches Mischungsverhältnis für Ihre Haut passt. Die Haut darf nach der Reinigung nicht spannen!

Abschminken des Augen-Make-ups: Etwas Oliven-Gesichtsreinigungsöl auf befeuchteten Wattepad träufeln, sanft auf die Augenlider drücken und vorsichtig abwaschen.

Oliven-Gesichtsmassageöl

Für trockene Haut sowie Haut mit Neigung zu Ekzemen, Neurodermitis und Schuppenflechte.

Zutaten: 25 ml Olivenöl
5 ml Sanddornöl
5 g Sheabutter (das heilkräftige Fett des afrikanischen Sheanussbaumes)
2 Tropfen ätherisches Rosenöl, Weihrauch- oder Orangenblüte

Zubereitung: Die Sheabutter in leicht erwärmtem Olivenöl aufschmelzen, Sanddornöl und ätherische Öle hinzufügen.

Anwendung: Mindestens einmal wöchentlich. Diese Behandlung kann gut während eines heißen Bades durchgeführt werden. Tragen Sie reichlich Öl auf Hals und Gesicht auf und massieren Sie in kleinen, kreisenden Bewegungen von der Stirn nach unten. Lassen Sie das Öl noch etwas einwirken und entfernen Sie zuletzt überschüssiges Öl, indem Sie ein Kosmetiktuch auflegen und leicht abdrücken. Neben ihrer hautregenerierenden Wirkung entspannt die Gesichtsmassage auch die Gesichtsmuskulatur, was der Faltenbildung vorbeugt. Ihre Haut wird durch die rötliche Farbe des Öls leicht getönt.

Hinweis: Bei Neurodermitis oder Schuppenflechte verwenden Sie ätherisches Lavendel- und Geranienöl.

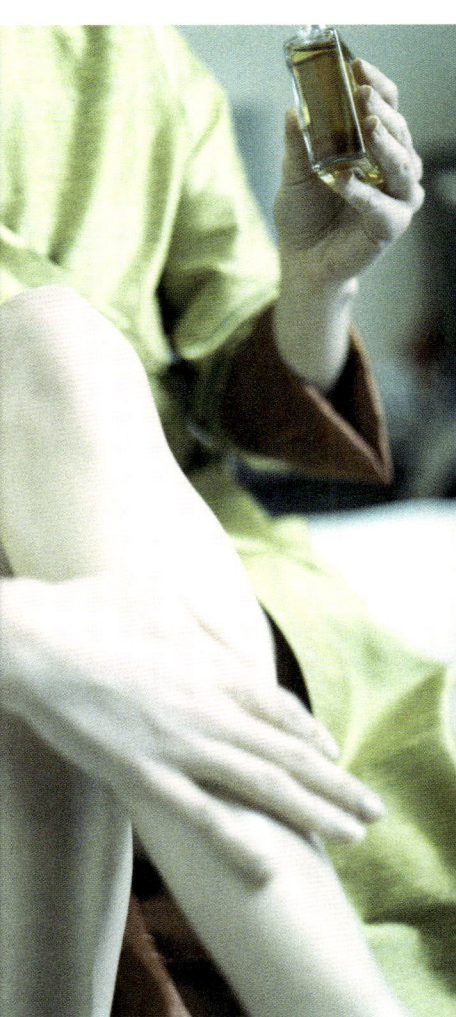

Oliven-Kräuteröle (Mazerate) – Zur optimalen Pflege der Haut.

Zubereitung:

Sie können praktisch aus allen Kräutern, Blüten und Wurzeln einen Ölauszug – auch Mazerat genannt – herstellen. Wenn Sie frische Pflanzenteile zur Verfügung haben, sollten Sie sie leicht antrocknen lassen, bevor Sie einen Teil mit 2–3 Teilen Olivenöl übergießen, das Glas gut verschließen und ca. drei Wochen in die Sonne oder an einen warmen Ort stellen. Achten Sie darauf, dass immer alle Pflanzenteile von Öl bedeckt sind, da sich sonst Schimmel ansetzen kann. Öfters schütteln, damit sich die fettlöslichen Inhaltsstoffe lösen. Holen Sie am Abend die Gläser herein, damit sich kein Kondenswasser bildet. Nach entsprechender Zeit das Öl durch ein Tuch seihen und pur – oder mit ätherischen Ölen durch ein Tuch geseiht – anwenden. Rosmarin und Pfefferminze wirken anregend und durchblutungsfördernd, Lavendel wirkt beruhigend, entspannend und hautklärend. Die Zitronenmelisse ist eine aromatische und beruhigende Pflanze. Ringelblumenblüten empfehlen sich bei Entzündungen und Rötungen der Haut, in der Babypflege, Arnika bei Prellungen und schlecht heilenden Wunden.

Anwendung:

- Als duftendes Badeöl: Damit sich das Öl besser im Wasser verteilt, verrühren Sie zwei Esslöffel Öl mit vier Esslöffeln Rahm oder einem Esslöffel Honig. Nach dem Bad die Haut vorsichtig trocknen – abtupfen statt reiben –, damit der pflegende Ölfilm auf der Haut bleibt.

- Als pflegendes Massageöl: Vertrauen Sie Ihrer Intuition und verwenden Sie als Zusatz die ätherischen Öle, die Ihnen Wohlgefühl vermitteln und sowohl die Seele als auch die Muskeln entspannen.

Wenig bekannt ist die Wirkung des Olivenblattes. Während die heilsamen Eigenschaften des Olivenöls für innen und außen hinlänglich bekannt sind, weiß man wenig über die Heilkraft des Blattes des Ölbaumes. Dabei war seine keimtötende Wirkung bereits den Ägyptern bekannt, und sie nutzten es zum Mumifizieren. Menschen in den Mittelmeerländern verwenden die Olivenblätter für Teeaufgüsse bei Erkrankung der Atemwege und zur Fiebersenkung. Schon Hildegard von Bingen empfahl bitteren Tee gegen Magenverstimmungen. Verantwortlich für den bitteren Geschmack, aber auch für die bakterizide und viruzide Wirkung ist das in ihnen wie im Olivenöl enthaltene Oleuropein. Zur Kräftigung der Haut und zur Stärkung der Widerstandskraft können wir uns wässrige, alkoholische oder Ölauszüge (wie oben beschrieben) aus den möglichst frischen Blättern zunutze machen. Damit sich die Stoffe gut lösen, sollten Sie die Blätter vor dem Übergießen mit Olivenöl zerkleinern.

Olivenölpflege für Hände und Füße

Für trockene Haut sowie Haut mit Neigung zu Ekzemen, Neurodermitis und Schuppenflechte.

Zutaten: 3 Esslöffel Olivenöl (falls vorhanden, Olivenblätter-Ölauszug oder Ölauszug aus Ringelblumen)
1 Spritzer Zitronensaft
5 Tropfen ätherisches Zitronenöl

Anwendung:

- Handmassage (einmal wöchentlich): Das Öl leicht erwärmen, mit kleinen kreisenden Bewegungen am Handgelenk beginnend über den Handrücken bis zu den Fingerspitzen massieren, Fingernägel mit einbeziehen, zum Schluss die Innenseite der Hände massieren.

- Fußmassage: Nach einem warmen Fußbad das Öl mit beiden Händen gut in die Füße einarbeiten.

Weitere Tipps zur Handpflege: Cremen Sie Ihre Hände regelmäßig nach dem Händewaschen mit einer reichhaltigen Creme ein. Sie können dazu die Oliven-Gesichtscreme verwenden. Pflegen Sie Ihre Nägel regelmäßig mit einem „Nägel-Olivenbad", damit sie elastisch bleiben und nicht brüchig werden.

Bei Fußpilz empfiehlt sich ebenfalls der Olivenblätter-Ölauszug mit zusätzlich ein paar Tropfen Teebaumöl, kombiniert mit einem Olivenblätter-Fußbad vor der Massage.

Füße regelmäßig mit echter Olivenseife waschen, Olivenöl wirkt auch antifungizid.

Hinweis: Bei Neurodermitis oder Schuppenflechte verwenden Sie ätherisches Lavendel- und Geranienöl.

Oliven-Duschölbad (I) – Für trockene Haut.

Zutaten: 100 ml Naturshampoo
50 ml Olivenöl

Zubereitung: Zutaten gut vermischen und durchschütteln.

Anwendung: Wenn Sie dieses Oliven-Duschbad verwenden, brauchen Sie Ihre Haut nach dem Duschen nicht mehr einzucremen, da sie schon weich und geschmeidig ist. Ihre Haut wird zugleich gereinigt und gepflegt.

Hinweis: Vor jeder Anwendung schütteln, da sich Öl und Shampoo wieder entmischen können.

Oliven-Duschölbad (II)

Für angegriffenes, sprödes Haar, gespaltene Haarspitzen, trockene Kopfhaut.

Zutaten: Oliven-Klettenwurzel-Öl (1 Handvoll getrocknete Klettenwurzeln, 1/4 l Olivenöl)

je 1 ml ätherisches Vetiver-, Sandelholz- und Orangenöl

Zubereitung: Klettenwurzeln mit leicht angewärmtem Olivenöl übergießen. Gut verschlossen drei Wochen an einen warmen Ort stellen und öfters durchschütteln. Abseihen, ätherische Öle hinzufügen und in einer dunklen Flasche aufbewahren.

Anwendung: Haarpackung: Etwa 5 ml Oliven-Klettenwurzel-Öl in ein Eigelb gut einrühren, auf das feuchte Haar und den Haarboden auftragen und mindestens 1/2 Stunde unter einer warmen Plastikhaube einwirken lassen. Danach das Haar zweimal gründlich waschen und mit einer Essig-Wasser-Spülung (1:7) klären. Bei der alternativen „Haarkur ohne Ei" würden Sie Ihr angefeuchtetes oder gewaschenes Haar nur mit Oliven-Klettenwurzel-Öl „tränken".

Haarspitzenpflege: Vor jeder Haarwäsche die Haarspitzen mit Oliven-Klettenwurzel-Öl einreiben.

Hinweis: Sonne und Meer schaden dem Haar – verwöhnen Sie es daher nach jedem Urlaub!

Babypflege

Die zarte empfindliche Haut eines Säuglings ist um einiges dünner als die Haut eines Erwachsenen, sie produziert weniger Hautfarbstoff (Melanin) und verfügt noch nicht über einen voll entwickelten Hydrolipidmantel. Daher sind die Schutzfunktionen der Babyhaut noch nicht voll ausgeprägt.

Herkömmliche, industriell gefertigte Babypflegemittel enthalten oft mineralische Öle, die den natürlichen Stoffwechsel und die Atmung der Säuglingshaut beeinträchtigen. Nicht selten findet man in den Pflegemitteln auch allergieauslösende und manchmal sogar krebsverdächtige Konservierungsmittel sowie künstliche Duft- und Farbstoffe, welche die zarte Babyhaut reizen. Herkömmliche Babyshampoos enthalten meist zu aggressive waschaktive Substanzen, welche die Haut austrocknen und so den Grundstein für spätere Hautirritationen legen können. Wie eine Studie des Bundes für Umwelt und Naturschutz belegt, sind in jedem dritten Pflegeartikel am deutschsprachigen Markt, auch in Kinder- und Babypflegeartikeln, hormonell wirkende Chemikalien enthalten. Chemikalien, die von der Welt-

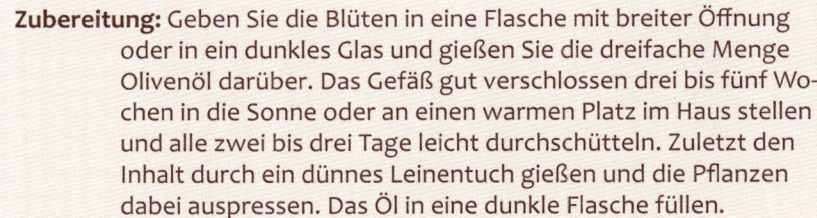

Oliven-Ringelblumen-Öl für Reinigung und Pflege

Zutaten: Ringelblumenblüten (frisch oder getrocknet) Olivenöl

Zubereitung: Geben Sie die Blüten in eine Flasche mit breiter Öffnung oder in ein dunkles Glas und gießen Sie die dreifache Menge Olivenöl darüber. Das Gefäß gut verschlossen drei bis fünf Wochen in die Sonne oder an einen warmen Platz im Haus stellen und alle zwei bis drei Tage leicht durchschütteln. Zuletzt den Inhalt durch ein dünnes Leinentuch gießen und die Pflanzen dabei auspressen. Das Öl in eine dunkle Flasche füllen.

Anwendung: Dieser Ölauszug ist praktisch ein Universalmittel in der Baby- und Kinderpflege und kann als Grundlage für nachfolgende Produkte verwendet werden. Stellen Sie daher am besten gleich eine ausreichende Menge her. Das Öl ist mindestens ein Jahr haltbar, aber ich finde es besser, immer wieder einen frischen Ölauszug herzustellen.

Hinweis: Die Ringelblume (Calendula officinalis) enthält ätherisches Öl, Harz, Saponine, Gummi, pflanzlichen Schleim, Eiweißstoffe und Calendolin, einen karotinartigen, gelblichen Farbstoff. Die Wirkstoffe der Ringelblume in Olivenöl beruhigen, pflegen, schützen und lassen Hautrötungen und Entzündungen abklingen.

gesundheitsorganisation (WHO) mit diversen Gesundheitsproblemen in Verbindung gebracht werden und als globale Bedrohung gesehen werden.

Natives Olivenöl extra, die natürlichste Form des Olivenöls, ähnelt in seiner Fettsäurestruktur der Muttermilch und bietet sich auch zur Babypflege in vielfältiger Weise an.

Bedenken Sie, wie fein die Geruchsrezeptoren Ihres Kindes sind, und seien Sie mit ätherischen Ölen sehr zurückhaltend. Besser ist es, Sie verwenden Pflanzenmazerate, die ebenfalls einen geringen Teil an ätherischen Ölen der jeweiligen Pflanze enthalten, aber eben nicht in konzentrierter Form. Das Baby findet zu seinen Eltern „schnuppernd" das Vertrauen, und dabei können isolierte Düfte, und seien sie noch so gut, nur stören!

Oliven-Reinigungsöl

Zutaten: 100 ml Oliven-Ringelblumen-Öl (siehe oben)
je 10 Tropfen ätherisches Lavendel- und Mandarinenöl

Anwendung: Zur sanften Reinigung im Windelbereich, der Ohren, der Nase und des „Gneis" auf dem Kopf.

Olivenöl-Badezusatz

Zutaten: Oliven-Ringelblumen-Öl (siehe oben)
Rahm oder Honig

Anwendung: Je einen Esslöffel Öl und Honig oder Rahm verrühren und in die Kinderwanne einsprudeln. Das Ölbad wirkt rückfettend, pflegend, sodass Sie anschließend nicht cremen müssen. Für ein mildes Reinigungsbad vermischen Sie einen Esslöffel Öl mit einem Spritzer Naturshampoo.

Oliven-Rosenblätter-Massageöl

Zutaten: 100 ml Oliven-Ringelblumen-Öl (siehe oben)
10 Tropfen reines
ätherisches Rosenöl

Variation: ätherisches Lavendel-, Geranien- oder Neroliöl

Zubereitung: Stellen Sie ein konzentriertes Ölmazerat aus frischen oder getrockneten Rosenblättern oder Rosenknospen – zur Hälfte Olivenöl und zur anderen Hälfte Jojobaöl – her (des Geruchs wegen die Mischung beider Öle, da ansonsten der Rosenduft zu wenig herauskommt) und verwenden Sie es ohne Zugabe von ätherischen Ölen für eine sanfte Babymassage.

Hinweis: Je kleiner die Kinder sind, desto zurückhaltender sollten Sie mit ätherischen Ölen sein!
Verwenden Sie zur Pflege nur ätherische Blütenöle.

Oliven-Shampoo und Oliven-Bad

Zutaten: 50 ml Naturshampoo oder Babyshampoo
30 ml Oliven-Ringelblumen-Öl (siehe oben)

Zubereitung: Shampoo und Oliven-Ringelblumen-Öl miteinander verrühren und gut schütteln.

Anwendung: Als Reinigungsbad einen Esslöffel voll in die Kinderwanne.
Als Haarshampoo.

Hinweis: Eine schonende Reinigung ohne Entfettung der Haut ist für Babys besonders wichtig, da ihre zarte Haut zum Austrocknen neigt und Hautreizungen mit Juckreiz die Folge sind!

Oliven-Baby-Verdauungsöl

Zutaten: 100 ml Oliven-Ringelblumen-Öl
je 5 Tropfen ätherisches Fenchelöl, Anisöl, Basilikumöl

Zubereitung: Zutaten in eine Glasflasche geben und kräftig schütteln. Auch hier können Sie anstatt der Beimischung   der ätherischen Öle einen Ölauszug aus den zerstoßenen Samen und den Basilikumblättern herstellen.

Anwendung: Zur Bauchmassage: Wenn Babys an Blähungen oder Verdauungsschwäche leiden, Öl in der Handinnenfläche erwärmen, auf den Bauch des Babys auftragen und vorsichtig im Uhrzeigersinn massieren.
Als Ölbad: Nehmen Sie ca. 5 ml Verdauungsöl für 10 l Badewasser. Fügen Sie das Öl bei, während das Wasser in die Wanne läuft. Die windfördernde Wirkung des Ölbades wird dadurch verstärkt, dass die ätherischen Öle auch eingeatmet werden.

Oliven-Erkältungsbalsam

Zutaten: 70 ml Olivenöl
30 g Bienenwachs
je 5 Tropfen ätherisches Öl von Fichtennadeln, Eukalyptus citriodora, Salbei (Salvia lavandulifolia), Teebaum, Lavendel

Zubereitung: Erwärmen Sie das Olivenöl auf ca. 60 °C und lassen Sie das Bienenwachs darin schmelzen. Wenn die Mischung handwarm ist, rühren Sie die ätherischen Öle ein. Gefäß erst verschließen, wenn der Balsam völlig abgekühlt ist.

Anwendung: Zum Einreiben: Brust und Rücken des Kindes einreiben, vor allem abends. Ätherisches Lavendelöl entspannt und beruhigt. Fichtennadel, Eukalyptus citriodora, Salbei – achten Sie aus Sicherheitsgründen auf den Chemotyp lavandulifolia – können Erkältungssymptome lindern. Die milde Grundlage aus Olivenöl und Bienenwachs ist völlig reizfrei – im Gegensatz zu handelsüblichen Erkältungsmitteln, die unter Umständen eine gefährdende Menge an ätherischen Ölen enthalten können!

Zum Inhalieren: Größere Kinder können unter Aufsicht inhalieren. Lösen Sie dazu ein erbsengroßes Stück in heißem Wasser auf.

Oliven-Wundschutzbalsam

Zutaten: 50 g weiche Zinkpaste aus der
Apotheke
30 g Oliven-
Ringelblumen-Öl
10 g grüner Lehm oder Heilerde
je 10 Tropfen ätherisches Lavendelöl
und Teebaumöl

Zubereitung: Bringen Sie die Zinkpaste in
einem kochenden Wasserbad zum
Schmelzen. Sobald sie auf 60 °C
erwärmt ist, fügen Sie den grünen
Lehm oder die Heilerde sowie das
Oliven-Ringelblumen-Öl hinzu und
erwärmen die Mischung erneut auf
60 °C. Abkühlen lassen. Wenn die
Mischung handwarm abgekühlt ist,
die ätherischen Öle einrühren.

Anwendung: Im Allgemeinen genügt die
Pflege mit Oliven-Ringelblumen-Öl.
Treten im Windelbereich Rötungen
auf, leistet dieser Schutzbalsam gute
Dienste. Zinksalbe, grüner Lehm und
Heilerde bilden einen Nässeschutz
und wirken entzündungshemmend.
Wichtig ist auch, dass Olivenöl die
austrocknende Wirkung der Zink-
paste ausgleicht.

Oliven-Pflegecreme mit Sanddornöl

Zutaten: 5 g Bienenwachs
15 g Lanolin-Anhydrid (2 Kaffeelöffel)
30 g destilliertes Wasser oder
Rosenwasser
45 g Oliven-Ringelblumen-Öl
5 g Sanddornöl
30 ml Rosenblüten-Hydrolat

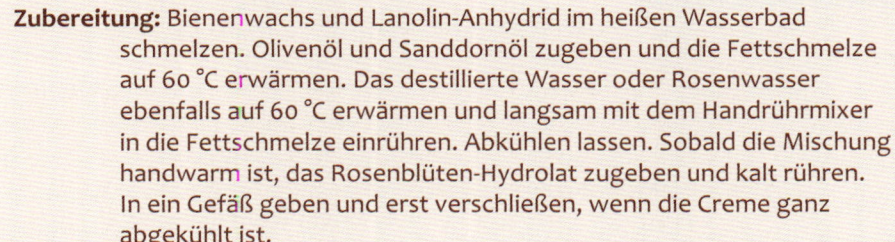

Zubereitung: Bienenwachs und Lanolin-Anhydrid im heißen Wasserbad
schmelzen. Olivenöl und Sanddornöl zugeben und die Fettschmelze
auf 60 °C erwärmen. Das destillierte Wasser oder Rosenwasser
ebenfalls auf 60 °C erwärmen und langsam mit dem Handrührmixer
in die Fettschmelze einrühren. Abkühlen lassen. Sobald die Mischung
handwarm ist, das Rosenblüten-Hydrolat zugeben und kalt rühren.
In ein Gefäß geben und erst verschließen, wenn die Creme ganz
abgekühlt ist.

Anwendung: Reichhaltige Pflege- und Schutzcreme für Babys und Kinder jeden
Alters, von Kopf bis Fuß anwendbar. Der hohe Fettanteil schützt
vor Kälte und Wind. Das Sanddornöl bietet einen ausgezeichneten
Zellschutz und ist für Kinder mit Neurodermitis und Schuppenflechte
zu empfehlen. Da es ein sehr teures Öl ist, sollten Sie auf die
Qualität achten. Die ätherischen Öle in dieser Pflegecreme können
Sie nach Notwendigkeit oder Vorliebe ändern und bei besonderer
Empfindlichkeit auch ganz weglassen.

Hinweis: Das orangefarbene Sanddornöl ist eines der wirksamsten Öle für
therapeutische Zwecke in der Hautpflege. Wegen seiner intensiven
Farbe soll es mit anderen Ölen gemischt werden.

Bio-Oliven-Naturkosmetik

Falls Sie das Risiko des Experimentierens, das die Heimproduktion von Naturkosmetika mit sich bringt, nicht eingehen wollen oder Ihnen dazu einfach die Zeit fehlt, können Sie auch auf im Handel erhältliche Produkte zurückgreifen. Besonders zu empfehlen sind dabei Bioprodukte wie beispielsweise die *Mani Bio-Oliven-Naturkosmetik*, hergestellt ausschließlich für die Firma Mani – Ing. Manfred Bläuel von der Firma Pieper Naturkosmetik Manufaktur in Salzburg. Die Manufaktur Maria Pieper stellt seit vielen Jahren diese hochwertige Olivenserie her, wie sie sonst auf dem europäischen Markt (wahrscheinlich sogar weltweit) in dieser Qualität nicht angeboten wird. Basis bildet das biologische Mani Olivenöl nativ extra, dessen besondere Qualität u.a. auch darin besteht, dass der Wachsanteil besonders hoch und so der kosmetische Nutzen als speziell hoch einzuschätzen ist. Neben dem Mani Olivenöl werden nur die hochwertigsten Rohstoffe aus kontrolliert biologischem Anbau verarbeitet: So besteht der „wässrige" Anteil nicht – wie bei den meisten Kosmetik-Produkten, auch bei Naturkosmetik-Produkten – aus Wasser, sondern aus wertvollen Pflanzenhydrolaten wie Salbei, Rosmarin und Orangenblüte und dem puren Aloe-vera-Frischpflanzensaft. Als natürliche Konsistenzgeber werden biologisches Bienenwachs und reines Lanolin aus der Wolle lebender Schafe eingesetzt. Der unvergleichliche Duft nach griechischen Kräutern stammt ausschließlich von natürlichen ätherischen Ölen. Als Emulgator – dieser hat die Aufgabe, den wässrigen Anteil mit dem Fettanteil zu verbinden – kommt in den Cremes und der Lotion Olivenöl zum Einsatz. Für das Bio-Oliven-Kräuteröl werden frische Kräuter in Mani Olivenöl drei Wochen mazeriert. So gehen die kostbaren Wirkstoffe der Kräuter auf natürlichste Weise auf das Öl über. Das *Mani Oliven-Shampoo* enthält ausschließlich Tenside aus nachwachsenden Rohstoffen und ist durch den Gehalt an Olivenöl als Rückfetter besonders pflegend. Das neueste Produkt – der *Bio-Mani-Oliven-Hautbalsam sensitiv* – ist ein speziell reizfreies Kosmetikum, das auch keine ätherischen Öle enthält – eine Wohltat für Menschen mit besonders empfindlicher Haut. Diese Produkte enthalten keine synthetischen Konservierungsmittel. Das Konservierungssystem steht auf mehreren Säulen: Das auch im Olivenöl enthaltene natürliche Vitamin E zur Stabilisierung der Öl- und Fettphase, reiner biologischer Weingeist in Form von Kräuterextrakten, ätherische Öle und der Einsatz von Microsilber. Alle Produkte tragen das Siegel „Zertifizierte Bio-Kosmetik", kontrolliert durch Österreichs größte Zertifizierungsstelle Austria Bio Garantie. Damit sind Sie auf der sicheren Seite.

Die Herstellerfirma

Die Firma Naturkosmetik Maria Pieper produziert die Mani Oliven-Kosmetik ausschließlich für Mani Bläuel. Es handelt sich um einen kleinen, aufstrebenden Betrieb, der seinen Ursprung in einer biologischen Landwirtschaft in der Südsteiermark hat.

Kosmetik bedeutet ordnen und harmonisieren. Die Herstellerfirma will mit der Produktion von Naturkosmetik diesem Begriff im umfassenden Sinne gerecht werden: bei der Auswahl der Ausgangsstoffe, in der Verarbeitung, bei der Verpackung, im Umgang der Menschen untereinander (Kunden, Lieferanten, Mitarbeiter) und in ihrem Verhältnis zur Natur. Die Herstellung entspricht den Richtlinien für „kontrollierte Naturkosmetik" in vollem Umfang.

Gute Körperpflege bezieht den ganzen Menschen mit ein und ist nicht ausschließlich auf die Haut als äußere Hülle ausgerichtet. Sie ist daher in ihrer dreifachen Aufgabe zu verstehen:

1. als Schutz und Pflege für die Haut,
2. zur Harmonisierung der Hautfunktionen,
3. in ihrer anregenden Wirkung auf den ganzen Organismus über die Haut.

Mit unserer Bio-Oliven-Kosmetik können wir Ihnen hochwertige, reizfreie und wirksame Pflegeprodukte auf der Basis unseres biologischen Olivenöls anbieten: Die Produkte sind frei von chemischen Konservierungsmitteln, Duft- und Farbstoffen. Die Rohstoffe sind weitgehend aus kontrolliert biologischem Anbau. Ausgangsstoffe von toten Tieren und genmanipulierten Rohstoffen werden nicht verwendet. Selbstverständlich werden auch keine Rohstoffe verarbeitet, die im Tierversuch getestet wurden. Auch Greenpeace hat uns in die Liste der besonders empfehlenswerten Kosmetika aufgenommen.

Schonende Verarbeitung und der Einsatz moderner Technik (Rühren unter Vakuum, Hochleistungshomogenisator) schaffen Qualität und ausreichende Haltbarkeit. Eine Volldeklaration aller Inhaltsstoffe in Deutsch und INCI (international gültige Bezeichnungen) sowie Anwendungshinweise finden Sie auf der Verpackung des jeweiligen Produktes.

Für wen und welche Haut?

Die Beobachtung von Testpersonen hat gezeigt, dass unsere *Bio-Oliven-Pflegeserie* aufgrund der harmonischen Zusammensetzung grundsätzlich für jede Haut und jedes Haar sehr gut geeignet ist, denn sie enthält alles, was gesunde Haut und schönes, gepflegtes Haar brauchen. Sie wird auch von Menschen mit sehr trockener oder sensibler Haut, mit Hautirritationen (Rötungen, Schuppung, Spannungsgefühl etc.), mit Neurodermitis und Schuppenflechte sehr geschätzt. Als Zusatzpflege bei sehr trockener Haut empfehlen wir, auf Gesicht und Hals zusätzlich etwas *Bio-Oliven-Kräuteröl* aufzutragen und gut einzumassieren. Ihre Haut bekommt so genau den Fettanteil, den sie braucht. Wenn Sie fette, eher unreine Haut haben, achten Sie darauf, dass Ihre Haut gut gereinigt und mit *Bio-Olivenblätter-Gesichtstonicum* geklärt ist, und verwenden Sie unsere leichte *Bio-Oliven-Feuchtigkeitscreme bei Tag und Nacht*. Auch junge Haut ist mit dieser leichten, sahnigen Creme, die wir neu in unserem Programm haben, gut gepflegt. Da die Produkte in ihrer Wirkung aufeinander abgestimmt sind, ist es ratsam, Creme, Tonicum, Kräuteröl und Haar- und Körpershampoo gemeinsam nach Pflegeanleitung zu verwenden. Unsere Pflegeserie wird auch von Männern sehr gerne verwendet. Für Männerhaut empfiehlt sich als Gesichtspflege unsere *Bio-Oliven-Feuchtigkeitscreme*.

Forschungsstudie bestätigt: Mani Bio-Olivencreme hat positive Wirkung bei Hautreizungen

Im Auftrag der Firma Bläuel konnte mit Unterstützung der österreichischen Forschungsförderungsgesellschaft eine positiv unterstützende Wirkung bei leichten und stumpfen Reizungen der Hautoberfläche durch die *Mani Bio-Olivenölcreme* nachgewiesen werden. So ist bei der Behandlung von leichten Verbrennungen mit dieser Creme aufgefallen, dass der Schmerz schnell nachlässt und die Haut sich schneller regeneriert.

Auch Forscher um Francisco Perez-Jimenez an der Universität Córdoba berichten, dass Olivenöl höchster Güte, das mehr antioxidative Stoffe der sogenannten Phenolgruppe enthält, eine besonders große Anzahl jener Gene unterdrückt, die für entzündliche Prozesse im Körper zuständig sind.

Olivencreme als Kälteschutz

Wenn die Temperaturen sinken, das Wetter feucht und kalt wird, braucht unsere Haut einen guten Kälteschutz. Die üblichen Tagescremen, wie sie die meisten Frauen benutzen, sind jetzt nicht mehr die richtige Wahl. Es handelt sich bei diesen „leichten" Cremes in der Regel um sogenannte Öl-in-Wasser-Emulsionen, d.h., die äußere Schicht ist Wasser. Auch ein paar Schichten solcher Cremes können die Haut vor Kälteschaden bis zu Erfrierungen nicht ausreichend schützen.

Was jetzt not tut, ist eine Creme mit Bienenwachs, hautschützendem Wollfett und vor allem guten Pflanzenölen und -fetten. Ganz wichtig ist die Art der Emulsion: Es muss sich um eine Wasser-in-Öl-Emulsion handeln. Hier bildet das Öl die äußere Schicht, d.h., der Wassertropfen ist in einem Ölmantel eingeschlossen, sodass die Haut vor Kälte, Wind und Wetter geschützt ist.

Die meisten Menschen bewegen sich während der kalten Jahreszeit in Räumen mit geringer Luftfeuchtigkeit. Ergebnis: Die Haut wird trocken und spannt. Mann/Frau versucht mit sogenannten Feuchtigkeitscremes Abhilfe zu schaffen und merkt sehr bald, dass immer mehr gecremt werden muss. Trotz vermehrter Zufuhr wird die Haut immer trockener. Auch hier kann nur die richtige Emulsion Hilfe leisten: Da das Öl in der Wasser-in-Öl-Emulsion die äußere Schicht bildet, kann der Feuchtigkeitsanteil – in der Creme als auch die hauteigene Feuchtigkeit – nicht verdunsten. So gesehen ist sie auch die bessere „Feuchtigkeitscreme".

Die *Bio-Mani-Olivencreme* eignet sich ganz hervorragend als sogenannte Wintercreme. Sie bietet alles, was die Haut braucht: ausreichend Feuchtigkeit in Form von duftendem Orangenblütenhydrolat und wertvollem Aloe-vera-Frischpflanzensaft sowie Pflege und Schutz durch Bienenwachs, Wollwachs, Sheabutter und vor allem wertvolles biologisches Olivenöl erster Kaltpressung. Natürlich riechen Sie dann nicht nach Salat oder Antipasti, eine wunderbare Duftmischung aus reinen ätherischen Ölen wie Neroli, Petit Grain, Lavendel, Orange und griechischen Kräutern lässt eher Erinnerungen an einen griechischen Sommerabend aufkommen!

Zahncreme mit Olivenöl

Die Bio-Oliven-Zahncreme verbindet saubere Zähne und gesundes Zahnfleisch mit dem frischen Geschmack der Olive! Sie kombiniert zudem Zahnpflege und Mundspülung und bietet besten Schutz gegen Plaque und Karies. Natürliche Putzkörper wie Kreide, Tonerde und Kieselsäure reinigen gut und schonend. Natives Bio-Olivenöl und die traditionell für wirksame Zahnpflege bekannten Pflanzen wie Salbei, peruanische Ratanhiawurzel, Myrrhe und Propolis ergänzen die entzündungshemmende Wirkung. Die ätherischen Öle von Salbei, Nelke, Zimt und Kamille sowie Pfeffer- und Bergamottminze sorgen für frischen Atem und guten Geschmack. Gesunde Süße liefert das zuckerfreie „Honigblatt" aus Brasilien. Die Zahncreme ist frei von zugesetzten Fluoriden, von synthetischen Tensiden, Geschmacks-, Farb- und Konservierungsstoffen und wird tierversuchs- und gentechnikfrei hergestellt. Ihre Entwicklung erfolgte unter zahnärztlicher Kontrolle.

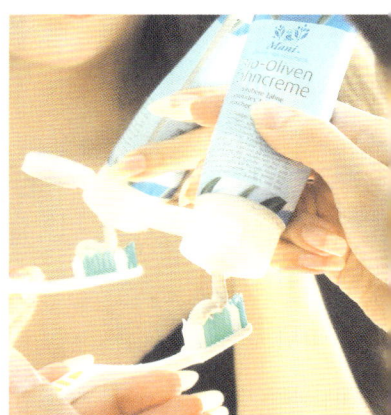

Mani Bio-Oliven-Hautbalsam Sensitiv

Immer mehr Menschen klagen über zu trockene, sensible, gereizte Haut. Hautkrankheiten wie Neurodermitis oder Schuppenflechte mit ihren Begleiterscheinungen einer juckenden, trockenen Haut nehmen bei Kindern wie Erwachsenen zu. Die Ursachen sind vielfältig.

Meist werden von diesen Menschen auch ätherische Öle, wie sie in den meisten Naturkosmetik-Produkten als Duft- und Wirkstoffe enthalten sind, nicht vertragen. Wenn Sie zu dieser Gruppe gehören und noch immer nicht die optimale Pflege gefunden haben, bietet der neue Bio-Oliven-Hautbalsam Sensitiv Hilfe. Die leichte Textur enthält keine ätherischen Öle und auch keine Pflanzenwässer. Sein angenehm neutraler Duft ergibt sich aus dem Zusammenspiel hochwertiger naturbelassener Rohstoffe: Mani Bio-Olivenöl nativ extra, kombiniert mit afrikanischer Sheabutter, pflegt, nährt und schützt die Haut. Aloe-vera-Frischpflanzensaft und pflanzliches Glycerin in Bio-Qualität spenden Feuchtigkeit und werden mittels eines neuen, aus Olivenöl hergestellten Emulgators in optimaler Form mit dem pflegenden Öl und Fett verbunden.

Ein wichtiger Bestandteil in unserem Hautbalsam ist kleinstmolekulare Hyaluronsäure. Diese ist ein wesentlicher, natürlicher Bestandteil unserer Haut, der jedoch mit zunehmendem Alter abnimmt und durch Störungen im Hautstoffwechsel reduziert wird. Es handelt sich um eine biotechnisch hergestellte Qualität – also kein tierisches Ausgangsmaterial wie z.B. Hahnenkämme –, deren Partikel bis in die Dermis (Lederhaut) eindringen und Feuchtigkeit speichern. Die Haut gewinnt an Geschmeidigkeit und Elastizität, das Hautgefühl ist angenehm weich, gleichzeitig kommt es als angenehme Nebenwirkung zu einer Verringerung der Faltenbildung.

Anwendungsempfehlung:

Für eine sanfte Reinigung verwenden Sie am Abend und am Morgen unser Bio-Oliven-Kräuteröl. Etwas Öl in die feuchten Hände geben, auf Gesicht und Hals auftragen, leicht einmassieren und mit einem möglichst heißen, feuchten Tuch abnehmen. Die Haut ein zweites Mal zur Anregung des Hautstoffwechsels mit kaltem Wasser befeuchten. Nun die Creme auftragen und sanft einmassieren, eine „Extraportion" auf die Haut um die Augen auftragen. Achten Sie immer darauf, dass Ihre Haut nicht spannt. Wenn nötig, im Laufe des Tages nachcremen.

Hinweis: Unser Bio-Oliven-Kräuteröl enthält zwar auch ätherische Öle, durch den kurzen Kontakt mit der Haut kommt es jedoch sehr selten zu Hautreizungen. In solchen Fällen verwenden Sie als Alternative unser Mani Bio-Oliven(speise)öl „Biolive" nativ extra aus kbA.

Inhaltsstoffe (Volldeklaration) sind: Wasser, Mani Bio-Olivenöl*, Aloe-vera-Frischpflanzensaft*, Auszug aus Olivenblättern* in Weingeist*, Sheabutter*, Emulgator aus Olivenöl, Wollwachs, Fettalkohol, pflanzliches Glycerin*, Mannan, natürliches Vitamin E, Hyaluronsäure, Silber (* = aus kbA).

Und selbstverständlich ist auch unser neuer Balsam frei von synthetischen Duft-, Farb- und Konservierungsstoffen und alle Rohstoffe sowie das Endprodukt sind tierversuchs- und gentechnikfrei.

Um eine optimale Produktsicherheit zu gewährleisten, wird unser Hautbalsam in einem Airless-Spender angeboten.

Wir haben unseren neuen Balsam auch an sehr hautempfindlichen freiwilligen Testpersonen getestet und bekamen ausschließlich positive Rückmeldungen.

Die Faszination der mediterranen Lebensart und Küche

Die Faszination der mediterranen Lebensart und Küche

Ich habe das Mittelmeer leidenschaftlich geliebt, vermutlich weil ich –wie so viele andere und nach so vielen anderen – aus dem Norden kam.

Fernand Braudel

Wie keine andere Kulturpflanze repräsentiert die Olive den Mittelmeerraum und seine Ess- und Lebenskultur, die schon seit Jahrhunderten auf Nord- und Mitteleuropäer eine unwiderstehliche Faszination ausübt. Aber nur wenige der Fremden sind bereit, die Härten und existenziellen Nöte, die fester Bestandteil des mediterranen Lebens sind, wahrzunehmen. Die Reisenden aus dem Norden lassen sich, wie Braudel treffend bemerkt, von der Sonne, den Farben, der Wärme, den Winterrosen und den früh reifenden Früchten betören; jeder,

der diese Welt besucht, fällt auf ihren Charme, ihre viel gerühmte Schönheit herein und träumt wie Goethe davon, irgendetwas, wenn auch nur eine Handvoll der bezaubernden Luft des Südens, mit nach Hause zu nehmen. Was hilft alles Wissen, klagt Fernand Braudel als großer Kenner mediterraner Lebenswelten, es fällt schwer, die lichten, fröhlichen Landschaften mit Bildern des Elends und der physischen Qual zu verbinden. Sichtbares Zeichen dieser Armut sei eine Genügsamkeit, die den Nordländer stets beeindruckt hat.

Einer der ersten Griechenlandschwärmer aus dem Norden war der englische Dichter Lord George Gordon Noel Byron

(1788–1824), der auf seiner „Grand Tour" den Mittelmeerraum bereiste und seine Eindrücke unter anderem in dem epischen Gedicht *Child Harold's Pilgrimage* festhielt. Die Zeit zwischen 1809 und 1811 verbrachte er in Griechenland. Sein Interesse war nicht so sehr auf die Antike, sondern auf die damalige Gegenwart gerichtet. Er versuchte, Lebensform und Charakter der Griechen und die Natur ihres Landes zu begreifen. Später stellte er auf eigene Kosten ein Expeditionskorps auf, um die aufständischen Griechen militärisch zu unterstützen. Doch seine Mission endete im Golf von Patras. Byron starb am 19. April 1824 in Missolounghi, wahrscheinlich an der Malaria perniciosa.

Der amerikanische Schriftsteller Henry Miller (1891–1980) liebte Griechenland „*wegen des Lichtes und wegen der Armut*": „*Ja, ich bin so verrückt, zu glauben, dass der Mensch, der die geringsten Bedürfnisse hat, der glücklichste ist.*" Eine besondere Wertschätzung kommt der mediterranen Küche zu, in letzter Zeit auch der griechischen. Das Vorurteil von der „fettigen" und „derben" griechischen Kochkunst wurde erfreulicherweise revidiert. „*Ich ziehe ein gutes griechisches Mahl einem entsprechenden französischen vor, obwohl das eine Ketzerei zu sein scheint*", gestand Henry Miller.

Auch der deutsche Griechenlandkenner Erhart Kästner lobte die Einfachheit des griechischen Essens in höchsten Tönen (siehe Text auf Seite 55 f.).

Die gemeinsame Basis der mediterranen Esskultur bildete immer schon das Olivenöl. In Griechenland hat es den Platz inne, den die Butter in der englischen Ernährung einnimmt. Bei den Römern gehörte es zu den Grundnahrungsmitteln, die auch auf Landgütern arbeitenden Sklaven zugestanden wurde. In der Küche war es mehr geschätzt als tierisches Fett.

Zu Butter, sagte der antike griechische Geschichtsschreiber und Geograph Strabo (ca. 63 v. Chr.–nach 23 n. Chr.), griffen eher „Barbaren", also die ungewaschenen und ungebildeten Wilden aus dem Norden. Damit waren zweifellos unsere Vorfahren gemeint.

Wie sehr die Olive, sei es als Tafelfrucht oder Öl, die Essgewohnheiten des mediterranen Menschen geprägt hat, zeigt sich am deutlichsten, wenn er sie vermisst: So zitiert der Historiker Fernand Braudel einen Spanier des 16. Jahrhunderts, für den Flandern das Land war, *„in dem kein Lavendel und kein Thymian wachsen, keine Feigen, keine Oliven, keine Melonen und keine Mandeln; . . . wo die Speisen"*, man sollte es kaum glauben, *„mit Kuhbutter, statt mit Öl angerichtet werden"*. Der Nord-Süd-Gegensatz, damals der Gegensatz von Barbarei und Zivilisation, manifestierte sich auch in der Esskultur: tierisches gegen pflanzliches Fett, Butter gegen Olivenöl.

Die Ernährung mit extra nativem Olivenöl fördert die Verdauung auf natürliche Weise und beugt Darm- und Magenverstimmungen vor. Bei hartnäckiger Verstopfung hilft ein Gläschen Olivenöl nativ extra auf nüchternen Magen, diese Beschwerde zu beseitigen, ohne die Darmflora oder den Organismus zu belasten.

Das führende österreichische Nachrichtenmagazin *Profil* berichtete unter dem Titel *„Unglaublich – aber wahr"*, dass Forscher eine neue positive Eigenschaft des mediterranen Pflanzenextrakts entdeckt haben wollen: im Olivenöl höchster Güte enthaltene Stoffe sind dazu imstande, den für die Entstehung von Magengeschwüren verantwortlichen Keim Helicobacter pylori abzutöten. Da Helicobacter in manchen Fällen gegen Antibiotika resistent sind, könnten die im Olivenöl gefundenen Substanzen aus der Gruppe der Phenole zur Entwicklung neuer Therapien führen.

Da es nicht zuletzt die leichte Lebensart und die ebenso gut schmeckende wie bekömmliche Küche ist, die seit jeher den Reiz des Mittelmeerraumes ausmachen, ist es kein Wunder, dass heute viele Menschen in den Süden „fliehen", sei es durch Urlaubsreisen oder durch Umstellung ihrer Ernährung auf mediterrane Kost. Das reine, naturbelassene Olivenöl ist das Bindeglied zwischen der antiken Welt und der modernen Küche unserer Tage.

Beginnen Sie Ihr mediterranes Mahl immer mit extra nativem Olivenöl. Falls Sie vor dem Essen kein Stamperl Olivenöl trinken wollen, verfeinern Sie doch Ihre Suppe oder Vorspeise mit Olivenöl nativ extra. So steigern Sie den Genuss und die Verträglichkeit Ihrer Speisen.

Geeichte Epikureer behaupten, dass der Genuss von Olivenöl pur vor dem Trinken von Alkohol die Trinkfestigkeit steigert und unerwünschte Spätfolgen in Grenzen hält. Das Öl legt sich auf die Schleimhäute und hemmt so die Absorption des Alkohols.

Olivenöl eignet sich auch zum Braten: Bei paniertem Gemüse, Champignons, Kroketten, Pommes frites, kleinen Fischen, Meeresfrüchten, zartem Fleisch und Fisch ist aber stets auf die richtige Temperatur zu achten!

Ein Steak wird besonders geschmackvoll, wenn es zwei Tage vorher in eine Olivenöl-Kräuter-Mischung eingelegt worden ist. Gartenfrische Kräuter erhalten – gewaschen, getrocknet und zerkleinert – in einem Glas Olivenöl höchster Güte auch über den Winter ihre Frische.

Kochen mit Olivenöl – der Geschmack des mediterranen Goldes

Die mediterrane Ernährung, von der UNESCO zum geistigen Weltkulturerbe der Menschheit erhoben, ist seit jeher weltweit aufgrund ihrer Qualität, Reichhaltigkeit und ihres gesunden Charakters anerkannt. Griechenland, Italien, Spanien, Marokko, Zypern, Kroatien, Türkei und Portugal sind die Erben einer uralten kulinarischen Tradition, die auch einen einzigartigen Lebensstil geprägt hat. Olivenöl höchster Güte ist in der mediterranen Küche die herausragendste Fettquelle. Der Grund dafür ist neben den physikalischen Eigenschaften natürlich der Geschmack. Die kräftigen, stark bitteren und herb kratzigen Noten in manchen Olivenölen geben in den Speisen gerne den Ton an. Die nach feinen Hölzern, einer grünen Wiese oder Bananen und Äpfeln duftenden, ausgewogenen, milden Olivenöle verfeinern hingegen den Geschmack von nahezu allen Speisen, ob Fisch, Fleisch oder Gemüse. Der Geschmack ist nicht nur von der Olivensorte, der regionalen Lage, der Bearbeitung, der Erntemethode, den Boden- und Wetterbedingungen abhängig, sondern auch vom Erntezeitpunkt. Es gibt die Meinung, dass nur richtig bittere, kratzige, herbe, stark schmeckende Olivenöle, wie man sie am Beginn der Erntezeit aus nicht ganz reifen Oliven gewinnt, die gesündesten Öle sind.

Auch dazu wurde von Anna Artemiou eine Studie vorgelegt, die sich mit der Entwicklung der antioxidativen Wirkung von Olivenöl befasste, das während drei fortschreitender Reifestadien von Oliven von einem Olivenhain in dem Mani-Gebiet in Messenien im Süden Grie-

chenlands produziert wurde. Die kalt extrahierten Olivenöle wurden bezüglich der folgenden Eigenschaften untersucht: Säure, UV-Absorption (K_{270}, K_{232}), Peroxidzahl, organoleptische Eigenschaften, Gesamtphenolgehalt, Fettsäuren-Profile, DPPH*-Radikalfänger-Kapazität und die Eisenionen-reduzierende antioxidative Wirkung (FRAP). In-vitro-Tests bezüglich der Hemmung von Entzündungsmarkern (TNFα, MCP1, IL6) in stimulierten menschlichen mononukleären Zellen (PBMCs) und bezüglich der Hemmung von Serumlipid-Kupfer-induzierter Oxidation wurden ebenfalls durchgeführt.

Es wurden die folgenden Beobachtungen während der Reifung der Olivenfrüchte gemacht:

- Der gesamte Polyphenolgehalt und die Eisenreduktionskraft erhöhten sich.
- Einfach ungesättigte Fettsäuren erhöhten sich, während sich mehrfach ungesättigte Fettsäuren verringerten.
- Die gehemmte Serumlipidoxidation und Entzündungsmarker bei PBMCs des polaren Extraktes von reifem Olivenöl waren besser im Vergleich zu Ölen von weniger reifen Oliven. Es wurden auch Unterschiede bei den „Bitter"-Eigenschaften der Öle festgestellt, während die Analyse der flüchtigen Eigenschaften der Öle quantitative Unterschiede zeigte.

Als Schlussfolgerung für das spezifische Anbaugebiet und die Sorte wird empfohlen, die Oliven zu ernten, wenn sie reif sind, da sie Olivenöl von höherer Qualität ermöglichen können.

Das so gewonnene wundervoll harmonische, mildfruchtige, zart-bittere Olivenöl dominiert die Speisen nicht und ist ein wunderbarer Geschmacksträger und -verstärker und es fördert auch die menschliche Gesundheit, indem es oxidative Schäden verhindert.

Entgegen verbreiteten Vorurteilen kann man natives Olivenöl extra bis auf 180 °C erhitzen. Erst ab Temperaturen über 190 °C beginnen Zersetzungsprozesse, die wertvolle Inhaltsstoffe zerstören.

Diese kritische Grenze lässt sich ganz einfach vermeiden, wenn man auf den Rauchpunkt achtet.

Grundsätzlich sind kaltgepresste Samenöle wie Distelöl, Walnussöl, Sonnenblumenöl vom Öl aus der Ölfrucht Olive zu unterscheiden. Samenöle enthalten u.a. einen hohen Anteil an mehrfach ungesättigten Fettsäuren – der tägliche Bedarf an diesen liegt bei ca. 10 g Öl, das entspricht einem Esslöffel – und Linolensäure, die sich nicht für hohe Temperaturen und lange Garzeiten eignen. Beim Erhitzen von Pflanzenölen mit hohem Gehalt an mehrfach ungesättigten Fettsäuren findet ab etwa 130 °C eine Umwandlung zu den höchst unerwünschten trans-Fettsäuren statt.

Ernährungswissenschaftler und die Deutsche Gesellschaft für Ernährung e.V. (DGE) empfehlen zum Braten und Frittieren generell ein Öl, das viel einfach ungesättigte Fettsäuren, aber wenig gesättigte Fettsäuren und einen nicht zu hohen Anteil an mehrfach ungesättigten Fettsäuren enthält, wie eben Olivenöl.

Beim Braten eines schönen Steaks wandern die einfach ungesättigten Fettsäuren in das Fleisch und senken da den Anteil an gesättigten Fettsäuren um über 30 % ab. Der Anteil der einfach ungesättigten, „guten", Fettsäure steigt im Fleisch dagegen um über 40 % an.

Hier noch ein praktischer Tipp zum Kochen mit Olivenöl: Die richtige Temperatur zum Braten hat Olivenöl dann, wenn sich um ein Stückchen eingelegtes Brot Bläschen bilden oder ein Spritzer Wasser „zischt". Bei eingelegtem Gargut dient Olivenöl als „Wärmeleiter" und gibt die Temperatur weiter, wodurch es kaum überhitzen kann. Im Falle einer Überhitzung beginnt das Öl zu rauchen und wird dünnflüssig und durchsichtig. Generell soll schonend und bei nicht zu hohen Temperaturen gegart werden, um die natürlichen Inhaltsstoffe Ihrer Nahrungsmittel nicht zu zerstören. Olivenöl dient ja nicht nur als Temperaturträger, sondern auch als natürlicher Geschmacksträger und -verstärker.

Die mediterrane Küche ist ohne Olivenöl nicht denkbar. Auch in den meisten nordeuropäischen Haushalten wird es geschätzt und auf vielfältige Art eingesetzt: zur Verfeinerung von Salaten, zum Einlegen von Gemüse, zum Kochen, Dünsten und Braten. Aufgrund des milden Eigengeschmackes verfeinert natives Olivenöl extra Ihre Speisen, ohne den Geschmack zu dominieren. Olivenöl sollte immer dunkel und kühl gelagert werden.

Olivenöl-Rezepte

Olivenöl ist als Grundnahrungsmittel zu werten, da es nach seinem inneren Aufbau in hohem Maße ausgeglichen ist. Es verfügt über ein breites Spektrum an einfach ungesättigten Fettsäuren und wirkt somit auf vielfältige Weise gesundend auf den menschlichen Körper. Seine cholesterinsenkende und somit den Herz-Kreislauf schützende Wirkung geht mit einer deutlichen Reduktion der Herzinfarkt-Gefährdung einher.

Olivenöl regt den Gallenfluss an, sorgt für regelmäßige Stuhlentleerung und verhindert Infektionen, es wirkt entzündungshemmend und beugt Osteoporose vor. Eine besondere Wirkung zeigt das Öl auch für den Nervenaufbau, außerdem verringert es das Risiko, an Brustkrebs zu erkranken, und schützt vor vorzeitiger Alterung. Die in diesem Speiseöl enthaltenen einfach ungesättigten Fettsäuren setzen ein Hormon frei, welches das Hungergefühl reduziert und den Cholesterinspiegel senkt.

Die moderne Ernährungswissenschaft empfiehlt die Umstellung auf hochwertige Öle wie das Olivenöl und nicht mehr den Fettverzicht!

Die spezifische Fettzusammensetzung macht das Olivenöl auch besonders hitzebeständig. Es verträgt bis zu 180 °C, ohne seine natürlichen Eigenschaften zu verlieren. Außerdem bilden sich – im Gegensatz zu anderen kaltgepressten Pflanzenölen – bei Erhitzung keine toxischen Substanzen. Deshalb ist Mani-Olivenöl hervorragend zum Braten und Backen geeignet.

Zwei Esslöffel rohes und kalt extrahiertes Olivenöl pro Tag, die man dem Salat beigibt, haben schon einen stark gesundheitsfördernden und krebsvorbeugenden Effekt.

Aus: Christine Saahs: Ich koche für mein Leben gern. Christian Brandstätter Verlag. Mit freundlicher Genehmigung.

Vorab einige Küchentipps aus dem griechischen Alltag, die die vielfältigen Einsatzmöglichkeiten von Olivenöl belegen.

■ Tomatensaft zum Auftunken: Hierzu werden Tomaten aufgeschnitten, gesalzen und mit Olivenöl übergossen. Nach ca. 10 Minuten entsteht ein wohlschmeckender Saft, der dann mit Brot aufgetunkt wird.

■ Olivenöl-Zwieback: Zwieback (vor allem Vollkornzwieback) wird kurz unter Wasser gehalten und dann in Öl, Salz, Knoblauch, Zwiebel etc. eingetunkt. Das gibt eine köstliche Zwischenmahlzeit, auch wenn einmal das frische Brot ausgegangen ist.

■ Mesé: Die Griechen servieren traditionell zu harten Getränken (Ouzo) einen kleinen Happen, bestehend aus Schafkäse, Oliven, Tomaten etc. und viel Öl – dazu trockene Brotstückchen, um die Wirkung des Alkohols zu verlangsamen. „Mesé" ist abends in einer gemütlichen Runde, wenn man Hunger und keine Lust mehr zum Kochen hat, ein Geheimtipp.

■ Mayonnaise: Olivenölmajonäse, mit Salz, Senf oder Knoblauch gewürzt, schmeckt sehr gut und ist verträglicher als herkömmliche Majonäse (siehe dazu auch Rezept auf Seite 165).

■ Schafkäse, Oliven, Naturspinat (mit Zitrone beträufelt), gedünstetes Gemüse, Gemüsesuppe, heiße Kartoffeln mit Salz, Brot und Toast (evtl. mit Salz oder Knoblauch gewürzt) werden angerichtet und mit Olivenöl übergossen.

■ Schnell und gesund: Einfach Nudeln, Getreide oder Reis kochen und mit Olivenöl und geriebenem Käse servieren.

■ Einlegen von Käse, Oliven, Gemüse und Rauchfleisch: Olivenöl ist in Griechenland ein altbewährtes Konservierungsmittel. Durch Zugabe von Gewürzen und Knoblauch kann der Geschmack noch verfeinert werden. Achtung: Vor Licht und Wärme schützen!

■ Patates: „Pommes frites", in Olivenöl frittiert, ergeben eine einfache, aber vollwertige Mahlzeit! Sie können extra natives Olivenöl bis zu fünfmal zum Frittieren verwenden. Sie werden den genussvollen Unterschied bemerken.

■ Lassen Sie Ihre Fantasie spielen: Selbst Spiegelei oder Pfannkuchen, aber auch Gemüseeintopf und vieles mehr wird mit Olivenöl zu einem gesunden Genusserlebnis.

Viele der heute bekannten griechischen Rezepte blieben über zwei Jahrtausende nahezu unverändert, denn maßgebend war immer das berühmte griechische Olivenöl.

Die nachfolgenden Rezepte sind – soweit nicht anders angegeben – mengenmäßig für 4 Personen gedacht.

Verwenden Sie immer ein hochwertiges Olivenöl nativ extra – so etwa unser mehrfach international prämiertes Mani Olivenöl.

Wir danken dem Christian Brandstätter Verlag für die Abdruckgenehmigung der Rezepte von Christine Saahs aus dem Buch *Ich koche für mein Leben gern.*

Saucen, Dips & Co.

Skordalia

Knoblauch-Mandel-Dip-Sauce aus Griechenland

Zutaten:

1 Tasse geschälte Mandeln
2–4 Knoblauchzehen
½ Tasse Olivenöl nativ extra
½ Tasse Rotweinessig
¾ Tasse Wasser

Zubereitung:

Alle Zutaten im Mixer 2–3 Minuten mixen. Die Konsistenz können Sie durch weiteren Zusatz von Olivenöl bestimmen.

Mit Weißbrot oder Fladenbrot servieren.

Auch als Beilage zu gekochten Kartoffeln oder z.B. Fisch.

Pesto

Ein Rezept von Johann Lafer
(Le Val d'Or & Bistro d'Or, Stromburg im Hunsrück)

Zutaten für 400 g:

3 Knoblauchzehen
100 g Pinienkerne
150 g frisches Basilikum
200 ml Olivenöl nativ extra
Meersalz
Pfeffer aus der Mühle
50 g Parmesan

Zubereitung:

Knoblauchzehen schälen.

Pinienkerne in einer Pfanne ohne Fett goldbraun rösten, dabei öfter umrühren, da sie leicht anbrennen. Anschließend abkühlen lassen.

Basilikum abbrausen, trockenschütteln und die Blätter von den Stielen zupfen.

Die Basilikumblätter grob hacken.

Olivenöl abmessen. Alle Zutaten bereitstellen. Knoblauch, Pinienkerne, Basilikum, Olivenöl in einer Küchenmaschine mit Schneidstab zu einer cremigen, nicht zu feinen Masse verarbeiten.

Parmesan auf der feinen Seite der Haushaltsreibe fein reiben. Den geriebenen Parmesan untermischen und mit Salz und Pfeffer abschmecken.

Pesto & Co.

Rezepte von Ewald Plachutta
(Restaurant Plachutta, Hietzing, Wien)

Mit Pesto und Tapenade kann man auf einfache Weise Teig-waren, Gnocchi, Gemüse, Fisch- und Fleischgerichten einen mediterranen Touch verleihen.

Darauf kommt's an: Zerkleinern Sie alle Zutaten in einem Klein-schneider oder Mörser. Erzeugen Sie Pesto auf Vorrat, füllen Sie es in verschließbare Glasbehälter und lagern Sie es kühl.

Bärlauchpesto

Zutaten:

¼ l Olivenöl nativ extra
200 g Pinienkerne
5 Knoblauchzehen, grob geschnitten
180 g Parmesan, gerieben
160 g Bärlauch
Salz (am besten Meersalz)
Pfeffer, gemahlen

Zubereitung:

2 EL Olivenöl in einer flachen Pfanne erhitzen, Pinien-kerne unter Rühren leicht bräunen, Knoblauch kurz mitrösten, erkalten lassen.

Alle restlichen Zutaten in Kleinschneider oder Mör-ser zu einer cremigen, nicht zu feinen Masse verar-beiten. Abschließend würzen.

Tipp: Je nach Weiterverarbeitung regulieren Sie die Konsistenz durch Zugabe von Olivenöl.

Kürbiskernpesto

Ersetzen Sie Pinienkerne durch die gleiche Menge gerösteter Kürbiskerne.

Rucola-Tomaten-Pesto

Ersetzen Sie Basilikumblätter durch die gleiche Menge Rucola und mixen Sie 80 g Trocken-tomaten mit. Erhöhen Sie die Ölmenge auf 0,3 l.

Mediterrane Tomatenmayonnaise

Ein Rezept von Ewald Plachutta (Restaurant Plachutta, Hietzing, Wien)

Mayonnaise dient zur Erzeugung von pikanten Saucen und Dips, zur Bindung von cremigen Salaten oder zum Garnieren von pikant belegten Broten und kalten Speisen. Wer Mayonnaise selbst herstellt, hat die Möglichkeit, durch die Wahl hochwertiger Öle im Vergleich zu Handelsware wesentlich bessere Qualität zu erreichen.

Zutaten:

8 Tomaten, mittelgroß,
   geschält, entkernt
2 EL Estragonsenf
Saft einer Zitrone
Salz
Pfeffer, gemahlen
0,4 l Olivenöl nativ extra

Zubereitung:

Tomaten in kleine Stücke schneiden mit Senf, Zitronensaft, Salz und Pfeiffer fein mixen.

Tropfenweise zimmertemperiertes Öl wie bei einer Mayonnaise einfließen lassen, damit die Sauce bindet.

Tipp: Diese ohne Ei zubereite und nicht dressierfähige Mayonnaise harmoniert hervorragend zu Krustentieren und Gegrilltem.

Olivenschaumsauce

Ein Rezept zur Verfügung gestellt von *Kochende Leidenschaft*, Manuela Ferling, Bad Oeynhausen

Zutaten:

4 Eigelb
2 dl Weißwein
¼ Zweig Thymian
2 Pfefferkörner
1 Schalotte
Salz
2 dl Olivenöl nativ extra
Zitrone

Zubereitung:

Weißwein mit den Schalottenbrunnoise, Thymian und Pfeffer bis auf ¼ reduzieren lassen, durch ein Sieb geben und mit den Eigelben auf einem Wasserbad bis zur Rose aufschlagen. Vom Wasserbad nehmen und mit dem Olivenöl aufschlagen. Mit Salz und Zitrone abschmecken.

Essig-Olivenöl-Marinade (Vinaigrette)

Ein Rezept von Ewald Plachutta (Restaurant Plachutta, Hietzing, Wien)

Zutaten:

2 EL Essig nach Wahl
6 EL Olivenöl nativ extra
etwas Wasser, falls benötigt
Salz
Eventuell 1 Prise Zucker

Zubereitung:

Alle Zutaten verrühren – fertig.
Schmeckt hervorragend mit
Blattsalaten.

Variationen:

Verändern Sie die Marinade wahlweise mit etwas Dijon- oder Estragonsenf, gehackten Sardellen, gehacktem Estragon, Kerbel oder Basilikum, Schnittlauch, gehacktem Knoblauch, in feine Scheiben geschnittener Jungzwiebel, Tomatenwürfeln oder fein gehackten, hart gekochten Eiern.

Oliven-Kräuter-Öl

Ein Rezept zur Verfügung gestellt von *Kochende Leidenschaft,* Manuela Ferling, Bad Oeynhausen

Zutaten:

1 Zweig Thymian
1 Zweig Rosmarin
2 Knoblauchzehen
2 Chilischoten
¼ Stk. Zitronengras

1 Zweig Estragon
Salz
Pfeffer
0,7 l Olivenöl nativ extra

Zubereitung:

Kräuter, Gewürze, Zitronengras und Salz leicht mörsern, in das auf Zimmertemperatur gebrachte Olivenöl geben und drei Tage ziehen lassen.

Paradeissoße

Ein Rezept von Christine Saahs (Nikolaihof, Mautern in der Wachau)

Zutaten:

1½ kg fleischige, sehr reife
    Paradeiser (Tomaten)
2 EL Olivenöl nativ extra
20 g feines Vollkornmehl
1 Zwiebel, grob geschnitten
1/8 l Gemüsebrühe
1 Lorbeerblatt
Salz
weißer Pfeffer aus der Mühle
Kristallzucker oder Honig
    nach Geschmack
etwas Basilikum
etwas Liebstöckel
Petersilie

Tipp:

Für einen intensiveren Geschmack und Farbe kann man
noch konzentriertes Paradeismark dazugeben.

Zubereitung:

Paradeiser waschen, vierteln, mit Zwiebel, Kräutern, Gewürzen und Gemüsebrühe weichkochen. Olivenöl in einem
ausreichend großen Topf erwärmen, das Mehl hellgelb
rösten, durchmixen und zu den gekochten Paradeisern
geben. Mit dem Stabmixer durchmixen und mit der Flotten
Lotte in den Topf passieren. Ca. 5 Minuten unter ständigem
Rühren leicht kochen, noch einmal abschmecken, eventuell
mit Zucker oder Honig leicht süßen, falls die Paradeiser
nicht reif genug waren.

Tamarillochutney

Ein Rezept zur Verfügung gestellt von *Kochende Leidenschaft,* Manuela Ferling, Bad Oeynhausen

Zutaten:

4 Tamarillos
100 ml Olivenöl
  nativ extra
½ Knoblauchzehe
5 Blätter Vervene
Salz
10 g Zucker
1 Chilischote
10 g Ingwer
5 cl Honigessig

Zubereitung:

Tamarillos schälen, entkernen und vierteln. Den Zucker karamellisieren.

Den fein gewürfelten Knoblauch, Chili und Ingwer zugeben, mit Essig ablöschen, kurz köcheln lassen und mit dem Mani-Olivenöl aufrühren. In Weckgläser füllen und 24 Std. ziehen lassen.

Vorspeisen, Suppen & Brote

Traditionelle griechische Rezepte

Riganopsomo

Getoastetes Brot mit Olivenöl und Oregano

Zutaten:

Mehrere Scheiben Weißbrot (hier können auch Scheiben von älterem Brot verwendet werden)
Olivenöl nativ extra
Oregano (frisch oder getrocknet)

Zubereitung:

Auf das getoastete Weißbrot würziges Olivenöl nativ extra gießen und mit Oregano bestreuen. Warm servieren.

Patates Tiganites Me Trimeni Kefalograviera

Zutaten:

Olivenöl nativ extra zum Frittieren
2–3 Kartoffeln
25 g geriebener Hartkäse pro Kartoffel

Zubereitung:

Die in Scheiben geschnittenen Kartoffeln in Olivenöl frittieren und mit Käse bestreut servieren.

Feta Psiti

Gegrillter/gebratener griechischer Feta-Käse

Zutaten:

1 Scheibe (ca. 100 g)
   griechischer Feta-Käse
1½ EL Olivenöl nativ extra
Oregano

Zubereitung:

Den mit Olivenöl beträufelten Feta mit Oregano bestreuen und auf einem geeigneten Geschirr goldgelb grillen/braten.

Eventuell mit Tomate, Olive und Kapern garnieren und mit Weißbrot oder Fladenbrot heiß servieren.

Piperies Psites Gemistes Me Feta

Gegrillte Pfefferoni mit Feta gefüllt

Zutaten:

4 große grüne Pfefferoni
200 g Feta-Käse
4 EL Olivenöl nativ extra
Oregano

Zubereitung:

Pfefferoni von allen Seiten anbraten, bis die Haut Bläschen bildet. Ca. 5–7 Minuten abkühlen lassen, die Haut abschälen und vorsichtig die Samen aus dem Inneren entfernen. Anschließend mit Feta füllen, goldgelb grillen/braten und mit Olivenöl und Oregano marinieren. Heiß servieren.

Vollkornbrote

Ein Rezept von Christine Saahs
(Nikolaihof, Mautern in der Wachau)

Zutaten:

250 g Dinkelvollmehl
250 g Weizenvollmehl
1 Packerl Germ (Hefe)
450 ml Wasser
2–3 TL Salz
1 EL Honig
3 EL Essig
2 TL Brotgewürz
1 EL Olivenöl nativ extra

Zubereitung:

Mehl in eine ausreichend große Schüssel geben, Germ fein
darüberbröseln und mit allen anderen Zutaten gut vermischen,
eventuell mit der Küchenmaschine kneten. Den Brotteig bis zur
doppelten Menge aufgehen lassen, zusammenrühren, eine Brot- oder
Kuchenkastenform mit Backpapier auslegen und den Brotteig einfüllen. Ins kalte
Rohr stellen und bei 180–190 °C 90 Minuten lang backen.

Tipps:

- Beim Backen eine kleine Schüssel Wasser mit ins Rohr stellen.
- Wenn keine Backform vorhanden ist, kann man auch einen runden Topf mit Backpapier
  auslegen.
- Man kann auch Einkorn- oder Emmermehl verwenden. Nur Roggenmehl ist nicht geeignet,
  da es unbedingt Sauerteig und eine andere Gärführung braucht, damit es bekömmlich und
  nicht zu schwer verdaulich ist.

Klare Gemüsesuppe

Ein Rezept von Christine Saahs (Nikolaihof, Mautern in der Wachau)

Zutaten:

500 g Saison-Gemüse (z.B. Sellerie, Karotten, Fisolen/grüne Bohnen, Kohlrabi, Erdäpfel/Kartoffeln, Erbsen, Karfiol/Blumenkohl, Paradeiser/Tomaten)
1 EL Olivenöl nativ extra
1 Zwiebel
1 Knoblauchzehe
Salz
Pfeffer aus der Mühle
Majoran
Petersilie
Schnittlauch
1¼ l Wasser

Zubereitung:

Die schönen, grünen Gemüseblätter waschen, klein schneiden und beiseite legen.

Das restliche Gemüse mit der Gemüsebürste gründlich waschen, putzen und schälen, die Gemüseabfälle – einschließlich Knoblauch- und Zwiebelschalen, Karfiolstrunk und Ähnlichem – mit Wasser zum Kochen bringen und leicht weiter köcheln lassen.

Zwiebel in Olivenöl oder Butter glasig anbraten, das würfelig geschnittene Gemüse kurz mitrösten, mit dem abgeseihten Gemüsesud aufgießen und weich kochen. Die klein geschnittenen Gemüseblätter dazugeben, würzen und mit Petersilie, Schnittlauch und Kräutern bestreuen.

Tipp: Als leichtes Hauptgericht kann man der Gemüsesuppe noch Nudeln (ca. 20 g pro Person) in verschiedener Art beigeben und geriebenen Käse dazu reichen.

Salate

Salata Me Tomates. Elies Kai Kapari

Ein traditionelles griechisches Rezept

Zutaten:

2 in Würfel geschnittene
    Tomaten
4–6 entkernte griechische
    Kalamata-Oliven,
    geschnitten
4–6 große griechische Kapern
2 TL Olivenöl nativ extra
1 TL frisch gepresster
    Zitronensaft

Zubereitung:

Die Zutaten miteinander vermischen – fertig ist der Salat.

Tipp: Diesen Salat können sie auf frisch getoastetem Brot servieren.

Hirtensalat

Ein altgriechisches Rezept

Zutaten:

4 Scheiben Haloumi-Käse
   (ca. 80 g)
100 g Rucola
200 g junger Spinat
1 Salat-Kopf
12 getrocknete und in Olivenöl
   eingelegte Tomaten

Zutaten Pesto-Marinade:

50 g Zwiebeln
50 g Pesto
100 g getrocknete Tomaten (in Olivenöl eingelegt)
70 ml Balsamico-Essig
125 ml Olivenöl nativ extra
Salz
Pfeffer

Zubereitung:

Salate und Spinat putzen, waschen, trockenschleudern und grob zerpflücken.

Für die Marinade Zwiebel schälen, in Ringe schneiden und in einer Pfanne mit ein wenig Olivenöl hell rösten.

Zwiebel mit dem Pesto und den getrockneten Tomaten im Mixer zu einer homogenen Sauce verarbeiten. Langsam Olivenöl und Essig einrühren. Marinade mit Salz und Pfeffer abschmecken.

In einer Pfanne einen EL Olivenöl erhitzen, Käse darin 2–3 Minuten auf jeder Seite braten. Auf Küchenpapier abtropfen lassen.

Salate und Spinat behutsam mit der Marinade vermischen, anrichten, mit je einer Scheibe gebratenem Käse belegen und mit getrockneten Tomaten garnieren.

Oktopus-Salat

Zutaten:

1 Oktopus (ca. 1,2–1,5 kg, aufgetaut)
1 Zwiebel
250 ml trockener Weißwein
2 Lorbeerblätter
5 schwarze Pfefferkörner
je ½ gelber, grüner und roter Paprika
125 ml Olivenöl nativ extra
Rotweinessig (oder Zitrone)
Garnitur:
Kalamata-Oliven
Petersilie (gehackt)
Salz
Pfeffer

Zubereitung:

Zwiebel schälen und vierteln. Oktopus mit Zwiebel, Wein und ein wenig Wasser, Lorbeerblättern, Pfefferkörnern in einen Topf geben und zugedeckt ca. 1–1¼ Stunden bei schwacher Hitze weich dünsten (der Oktopus verliert beim Kochen etwa die Hälfte seines Gewichts). Ab und zu kontrollieren und nach Bedarf Wasser zugeben. Garprobe: Mit einer Nadel oder Gabel anstechen; sie soll sich leicht herausziehen lassen.

Oktopus aus dem Topf nehmen, abkühlen lassen. Kopf entfernen, Haut unter fließendem Wasser abziehen. Oktopus in Stücke, Paprika in Würfel schneiden. Oktopus und Paprika mit Olivenöl marinieren, mit Salz, Pfeffer und Essig abschmecken.

Salat 2–3 Stunden im Kühlschrank ziehen lassen und eine halbe Stunde vor dem Servieren herausnehmen. Mit Oliven und Petersilie bestreut servieren.

Tipp: Kaufen Sie am besten tiefgekühlten Oktopus und lassen Sie ihn im Kühlschrank auftauen.

Salat von Meeresfrüchten mit Oliven-Zitronen-Öl-Vinaigrette

Ein Rezept von Johann Lafer
(Le Val d'Or & Bistro d'Or, Stromburg im Hunsrück)

Zutaten Salat:

2 Hummerschwänze
8 kleine Tintenfische, gesäubert und enthäutet
100 g Wurzelgemüse, gewürfelt
etwas Olivenöl nativ extra
16 Miesmuscheln
100 ml Weißwein
200 ml Fischfond

Zutaten Oliven-Zitronen-Öl-Vinaigrette:

2 EL Weißweinessig
2 EL Muschelfond
1 TL Olivenpaste
6 EL Olivenöl nativ extra mit Zitrone
6 Kirschtomaten, geviertelt
1 Peperonischote, in Ringe geschnitten
1 TL Knoblauchpaste

1 EL Basilikum, gezupft
1 EL Petersilie, frisch gehackt
Salz
Pfeffer
8 Garnelen, ausgebrochen und entdarmt
etwas Olivenöl nativ extra
12 schwarze Oliven, entkernt

Zubereitung:

Die Hummerschwänze an den Gelenken in Medaillons schneiden.

4 Tintenfische in Ringe schneiden.

Das Wurzelgemüse im erhitzten Olivenöl anschwitzen.

Die gesäuberten Miesmuscheln zufügen und mehrmals durchrühren.

Mit Weißwein und Fischfond ablöschen.

Wenn sich alle Muscheln geöffnet haben, herausnehmen und das Muschelfleisch aus den Schalen pulen. Einige schöne Schalen für die spätere Garnitur aufheben.

Für die Vinaigrette Weißweinessig, Muschelfond und Olivenpaste verrühren. Olivenöl mit Zitrone unterschlagen. Tomaten, Peperoni und Knoblauchpaste sowie die Kräuter hinzufügen und abschließend mit Salz und Pfeffer abschmecken.

Die Garnelen und die restlichen 4 ganzen Tintenfische in heißem Olivenöl scharf anbraten und mit Salz und Pfeffer würzen.

Anschließend die Tintenfischringe in der gleichen Pfanne ebenfalls anbraten.

Die Miesmuscheln nochmals leicht erwärmen und zusammen mit den Garnelen und den Tintenfischen in eine Schüssel geben. Die Meeresfrüchte mit der angerührten Vinaigrette anmachen. Nochmals abschmecken.

Mit Oliven und evtl. Muschelschalen garnieren.

Toskanischer Brotsalat

Ein Rezept von Johann Lafer (Le Val d'Or &
Bistro d'Or, Stromburg im Hunsrück)

Zutaten:

300 g Chiabattabrot, vom Vortag	1 Salatgurke
1 Knoblauchzehe	1 rote Zwiebel
4 EL Olivenöl nativ extra	1 Bund Basilikum
1 EL Honig	40 g geröstete Pinienkerne
2 EL Balsamico bianco	Salz
20–25 kleine, reife Dattel-Tomaten	Pfeffer
	Zucker

Zubereitung:

Ofen auf 180 °C vorheizen. Brot in kleine mundgerechte Stücke zupfen, auf einem Backblech verteilen und im heißen Ofen in etwa 8–10 Minuten knusprig rösten.

Inzwischen Knoblauch schälen und fein hacken. Zusammen mit Olivenöl, Honig und Essig in einer großen Schüssel verquirlen.

Tomaten waschen und halbieren. Gurke schälen, der Länge nach halbieren, Kerngehäuse mit einem Löffel herauskratzen. Gurkenhälften in Scheiben schneiden. Zwiebel schälen, halbieren und in dünne Streifen schneiden. Basilikum abbrausen, trockenschütteln, Blätter vom Stiel zupfen. Alles zusammen zum Dressing in die Schüssel geben.

Geröstete Brotstücke und Pinienkerne zu dem Gurken-Tomaten-Salat in die Schüssel geben und locker miteinander mischen. Abschließend den Salat nochmals mit Salz, Pfeffer und etwas Zucker abschmecken und möglichst frisch servieren.

Wildkräutersalat

Ein Rezept von Christine Saahs
(Nikolaihof, Mautern in der Wachau)

Zutaten:

1 Häuptel grüner Salat
frisch gepflückte Wildkräuter und Blüten
    (z.B. Schafgarbe, Gundelrebe, Gänseblüm-
    chen und -blätter, Löwenzahn, Esparsette,
    Wiesensalbei, Brennnessel, Sauerampfer,
    Dost, junge Linden- und Birkenblätter,
    Kräuterblüten)
Marinade:
6 EL Olivenöl nativ extra
2 EL Weinessig
1 TL Senf (scharf-würzig)
1 TL Hefeflocken
Kräutersalz

Zubereitung:

Öl, Essig, Senf, Hefeflocken und Kräutersalz mit
dem Schneebesen in einer ausreichend großen
Salatschüssel gut verrühren. Den gewaschenen,
geschleuderten Blattsalat und die Kräuter darin
vorsichtig, aber gründlich marinieren. Salat auf
Tellern anrichten und mit Blüten verzieren.

Tipp: Brennnessel immer als erstes in
die Salatmarinade geben, damit sie nicht
„brennen".

Rosenblütensalat

Ein Rezept von Christine Saahs
(Nikolaihof, Mautern in der Wachau)

Zutaten:

1 Häuptel grüner Salat
Blüten von 4 Rosen, ungespritzt
    (verschiedene Sorten)

Zutaten Marinade:

6 EL Olivenöl nativ extra
2 EL Weinessig
2 TL Senf (scharf-würzig)
1 TL Hefeflocken
Salz
weißer Pfeffer

Zubereitung:

Öl mit Essig, würzigem Senf, Hefeflocken,
Salz und Pfeffer aus der Mühle mit dem
Schneebesen gut verrühren und den
gewaschenen, geschleuderten Blattsalat
vorsichtig, aber gründlich marinieren. Zwei
Drittel der Rosenblätter daruntermischen, den
Rest zum Garnieren verwenden.

Tipp: Für ein intensiveres Rosenaroma kann
man noch vor dem Servieren Rosenwasser
darüberspritzen.

Tomatenbrotsalat mit gebackenem Ziegenkäse

Ein Rezept zur Verfügung gestellt von *Kochende Leidenschaft,* Manuela Ferling, Bad Oeynhausen

Zutaten:

28 Kirschtomaten
12 dünne Scheiben
    Ciabattabrot
Olivenöl nativ extra
1 kleiner Bund Basilikum
60 ml Balsamico-Vinaigrette
    (bestehend aus:
      20 ml Balsamico-Essig,
      40 ml Olivenöl,
      Salz, Pfeffer)
1 Zucchini
16 getrocknete Tomaten
20 g Pesto
4 Picandou à 50 g
5 g gehackter Thymian
1 kleiner Bund Ruccola
1 kleiner Bund Löwenzahn
1 Schale Shisokresse
8 Dillspitzen

Zubereitung:

Die Kirschtomaten abziehen und halbieren. Das Ciabattabrot im Olivenöl goldgelb ausbacken. Die großen Blätter des Basilikums in Streifen schneiden, mit den Zwiebelwürfeln, Kirschtomaten und 2/3 der Vinaigrette vermischen. Zucchini waschen und der Länge nach in ca. 5 mm dicke Scheiben schneiden, salzen und 15 Minuten ziehen lassen.

Zucchini trockentupfen und in einer Grillpfanne mit etwas Olivenöl grillen, anschließend auf einem Tuch ablegen. Nun auf die Zucchinischeiben die getrockneten Tomaten legen, mit Pesto bestreichen, den gehackten Thymian darauf verteilen und damit den Picandou einwickeln.

Picandou im Ofen ca. 8 Minuten backen, in der Zwischenzeit die marinierten Kirschtomaten und das Ciabattabrot abwechselnd auf dem Teller anrichten. Zum Schluss den Ziegenkäse und den Salat aus Ruccola, Löwenzahn, Dill und Shisokresse auf die Teller geben und mit einigen Tropfen altem Balsamico garnieren.

Vegetarisches

Zucchini-Gratin

Ein Rezept von Christine Saahs
(Nikolaihof, Mautern in der Wachau)

Zutaten:

500 g eher kleine Zucchini
500 g kleine Paradeiser/Tomaten
100 g Schafskäse
150 g Frischkäse (oder Topfen/Quark)
Thymian
Oregano
4 EL Olivenöl nativ extra
Salz
Pfeffer aus der Mühle
Kräuter und Blüten zum Garnieren

Zubereitung

Zucchini in feine Scheiben schneiden, Paradeiser in dickere Scheiben schneiden (etwa 1 cm), beides salzen. Eine Backform oder Pfanne mit Olivenöl bestreichen, darin abwechselnd Paradeiser- und Zucchinischeiben dachziegelartig schichten. Käsesorten vermengen, das Gemüse mit den Kräutern bestreuen, salzen, pfeffern und den Käse locker darüber verteilen. Mit Olivenöl beträufeln und im vorgeheizten Backrohr bei 180 °C etwa 50 Minuten lang backen.

Tipp: Vor dem Servieren kann man dieses leichte und kalorienarme Sommergericht mit frischen Basilikumblättern bestreuen.

Eierschwammerlgulasch

Ein Rezept von Christine Saahs (Nikolaihof, Mautern in der Wachau)

Zutaten
für 2 Portionen:

1 mittlere Zwiebel
2 EL Olivenöl nativ extra
1 TL Petersiliengrün
500 g Eierschwammerln
   (Pfifferlinge)
2 TL süßes Paprikapulver
1 TL Paradeismark
   (Tomatenmark)
1 Knoblauchzehe
Essig
etwas Kümmel, fein gehackt
40 g Vollkornmehl
1/8 l Sauerrahm
   (saure Sahne)
Salz

Zubereitung:

Fein geschnittene Zwiebel in Olivenöl hell anrösten. Gehacktes Petersiliengrün, geschnittene Schwammerln, Paprikapulver und Paradeismark mit Salz, fein zerdrücktem Knoblauch, ein paar Tropfen Essig und fein gehacktem Kümmel mischen, rasch durchdünsten. Mehl mit Sauerrahm und etwas Wasser glatt rühren, zu den Schwammerln gießen und mit Salz und Pfeffer würzen. Falls das Gulasch zu dick ist, mit etwas Wasser aufgießen und kurz aufkochen. Beim Anrichten mit Petersiliengrün oder anderen Kräutern und Blumen garnieren.

Tipp: Als Beilage eignen sich besonders gut Servietten- und Semmelknödel, gekochte Erdäpfel oder einfach ein Stück Brot.

Olivenöl Gesunder Genuss

Spargel in Olivenöl mit Zitrone und Parmesan

Ein Rezept von Christine Saahs (Nikolaihof, Mautern in der Wachau)

Zutaten für 2 Portionen:

1 kg frischer, weißer Spargel
frischer Estragon oder andere Kräuter
Olivenöl nativ extra
Parmesan
Pfeffer aus der Mühle
Salz
Zitrone

Zubereitung:

Weißen Spargel mit dem Spargelschäler sehr sorgfältig schälen und dabei einige Zentimeter unter der Spargelspitze beginnen (man rechnet mit 20 bis 25 % Abfall). Die Enden auf eine gleichmäßige Länge abschneiden. In leicht wallendem Salzwasser ca. 25 Minuten kochen, je nach Stärke der Spargelstangen, bis die Stangen sich leicht biegen. Wenn man sie über eine Gabel legt, dürfen sie nicht knicken.

Spargel aus dem Wasser heben und dabei auf die Spargelköpfe achten, damit sie nicht abbrechen. Auf eine Serviette zum Abtropfen legen, dann auf einer warmen Platte oder Tellern anrichten und mit reichlich Olivenöl begießen. Mit Zitronensaft betropfen, grob geraspelten Parmesan darüberstreuen und mit Pfeffer aus der Mühle und gezupftem Estragon oder anderen Kräutern servieren.

Tipp: Es kann auch grüner Spargel verwendet werden, der nicht geschält werden muss. Als Beilage zu Spargel passen immer Salzerdäpfel, weich oder hart gekochte Eier, Schinken, Blattsalat oder Wildkräutersalat.

Kartoffel-Oliven-Püree

Ein Rezept zur Verfügung gestellt von *Kochende Leidenschaft*, Manuela Ferling, Bad Oeynhausen

Zutaten:

720 g Kartoffeln
200 ml Milch
200 g Butter
10 cl Olivenöl nativ extra
10 Nadeln Rosmarin
Salz

Zubereitung:

Die geschälten Kartoffeln weich kochen, ausdämpfen lassen, durch eine Kartoffelpresse drücken und mit Milch, Butter, Olivenöl und dem gehackten Rosmarin verrühren. Eventuell mit Salz nachschmecken.

Artischockenrisotto

Ein Rezept zur Verfügung gestellt
von *Kochende Leidenschaft*,
Manuela Ferling, Bad Oeynhausen

Zutaten:

Für den Reis:
15 ml Olivenöl nativ extra
300 g Risottoreis
2 Schalotten
    (geschält, gewürfelt)
1 Knoblauchzehe (gepresst)
100 ml Weißwein
400 ml Geflügelfond
Salz
Peffer

Für die Artischocken:
4 Artischocken (geputzt,
    gewürfelt)
10 ml Olivenöl nativ extra
4 g Thymian, gehackt
4 g Rosmarin, gehackt
½ Knoblauchzehe (gepresst)
10 ml Geflügelfond
1 TL Petersilie (gehackt)
10 ml Limonensaft
Abrieb von 3 Limonen
25 g Butterwürfel (kalt!)
1 Msp. Koriander, gemahlen

Zubereitung:

Den Risottoreis im Olivenöl
anschwitzen und Schalotten sowie
Knoblauch hinzufügen.

Mit dem Weißwein ablöschen
und mit Geflügelfond auffüllen.
Unter ständigem Rühren den
Reis bei mittlerer Hitze ca. 16–20
Minuten kochen, bis er noch leicht
körnig ist, aber die gewünschte
Bissfähigkeit erreicht hat.

Nebenher schwitzen Sie die
Artischockenwürfel mit dem
Olivenöl in einer Pfanne an und
fügen die restlichen Zutaten zu.
Lassen Sie die Artischockenwürfel
ca. sechs Minuten dünsten.

Nun geben Sie alle restlichen
Zutaten zusammen zum Risotto
und schmecken ihn fertig ab.

Dazu passt eine Tomaten-
Basilikum-Sauce und auch ein auf
der Haut gebratener Wolfsbarsch.

Olivengnocchi mit Blattspinat und Tomaten

Ein Rezept zur Verfügung gestellt von *Kochende Leidenschaft,* Manuela Ferling, Bad Oeynhausen

Zutaten:

700 g mehlig kochende Kartoffeln (z.B. Granola)
Salz
125 g Mehl
70 g Hartweizengrieß
1 Eigelb
1½ EL schwarze Olivenpaste
Pfeffer aus der Mühle
Muskat, frisch gerieben
6 mittelgroße Strauchtomaten
1 Schalotte, gewürfelt
2 EL Olivenöl nativ extra
300 g blanchierter, ausgedrückter Blattspinat
100 ml Geflügelfond oder -brühe

Zubereitung:

Kartoffeln schälen, in Salzwasser kochen. Abgießen, gut ausdämpfen lassen, durch eine Kartoffelpresse auf die Arbeitsfläche drücken, verteilen. Auf den abgekühlten Kartoffelschnee Mehl, Grieß, Eigelb, einen EL Olivenpaste, Pfeffer, Salz und Muskat geben und zu einem festen Teig kneten. Eine daumendicke Rolle formen, davon haselnussgroße Stücke abschneiden.

Tomaten blanchieren, häuten, entkernen und achteln. Schalottenwürfel in Öl dünsten, vorbereiteten Spinat hacken und mitdünsten.

Gnocchi in kochendem Salzwasser ein bis zwei Minuten garen, herausnehmen, abtropfen lassen und mit Tomatenachteln zum Spinat geben.

Mit Geflügelfond ablöschen und mit restlicher Olivenpaste, Salz, Pfeffer und Muskat abschmecken.

Spaghetti mit Blüten-Bärlauch-Pesto

Ein Rezept zur Verfügung gestellt von *Kochende Leidenschaft*, Manuela Ferling, Bad Oeynhausen

Zutaten:

500 g Spaghetti
1 Handvoll Blüten oder Blütenblätter
120 g Pinienkerne
15 g Salz
140 g Bärlauch
100 g Petersilie, flach
200 g Parmesan, gerieben
¼ EL Olivenöl nativ extra (man kann auch etwas mehr Öl nehmen)
1 Knoblauchzehe, geschält

Zubereitung:

Für das Pesto alle Zutaten, Blüten, Pinienkerne, Salz, Bärlauch, Petersilie, Parmesan, Olivenöl und Knoblauch in einen großen Mixer geben und mixen.

Die Spaghetti in Salzwasser kochen, abschütten, abtropfen und auf warmen Tellern anrichten und mit dem Pesto servieren.

Tipp: Man kann das Pesto in einer großen Pfanne mit den Spaghetti nochmals kurz erhitzen, das gibt einen intensiveren Geschmack. Schön ist es auch, die Teller mit ein paar Blüten zu dekorieren.

Gemista – gefüllte Tomaten und Aubergine

Ein traditionelles griechisches Rezept

Zubereitung:

Tomaten und Auberginen waschen. Deckel abschneiden und aushöhlen. Gemüse in Auflaufform setzen. „Deckel" beiseite legen.

Inhalt der Tomaten und Auberginen mischen und in Mixer oder per Hand zerkleinern. Knoblauchzehen klein schneiden. Petersilie waschen und klein schneiden. Ein TL Zucker und 250 ml Olivenöl sowie erforderliche Reismenge (ungekocht) zufügen und alles vermischen. Mit Salz und Pfeffer würzig abschmecken.

In Tomaten und Auberginen einfüllen. Deckel aufsetzen!

250 ml Olivenöl in Auflaufform gießen. ½ Glas Wasser dazugießen.

In vorgeheizten Backofen auf die mittlere Schiene schieben bei ca. 200 °C 55 Minuten garen.

Tipp: Nach ca. 30 Minuten nachschauen, ob sich noch genug Flüssigkeit am Boden der Auflaufform befindet. Wenn das Gemüse auf dem „Trockenen" steht, noch einmal ½ Glas Wasser nachgießen.

Die Eigenflüssigkeit von Gemüse ist – je nach Sorte und Qualität – sehr unterschiedlich, daher variiert die Wassermenge, die zugegeben werden muss.

Falls Sie keine Auberginen mögen, können Sie auch Paprika verwenden!

Zutaten:

500 ml Olivenöl nativ extra
4 große Tomaten
2 mittelgroße Auberginen
Reis – pro Tomate/Aubergine
    je 1 gehäufter EL
2 Knoblauchzehen
1 Bund Petersilie
1 TL Zucker
Salz
Pfeffer
½–1 großes Glas Wasser

Muschelnudeln gefüllt mit Ratatouille

Ein Rezept von Johann Lafer (Le Val d'Or & Bistro d'Or, Stromburg im Hunsrück)

Zutaten:

16–20 große Muschelnudeln
ca. 2 EL Ricotta
2 EL klein gewürfelter Mozarella
frischer Oregano zum Bestreuen

Für die Soße:
1 Zwiebel
2 Knoblauchzehen
1 rote Paprikaschote
250 g Kirschtomaten
1 EL Olivenöl nativ extra
1 EL Tomatenmark
1 EL Paprikapulver (edelsüß)
250 ml Gemüsebrühe
Salz
Pfeffer aus der Mühle

Für die gefüllten Nudeln:
1 rote Zwiebel
je 1 rote und gelbe Paprikaschote
1 kleine Zucchini
1 kleine Aubergine
2 EL Olivenöl nativ extra
Salz
Pfeffer aus der Mühle
1 EL frisch gehackter Thymian

Zubereitung:

Für die Soße Zwiebel und Knoblauch schälen, Paprika halbieren, Kerngehäuse entfernen und Schotenhälften waschen. Zwiebel, Knoblauch und Paprika in kleine Würfel schneiden. Alles zusammen mit den gewaschenen Kirschtomaten in Öl etwa 4 Minuten anschwitzen. Tomatenmark, Paprikapulver und Gemüsebrühe hinzufügen und alles etwa 10 Minuten leise köcheln lassen. Dann mit einem Mixstab fein pürieren und mit Salz und Pfeffer abschmecken.
Für die Nudeln inzwischen Zwiebel schälen, Paprika halbieren, Kerngehäuse entfernen und Schotenhälften waschen. Zucchini und Aubergine ebenfalls waschen und alles in kleine Würfel schneiden. Das Gemüse in einer breiten Pfanne in Öl etwa 4 bis 6 Minuten anbraten und kräftig mit Salz, Pfeffer und Thymian würzen. Die Pfanne vom Herd ziehen, ein Drittel der Soße untermischen und alles etwas abkühlen lassen.

Ofen auf 180 °C (Umluft 160 °C) vorheizen. Die Muschelnudeln in kochendem Salzwasser bissfest garen, dann abschütten und kalt abschrecken. Nudeln mit der Ratatouille-Mischung füllen. Restliche Soße in eine Gratinform gießen und die gefüllten Muschelnudeln daraufsetzen. Auf jede gefüllte Muschel etwas Ricotta und Mozarella geben und alles im Ofen etwa 10 Minuten bei 180 °C gratinieren. Mit frischen Oreganoblättchen bestreut servieren.

Fisch & Meeresfrüchte

Gefüllte Sardinen

Zutaten:

1 kg Sardinen
2 Fleischtomaten
2 EL gehackte Petersilie
100 ml Olivenöl nativ extra
100 g Kapern (in Olivenöl)
2 Zehen Knoblauch
1 Zwiebel
Salz
Pfeffer

Zubereitung:

Sardinen schuppen, den Kopf abtrennen. Sardinen ausnehmen, waschen, abtropfen lassen, trockentupfen und filetieren.

Tomaten ca. zwei Minuten in kochendem Wasser blanchieren, herausnehmen, in kaltem Wasser abschrecken und enthäuten. Tomaten entkernen und in kleine Stücke schneiden. Zwiebel und Knoblauch schälen und kleinwürfelig schneiden. In einer Pfanne 50 ml Olivenöl erhitzen, Zwiebel und Knoblauch darin goldbraun anrösten. Tomaten, Petersilie und Kapern zugeben und bei mittlerer Hitze ca. fünf Minuten dünsten, mit Salz und Pfeffer abschmecken. Backrohr auf 180 °C vorheizen, ein Backblech mit Olivenöl bestreichen. Sardinen salzen, pfeffern, mit der Tomatenmischung belegen und mit dem restlichen Olivenöl beträufeln.

Sardinen auf das Blech legen und im Rohr ca. 15 Minuten braten. Sardinen aus dem Rohr nehmen, mit gehackter Petersilie bestreuen und servieren. Dieses Gericht schmeckt sowohl warm als auch kalt!

Karpfen im Mandelmantel

Ein Rezept von Christine Saahs (Nikolaihof, Mautern in der Wachau)

Zutaten:

800 g Karpfenfilet, geschröpft
Mehl zum Wenden
2 Eier
Semmelbröseln zum Panieren
100 g Mandelblättchen
Olivenöl nativ extra zum Backen
Salz
Zitrone
Blüten und Kräuter
    zum Garnieren

Zubereitung:

Karpfen kräftig salzen, mit Mehl, verquirltem Ei und Mandeln mit Semmelbröseln panieren, in Öl schwimmend auf beiden Seiten langsam goldbraun backen. Den Karpfen auf ein Küchenpapier legen und das Fett abtupfen. Als Beilagen passen Petersilienerdäpfel, Blatt- und Erdäpfelsalat.

Tipp: Viele Fischsorten wie Zander, Scholle, Forelle und Kabeljau lassen sich nach diesem Rezept zubereiten.

Bio-Saibling mit Petersilerdäpfel, Mayo-Dip & gemischtem Salat

Ein Rezept von Manfred Bläuel, Mani-Olivenöl in Wien

Zutaten:

1 Bio-Saibling
½ kg Erdäpfel (Kartoffeln)
1 Blattsalat
½ kg Paradeiser (Tomaten)
Bio-Oliven entkernt, grün
und schwarz
Bio-Kapern
Knoblauch
Bio-Limonenolivenöl
Olivenöl nativ extra
Bio-Balsamico-Essig
1 Zitrone
Petersilie
2 Eidotter
Senf
Salz
Pfeffer

Zubereitung:

Die Erdäpfel kochen.

Für den Salat die Tomaten in Würfel schneiden, Oliven und Knoblauch fein hacken, mit Limonenolivenöl und Balsamico-Essig vermischen, salzen und pfeffern.

Für den Mayo-Dip Dotter in eine Schüssel geben und Olivenöl unter Rühren mit einem Mixer tröpfchenweise einrühren. Salz Pfeffer, Senf und gehackte Kapern untermischen.

Bio-Saibling waschen, trockentupfen, mit Zitrone beträufeln, salzen und pfeffern.

Knoblauch, Petersilie und Kapern fein hacken, den Fisch damit befüllen und in Olivenöl braten.

In der gleichen Pfanne die gekochten und geschälten Erdäpfeln kurz anbraten und in gehackter Petersilie rollen.

Warm marinierte Spaghettini mit eingelegten Gemüsen und Sardinen

Ein Rezept zur Verfügung gestellt von *Kochende Leidenschaft,* Manuela Ferling, Bad Oeynhausen

Zutaten:

160 g gekochte Spaghettini
1 Paprika rot (geschält, entkernt, gesechstelt)
1 Paprika gelb (geschält, entkernt, gesechstelt)
6 Poweraden, geputzt (Mini-Artischocken)
6 kleine Tomaten (geschält)
1 grüne Zucchini (in 1 cm dicke Scheiben geschnitten)
Salz
Pfeffer
0,1 l Olivenöl nativ extra
Knoblauch
Thymian
Rosmarin
4 Sardinen
Salz, Pfeffer
Zitrone
1 EL Pinienkerne
0,05 l Tomatensaft
50 g Ruccolasalat
1 EL Salatdressing

Zubereitung:

Die Poweraden in einer heißen Pfanne mit etwas Öl anbraten. Mit dem restlichen Öl auffüllen, die anderen Gemüse, die Kräuter und den Knoblauch zugeben, mit Salz und Pfeffer würzen und bei 80 °C ca. 40 Minuten ziehen lassen.

Die Sardinen waschen, putzen und in einer Pfanne in Olivenöl braten. Die Pinienkerne zugeben und leicht mitbraten. Die Sardinen herausnehmen und warm stellen.

Die Spaghettini und den Tomatensaft dazugeben und abschmecken.

Die Spaghettini nun in vier tiefe Teller verteilen, das eingelegte Gemüse und die gebratenen Sardinen darauf anrichten.

Den Ruccola mit dem Salatdressing marinieren und als Garnitur auf die Teller geben.

Thunfischrillette

Ein Rezept
zur Verfügung gestellt
von *Kochende Leidenschaft,*
Manuela Ferling,
Bad Oeynhausen

Zutaten:

500 g Thunfischfilet
1 dl Fischfond
1 dl Olivenöl nativ extra
Zitronenzeste
1 Lorbeerblatt
1 Pimentkorn
2 Pfefferkörner
Salz

Zubereitung:

Das Thunfischfilet in Würfel schneiden, in Olivenöl anbraten, mit dem Fischfond und etwas Weißwein ablöschen. Die Gewürze und Zitronenzeste zugeben, gut durchkochen lassen, mit dem restlichen Olivenöl aufrühren, in Weckgläser füllen und kalt stellen.
Eine halbe Stunde vor dem Verzehr aus dem Kühlschrank holen.

Garides Jouvetsi – überbackene Garnelen

Ein traditionelles griechisches Rezept

Zutaten:

1 kg mittelgroße Garnelen
1 mittelgroße Zwiebel
400 g Tomaten
4 Lauchzwiebeln
2 Knoblauchzehen
125 g Schafkäse
150 ml trockener Weißwein
2 TL klein geschnittene Petersilie
1 TL Oregano
150 ml Olivenöl nativ extra
Salz
Pfeffer

Zubereitung:

Garnelen säubern, peelen, Köpfe entfernen, waschen, abtrocknen.

Zwiebel, Lauchzwiebeln und Tomaten häuten und klein schneiden. Den Schafkäse reiben.

Olivenöl in einer Pfanne erhitzen und Zwiebel in einem großen Topf glasig braten. Lauchzwiebeln und Knoblauch dazugeben und ca. 3 Minuten weiterbraten. Tomaten, Wein, Petersilie, Oregano dazufügen. Salzen und pfeffern.

Bei geschlossenem Deckel ca. 30 Minuten auf kleiner Flamme kochen – bis Flüssigkeit eingedickt ist.

Die Hälfte der fertigen Sauce in eine feuerfeste Form gießen. Garnelen hinzufügen und den Rest der Sauce übergießen. Mit dem zerbröselten Schafkäse bedecken.

Im vorgeheizten Backofen bei 220 °C 10–15 Minuten überbacken, bis der Käse zerlaufen ist.

Fleisch & Geflügel

Fleischlaberl

Ein Rezept von Christine Saahs
(Nikolaihof, Mautern in der Wachau)

Zutaten:

500 g faschiertes (gehacktes) Rind-
   und Schweinefleisch gemischt
2–3 alte Semmeln oder Weißbrot
1 mittlere Zwiebel
1 EL Olivenöl nativ extra
Salz
Pfeffer
Majoran
Petersilie
2 Knoblauchzehen zerdrückt
1 Ei
2 EL sehr kaltes Wasser
Semmelbröseln nach Bedarf
Olivenöl nativ extra oder
   Butterschmalz zum Braten

Zubereitung:

Alte Semmeln in kaltem Wasser eine Stunde einweichen, herausnehmen, ausdrücken und mit dem Stabmixer pürieren oder mit der Hand zerdrücken.

Zwiebel fein schneiden, in Olivenöl glasig anrösten, den zerdrückten Knoblauch und die gehackte Petersilie dazugeben und einmal durchrösten, vom Herd nehmen und auskühlen lassen.

In die feine Semmelmasse das Faschierte, Wasser, Zwiebelmasse, Ei, Salz und Pfeffer geben und gut durchmischen. Mit den Händen kleine Laibchen formen und in Semmelbröseln wenden. In einer beschichteten Pfanne etwas Olivenöl erhitzen und die Laibchen auf beiden Seiten braun braten.

Tipp: Die Masse nur kurz durchkneten, da die Laibchen sonst hart und zäh werden.

Bläuel | Gasser

Olivenöl Gesunder Genuss

Schweinsfilet in Rucolasoße

Ein Rezept von Christine Saahs (Nikolaihof, Mautern in der Wachau)

Zutaten:

500 g Erdäpfel/Kartoffeln
150 g Schnittkäse gerieben
50 g Parmesan, gerieben
2 Eier
600 g Schweinsfilet
Olivenöl nativ extra zum Braten
Salz

Für die Soße:

1 mittlere Zwiebel
2 EL Olivenöl nativ extra
200 g Rucola
300 ml Rindsuppe
Salz
Pfeffer aus der Mühle
100 ml Schlagobers (Schlagsahne)

Zubereitung:

Erdäpfel kochen, schälen und noch heiß durch die Erdäpfelpresse drücken. Überkühlt mit Käse und Eiern vermengen. Filet in gleich große Stücke schneiden und salzen. Die Erdäpfelmasse rundherum fest andrücken. Medaillons in heißem Olivenöl auf beiden Seiten bei geringer Hitze knusprig braten.

Für die Soße die Zwiebel feinwürfelig schneiden und in Öl glasig rösten, den gewaschenen und geputzten Rucola beifügen, mit Suppe aufgießen, kurz aufkochen lassen und mit dem Stabmixer fein pürieren. Salzen, pfeffern und mit Obers verfeinern.

Tipp: Man kann auch Hühner- oder Putenbrust, Wild oder andere Filetstücke verwenden. Für Vegetarier kann man die Erdäpfelmasse auch mit Kräutern, gedünstetem Gemüse und/oder gut gewürztem Tofu und Käse füllen.

Kalbsgulasch

Ein Rezept von Christine Saahs
(Nikolaihof, Mautern in der Wachau)

Zutaten:

1 kg ausgelöste Kalbsstelze (Kalbsvögerl) oder
Kalbsschulter
4 EL Olivenöl nativ extra
3 große Zwiebeln, fein geschnitten
1½ EL Paprikapulver, edelsüß
½ l Gemüsebrühe oder Wasser
1/8 l Sauerrahm (saure Sahne)
2 EL Mehl
1 Zitrone
Salz
Pfeffer aus der Mühle
etwas Kümmel, fein gehackt
Majoran
1 Spritzer Essig

Zubereitung:

Olivenöl in einem Topf erhitzen, Zwiebeln darin glasig rösten, Paprikapulver dazugeben, einmal durchrühren und sofort mit kaltem Gemüsesud und einem Spritzer Essig aufgießen. Das in 3 bis 4 cm große Würfel geschnittene Kalbfleisch, Salz, etwas geriebene Zitronenschale, Zitronensaft, Pfeffer und Kümmel dazugeben und 1½ bis 2 Stunden weich dünsten.

Das weiche Fleisch aus dem Saft nehmen, Sauerrahm mit 2 EL Wasser und Mehl gut versprudeln, in den kochenden Gulaschsaft einrühren, 5 Minuten unter ständigem Rühren köcheln lassen, mixen oder passieren. Das Fleisch in den Saft geben, erwärmen und nochmals abschmecken.

Als Beilage passen Nockerln.

Tipp: Kalbsgulasch kann man bis zu einer Woche sehr gut im Kühlschrank aufbewahren. Es ist auch gut zum Einfrieren geeignet.

Bläuel | Gasser | Wohlfahrt

Olivenöl Gesunder Genuss

Entenbrust mit Mais-Curry-Risotto

Ein Rezept zur Verfügung gestellt von *Kochende Leidenschaft*, Manuela Ferling, Bad Oeynhausen

Zutaten:

4 Entenbrüste à ca. 160–180 g
1 kleine Dose Mais
2 EL Currypulver
100 g Risottoreis
200 ml Geflügelbrühe
1 Schalotte, geschält und in
   feine Würfel geschnitten
10 g Butter
100 ml Weißweinessig
50 ml Olivenöl nativ extra
1 EL Kürbiskernöl
2 EL Honig
Salz
Pfeffer

Zubereitung:

Risotto:

Die Schalotte in Butter anschwitzen, den Reis zugeben und glasig werden lassen. 1 EL Currypulver, etwas Salz und Pfeffer zugeben, mit der Brühe auffüllen und aufkochen lassen. Mit einem Deckel schließen und von der Herdplatte ziehen. Nach ca. 20–25 Minuten ist das Risotto fertig, dann den abgetropften Mais zugeben, mit Salz und Pfeffer nachschmecken und gut durchrühren.

Vinaigrette:

Den Weißweinessig mit Honig und 1 EL Currypulver erhitzen, einmal aufkochen lassen, in einen Messbecher schütten, das Öl langsam reinlaufen lassen und mit einem Stabmixer hochziehen (d.h. während des Mixens das Öl zugeben). Mit Salz und Pfeffer abschmecken.

Entenbrüste:

Die Entenbrüste auf der Fettseite einritzen, mit Salz und Pfeffer würzen. In einer Pfanne mit Öl auf der Hautseite knusprig anbraten, dann wenden. Nach ca. 2 Minuten auf einem Blech in den vorgeheizten Backofen bei 150 °C 5–7 Minuten ziehen lassen, zwischendurch wenden.

Anrichten:

Risotto mittig mit Hilfe eines Ausstechers anrichten, die Vinaigrette darumgeben, die Entenbrust aufschneiden und auf dem Risotto anrichten.

Tipp: Die Entenbrust vor dem Aufschneiden eine Minute ruhen lassen, so verliert sie nicht ihren Fleischsaft.

Lamm-Stifado

Ein traditionelles
griechisches Rezept

Zutaten:

1 kg Lamm mit Knochen
1 kg sehr kleine Zwiebeln
1 kg frische Tomaten
250 ml Olivenöl nativ extra
100 ml Balsamico-Essig
5–6 Knoblauchzehen
1 Rosmarinzweig
2 Lorbeerblätter
½ TL Zimt
5–10 ganze Pfefferkörner
Salz

Zubereitung:

Das Lammfleisch in Stücke schneiden. In Olivenöl von allen Seiten kross anbraten. Beiseite stellen.

Tomaten waschen, enthäuten, in Stücke schneiden.

Tomaten, Lammstücke, ganze Knoblauchzehen, Lorbeerblätter, Rosmarinzweig in den Topf geben. Zimt dazugeben, 5–10 Pfefferkörner (je nach Vorliebe) und salzen. Topf mit Wasser auffüllen, bis Fleischstücke ganz mit Wasser bedeckt sind.

Auf mittlerer Stufe eine Stunde kochen.

Zwiebel schälen. Im Ganzen in den Topf dazugeben. Ca. ½ Stunde (bis 45 Minuten) weiterkochen.

Dieses köstliche Gericht ist fertig, wenn die Zwiebeln soft gekocht sind und die Soße eingedickt ist.

Das Lamm-Stifado schmeckt am besten mit Reis oder Brot.

Eine Reise in die Mani

Eine Reise in die Mani

Griechenland ist überall ein fesselndes, sich lohnendes Ziel. Es gibt kaum einen Felsen, einen Fluss ohne seine Schlacht, seinen Mythos, sein Wunder, seine ländliche Anekdote, seinen Aberglauben, und Erzählung und Geschehnis, fast immer seltsam oder denkwürdig, verdichten sich mit jedem Schritt, den der Wanderer tut.

Patrick Leigh Fermor (1915–2011)

Auf der Suche nach dem besten Olivenöl der Welt

In vielen Büchern über Olivenöl steht, wenn es um die Herkunftsländer geht, Italien als „Star" im Mittelpunkt der Betrachtungen. Wahrscheinlich auch deshalb, weil die meisten Öle in unseren Fachgeschäften und Supermärkten eben aus Italien kommen beziehungsweise dort abgefüllt werden. Spanien darf eine Nebenrolle spielen, aber Griechenland muss meist mit der Rolle eines Statisten vorlieb nehmen. Zu Unrecht, denn im „kleinen" Griechenland wachsen mehr Olivenbäume als im „großen" Italien. Das Land der Hellenen ist nicht nur historisch für die Olivenkultur von größter Bedeutung, sondern bringt heute einige der qualitativ besten Öle auf den Markt, allerdings mit weniger Trommelwirbel.

Wir wollen daher in diesem Teil des Buches Griechenland deutlicher ins Rampenlicht rücken, und da wieder ein ganz bestimmtes Olivenanbaugebiet. Am Beispiel der Mani, deren eigenwillige

Bewohner mit dem Lebenselexier Olivenöl seit jeher verbunden sind, möchten wir die enge Verflechtung des Olivenanbaus mit der Geschichte und der gesellschaftlichen Situation der Menschen beleuchten – bis hin zu jenem ambitionierten Olivenölprojekt unserer Tage, welches zeigt, dass qualitativ erstklassiges Öl unter ökologisch und sozial verträglichen Bedingungen unter Aufrechterhaltung kleinräumiger, bäuerlicher Strukturen erzeugt werden kann als Gegenentwurf zu den die Umwelt belastenden und die natürliche Vielfalt zerstörenden Monokulturen.

Oliven, Feigen, Wehrtürme und Piraten

Die Mani. Diesen Namen suchen Sie vergeblich auf einer zeitgenössischen Landkarte Griechenlands. Mani ist der traditionelle Name dieser Region. Damit meinen die Griechen jene Region, die von der Bucht um Kalamata bis zum Kap Matepan am Südzipfel des mittleren Fingers der Halbinsel Peloponnes reicht. Gegen Westen und Norden zu ist sie vom Gebirgszug des Taygetos abgeschirmt. Man unterscheidet die südlich von Kalamata bis nördlich von Areopolis gelegene äußere Mani (Exo Mani) von der inneren (Mesa Mani): von Areopolis über Githeon bis zum Kap Matepan. Die äußere Mani steht für die besseren Verhältnisse; hier ist das Taygetosgebirge höher, in den Gebirgskämmen hängengebliebene Wolken bescheren etwas mehr Niederschläge. Die innere Mani ist noch steiniger, noch heißer, noch archaischer. Die einzige Nutzpflanze, die hier noch gedeiht, ist der Olivenbaum. Die Wehrtürme sind hier höher und martialischer, die Olivenbäume kleiner und ihr Laub glänzender, und die Heiligen auf den Ikonen der Kirchen lächeln nicht.

Zum Ursprung des Namens „Mani" gibt es mehrere Annahmen. Die Landschaft soll nach der Burg Maina, einem byzantinischen Herrschaftszentrum, benannt worden sein, andere leiten den Namen vom altgriechischen manomai (= rasen) her; wahrscheinlich berufen sie sich dabei auf den kriegerischen Charakter der Bewohner.

Heute ist die Mani in die Verwaltungsbezirke Messenien und Lakonien geteilt, die Hauptstädte sind Kalamata und Sparta. Kalamata hat 60.000 Einwohner und ist wichtigster Umschlaghafen für landwirtschaftliche Erzeugnisse. Durch seine Oliven (Elies Kalamon) und Feigen hat Kalamata Berühmtheit erlangt. Hier, im Mutterland der Olive, gedeiht der Kalamatabaum. Er ist unverwechselbar wie die Früchte, die er hervorbringt: dunkelviolette Oliven, oval geformt und an einer Seite spitz zulaufend wie Mandeln, salzig-süß, sind diese Delikatessen der Gipfel einer fünftausendjährigen Olivenverehrung durch die Griechen.

Wenn die Landschaft der Mani als einzigartig bezeichnet werden kann, gilt das erst recht für ihre Bewohner, die Manioten. Einer der ersten schriftlichen Berichte über Land und Leute stammt vom byzantinischen Kaiser Konstantinos Porphyrogennetos (813–859), der in einer geographischen Beschreibung seines – Griechenland einschließenden – Reiches über die Manioten notierte: „Der Ort, an dem sie leben, hat kein Wasser und ist uneinnehmbar, hat aber Olivenbäume, die ihnen Trost spenden."

Carl Haller von Hallerstein (Zeichnung von Otto Magnus von Stackelberg)

Tausend Jahre später schien sich die Eigenart der Bewohner nicht geändert zu haben. Der Baumeister und Archäologe Carl Freiherr Haller von Hallerstein (1774–1817) schrieb 1814 über die Mani: „Dieses Land hat noch seine Freiheit erhalten, es wird in Hauptmannschaften eingeteilt, die unter einem Bey stehen, den sie sich selbst wählen. Sie sind tapfere Leute und haben bis jetzt die Türken, die häufige Anfälle auf sie machten, von ihrer Grenze immer zurückgeschlagen. Sie haben eine gewaltige Vorneigung zur Seeräuberei, und jene Hauptleute machen selbst die Obersten der Piraten. Schon in den alten Zeiten war diese Gegend wegen der Seeräuberei sehr verschrien, und es ging das Sprichwort, dass wer um dieses Cap segeln will, muss sein Liebstes, was er auf der Welt hat, vergessen …"

Noch zu Beginn der 1950er Jahre vermerkte der britische Schriftsteller Patrick Fermor: „In den übrigen Teilen des Landes ist nur sehr wenig über diese entlegene Provinz bekannt, aber bei dem Namen Mani denkt jeder Grieche doch sofort an vielerlei; an die Sitte der Blutrache, an Klagelieder, an Petrobey Mavromichalis, den Führer der Manioten im griechischen Unabhängigkeitskrieg, und an den Umstand, dass Mani zusammen mit den Sfakischen Bergen Kretas […] das einzige Gebiet Griechenlands war, das den Türken seine Freiheit abrang und eine stets gefährdete Unabhängigkeit bewahrte."

Als Fermor auf die Peloponnes kam, erkundigte er sich bei den Einheimischen über die beste Möglichkeit, das Taygetosgebirge zu überqueren, und verriet damit sein Reiseziel. Mit wenig schmeichelhaften Hinweisen auf den Charakter der Manioten wurde ihm dringend von der Reise abgeraten: „Nach Mani […] Was wir denn dort wollten. Das war doch eine ganz üble

Gesellschaft da unten, wilde, verräterische Gesellen, Messerstecher – machairivgaltes! – und sie schossen einen hinter Felsen verborgen meuchlings nieder."

In den frühen 1950er Jahren waren Land und Leute dem Jahr 1850 wohl noch näher als dem Jahr 2000. In Kampos, einem Vorort Kalamatas, genoss der Engländer die Gastfreundschaft eines Mannes, der aus der inneren Mani stammte und *„sich in den Krallen einer akuten Melancholie"* befand. Er hatte unstillbares Heimweh, und von der inneren Mani, heutzutage in einer Autostunde erreichbar, sprach er *„wie von einem ersehnten, unerreichbaren Kanaan"*, schreibt Fermor in seinem Reisebericht. *„Wir sind ja hier noch nicht im richtigen Mani"*, erklärte ihm der Grieche: *„Wir nennen das hier das Exo Mani, die äußere Mani. Sie müssen warten, bis Sie ins innere Mani kommen, ins Mesa Mani, südlich von Areopolis. Erst da wohnen die richtigen Manioten. Die sind ein ganz anderer Menschenschlag. Ehrlich, groß, gutaussehend, gastlich, patriotisch, intelligent, bescheiden."* – Fermor fragte den Griechen: *„Dann stammen Sie also nicht von Kampos?"* – *„Gott behüte!"*, war die Antwort. *„Wo kommen Sie denn her?"* – *„Aus der inneren Mani!"*

Am Mythos der Gegend und seiner Bewohner wirkte auch der maniotische Volksdichter Nikitas Niphakos mit, als er seine Heimat beschrieb: *„Ein großer Berg steht auf der Morea, in der Gegend von Lakonien. Die Spartaner nannten ihn Taygetos, und bei den Manioten hieß er der*

Porto Kaigo

Ferne Elias. Andere, kleinere Berge liegen zwischen ihm und dem Kap Matepan. Zu diesen Bergen flohen die alten Spartaner, die gleichen Menschen, die heute als die Manioten bekannt sind. Um ihr Leben und ihre Freiheit zu retten, bauten sie Dörfer und Festungen in den Bergen. Es war nicht ihre Natur, Sklaven zu sein, sondern als freie Männer zu leben. Sie waren keine Maultiere. Die armen Burschen waren echte Spartaner, frei geboren und wohl geübt im Kampf. Deshalb bauten sie Weiler und Zufluchtsstätten in den Bergen, und dort leben sie in Freiheit bis zum heutigen Tag."

Und tatsächlich charakterisierte der griechische Historiker Pavlos Tzermias erst vor wenigen Jahren jenen Teil seines Landes so: „*Mani (Maina), die mittlere der drei südlichen Halbinseln der Peloponnes, war nicht zufällig Refugium freiheitsliebender Griechen in der Türkenzeit. Diese heute noch trotz aller touristischen ‚Erschließung‘ etwas verkehrsfernere Gegend ist ein den Taygetos fortsetzendes, felsiges, bis zu 1400 m hohes Kalkbergland mit eindrücklichen Denkmälern einer bewegten und wechselvollen Vergangenheit: Bedeutende mittelbyzantinische Kirchen, fränkische Festungen (Kastra) [...] und die berühmten Pyrgi, die Geschlechtertürme, gehören zur Atmosphäre dieses Hortes alter, oft grausam anmutender Mannhaftigkeit. Mani war geradezu prädestiniert, in der Epanastasi Tu Ikosiena (der griechischen Revolution) eine wichtige Rolle zu spielen. George Wheler nannte schon im 17. Jahrhundert in einem Reisebericht die Maniaten (Maniates) ‚Piraten‘ auf dem Meer und ‚Banditen‘ auf dem Festland. In diesem Sinne ist die Mani nicht nur ein Beispiel für das gebirgig festländische Griechenland, sondern auch für die gegenseitige Verflechtung von Land und Meer.*"

Ein unbeugsames Volk

Schon Homer erwähnte in der Ilias die in der Mani gelegenen Städte Làs, das heutige Passavà, Oìtylos, heute Itylon, und Mèsse (Mèzaros). Sie stellten Truppenkontingente für den Trojanischen Krieg, und auf Kranai, einer Insel in der Bucht von Githeon, sollen Paris und Helena ihre Hochzeitsnacht verbracht haben. In der klassischen Zeit war die Geschichte der Mani praktisch identisch mit der Spartas. Ab dem Ende des 3. vorchristlichen Jahrhunderts beschritten die Manioten einen historischen Sonderweg, der sie bis in das späte 19. Jahrhundert führte.

Er begann mit der Republik der Lakonier, die von geflüchteten Spartanern zusammen mit den auf der Halbinsel ansässigen Lakoniern gegründet wurde. Innerhalb des Römischen und des

Byzantinischen Reiches konnten sie sich ein gewisses Maß an Selbstständigkeit bewahren. So nahmen die Manioten das Christentum sehr spät an; am Ende des 9. Jahrhunderts. Damit waren sie die letzten Griechen, die ihre alte Religion aufgaben. Dies ist, sieht man von den Basken ab, einzigartig in Europa und umso bemerkenswerter, als die Mani, damals zumindest formal, zum byzantinischen Kaiserreich gehörte, einem Imperium von außerordentlich effizienter Organisation und Verwaltung, welches das Christentum schon im 4. Jahrhundert zur Staatsreligion erklärt hatte. Heidnische Bräuche haben sich in der Kultur der Mani bis zum heutigen Tag erhalten.

Ruinen von Sparta

Für viele Menschen war die Mani wegen ihrer Abgeschiedenheit das ideale Refugium. Von den Wirren der Völkerwanderung im 4. nachchristlichen Jahrhundert bis zur osmanischen Herrschaft, also mehr als tausend Jahre hindurch, suchten Flüchtlinge in dieser Gegend eine neue Heimat. Trotzdem dominiert das konservative Element die Geschichte der Mani, und Traditionen stifteten mehr als alles andere die regionale Identität. So prägen bis heute die Wehr- oder Geschlechtertürme, die berühmten Pyrgi, das Erscheinungsbild der Mani, besonders der inneren. Diese Türme wurden im späten Mittelalter, im Zuge bürgerkriegsähnlicher Auseinandersetzungen, erbaut. Einzelne Familien verschanzten sich hinter dicken Mauern und Dächern aus Steinplatten. Die Position der Häuser und die Höhe ihrer Türme waren von entscheidender strategischer Bedeutung: Die Bewohner mussten in der Lage sein, die Häuser der Konkurrenten zu zerstören, indem sie sie von oben mit Felsbrocken bewarfen und ihre Marmordächer zerschlugen. Um nicht ins Hintertreffen zu geraten, verschrieben sich die maniotischen Clans einer fieberhaften Bautätigkeit. Während eines Waffenstillstands erhöhte man die Türme, um sich für die Zeit danach einen taktischen Vorteil zu verschaffen. Dies forderte aber die Nachbarn zu weiteren Stockwerken heraus; die Höhe des Turmes wurde zum Prestige, sie symbolisierte kriegerische Tüchtigkeit und zeigte das Ansehen der Familie an. Auf die Ähnlichkeit mit italienischen Städten wie San Giminiano, Tarquinia und Bologna wird in der Literatur oft hingewiesen (z.B. Fermor); im Sold Venedigs stehende Manioten wären von diesen Städten

Typischer Wehrturm in Kardamili

zu dieser Bauweise inspiriert worden, und diese Türme hätten auch strategische Vorteile im Kampf gegen äußere Feinde wie Piraten und Osmanen geboten.

Diese ständige „Aufrüstung", die eine enorme Nachfrage nach Bargeld für Baustoffe, Brennholz und Waffen bewirkte, dürfte auch eine der Ursachen für die vielfach erwähnte Piraterie der Manioten gewesen sein, obwohl sie manchmal auch aus „guten", patriotischen Gründen betrieben wurde.

Die Türken, die Griechenland im 15. Jahrhundert unterworfen hatten, konnten die Mani nie gänzlich erobern, um sich ihre Bewohner gefügig zu machen, und darauf sind diese auch heute noch stolz. 1669, nach der Eroberung Kretas durch die Türken, kamen kretische Flüchtlinge und besiedelten das Hochland. Die Türken versuchten, mit einem geschickten politischen Schachzug diesen gefährlichen Unruheherd in den Griff zu bekommen, indem sie einen einflussreichen Clanchef zum Bey über die Mani ernannten.

Der letzte Bey der Mani, Petrobey Mavromichalis (1765–1848) aus Tsimimova (Areopolis), verfügte über staatsmännische Qualitäten. Er versöhnte die bisher rivalisierenden Clans und mobilisierte sie gegen die osmanische Herrschaft. Am 17. März 1821 fand ein Treffen der Clanchefs auf der Platia von Tsimova statt. Zur selben Zeit, zwischen 6. Jänner und 20. März, war der Klephtenkapetan Theodoros Koloktronis Gast bei Panagotis Mourtzinos, dem mächtigsten Clanchef der äußeren Mani, in dessen Festung in Kardamili. Gemeinsam mit den Klephten (Klephte heißt wörtlich zwar Dieb, aber je nachdem wie man die Sache betrachtete, kann es auch Freiheitskämpfer bedeuten) stürmten die vereinten Clans am 23. März die türkische Garnison von Kalamata; der berühmte Aufruf zum Aufstand, den Erzbischof Germanos von Patras (1771–1826) unter der Platane des Klosters Avra Lava verkündete, erfolgte erst am 25. März und ist heute noch ein griechischer Nationalfeiertag.

Aber schon während der ersten Regierung des neuen, unabhängigen griechischen Staates traten Konflikte zutage. Die selbstbewussten Manioten wollten sich nicht der Gewalt des Staates beugen, für dessen Zustandekommen sie so engagiert gekämpft hatten; keine andere griechische Region wollte schlechter in den modernen Staat passen, den Griechenlands Herrscher aufzurichten im Begriffe waren.

Im Durcheinander der widerstrebenden Interessen und Ideologien, das der Befreiung folgte, erhob sich die Bevölkerung gegen die neue Zentralgewalt. Auch dem etwas später von den europäischen Großmächten als griechischen König eingesetzten Otto von Wittelsbach (1815–1867) und seinen bayrischen Soldaten bereiteten die Manioten laufend große Schwierigkeiten. Ein bayrisches Regiment marschierte in der Mani ein, mit dem Befehl, die Türme zu besetzen und zu zerstören. Doch die heimische Bevölkerung sah sich als Hüter einer typisch maniotischen Tradition und ihre Türme als Symbole für regionalen Widerstand und Eigenständigkeit. Die Expedition endete in einem Fiasko für die Bayern. Die landfremden Soldaten wurden von den guerillaerprobten Dörflern vernichtend geschlagen.

Obwohl die Auseinandersetzung mit einem Sieg der Manioten endete, konnten sie sich nicht auf Dauer dem schleichenden Gang der Modernisierung entziehen. Nun setzte ein Prozess der Pazifizierung und Demokratisierung ein; die Mani erlebte ihre bescheidene Gründerzeit. Die Kluft zwischen den einzelnen Clans wurde kleiner, und allmählich fand sich die Bevölkerung mit dem Status quo ab. Als eine militärische Revolution König Otto zwang, dem Volk 1843 eine Verfassung zu gewähren, erlebte Griechenland ein Jahr später die ersten allgemeinen Wahlen seiner langen Geschichte. „So burlesk und turbulent es dabei auch zuging – und nirgendwo so schlimm wie in Mani –, dies war zugleich das Grabesgeläut der alten Ordnung und das erste unbeholfene Krähen und Strampeln des modernen, parlamentarischen Griechenland", schrieb Patrick Fermor.

Petrobey Mavromichalis
(Lithographie von
Karl Krazeisen)

Blutrache und Ölgeschichten

Die mythische und „heldenhafte" Mani inspirierte Nikos Katzantzakis (1883–1957) zu seinem Roman *Alexis Sorbas.* 1917 verweilte der griechische Nationaldichter in der Abgeschiedenheit dieser Landschaft und betrieb zusammen mit dem mazedonischen Bergarbeiter Giorgis Sorbas ein Kohlebergwerk in der Bucht von Prastova. Der Roman erzählt auch, wie eine schöne junge Witwe der grausamen Rache der Dorfbewohner zum Opfer fällt, nachdem sich ein von ihr verschmähter junger Mann im Meer ertränkt hatte.

Das von Katzantzakis übernommene Motiv der Blutrache zieht sich konsequent durch die lange Geschichte der Mani. Das fürchterliche Gesetz der Mani – so lautet auch der Titel einer Erzählung des griechischen Schriftstellers Stratis Myrivilis (1890–1969), in der er einige Vorfälle, die sich noch im 20. Jahrhundert zugetragen haben, schildert –, die Blutfehde, bewirkte, dass die Kämpfe einzelner Familien sich oft über Generationen hinzogen. Häufige Anlässe für eine Vendetta waren beleidigendes Verhalten, die Verletzung der *philotimo*, der Frauenehre, die Entführung einer Braut, Viehdiebstähle und ähnliche Vergehen. Der eigentliche Grund, warum manche Familien in einen Teufelskreis von Vergehen und Vergeltung gerieten, war die moralische Verpflichtung der männlichen Familienmitglieder, den Tod eines Angehörigen durch den Tod eines Angehörigen der gegnerischen Familie zu rächen, „das Blut zurückzuerhalten", nicht unbedingt das des Schuldigen, sondern irgendeines Familienmitgliedes, vorzugsweise das des Besten des gegnerischen Clans, da die ganze Sippe für ein Vergehen haftete.

So häufig und blutig die vom „fürchterlichen Gesetz der Mani" bestimmten Auseinandersetzungen zwischen den maniotischen Familienclans auch waren, gab es doch Phasen, in denen die Feindseligkeiten ruhten: während der Zeit des Pflügens, der Aussaat, des Erntens und Dreschens, im Winter während der Olivenlese und des Ölpressens. Der beste ausländische Manikenner, der Engländer Patrick Fermor, schreibt dazu: „*Die feindlichen Parteien schwangen dann, oft nur durch einen Feldrain getrennt, die Sichel oder klopften mit langen Stangen die Oliven von den Bäumen.*"

Arbeits- und Lebensweise, Gebräuche, archaische Religiosität, Klagelieder und Todesriten, Aberglaube und Blutrache waren Dinge, die den „zivilisierten" Europäer befremdeten und Georg Ludwig von Maurer (1790–1872), Mitglied der ersten Regierung des freien Griechenlands, zu der Bemerkung veranlassten, die Manioten wären *„das einzige Volk in Europa, welches mittelalterliches Wesen und mittelalterliche Sitte ganz unversehrt bis in unsere Tage gebracht hätte"*.

Neben der Kunst, Klagelieder zu dichten und vorzutragen, wird bei weniger traurigen Anlässen auch das Geschichtenerzählen gepflegt, um der Geselligkeit willen zumeist im Kefenion – dem Kaffeehaus – oder auf Steinbänken vor Hauseingängen. Da der Olivenanbau Zentrum des maniotischen Landlebens ist und das Olivenöl zu verschiedensten Zwecken wie dem Brotbacken und dem Seifenkochen verwendet wird – drehen sich viele Geschichten um das Thema Öl, wie etwa folgende:

Die Yiayia, die Großmutter, hatte vor 50 Jahren einen Esel, ein außerordentliches Tier, schön und klug, sie nannte ihn deswegen Apollo. Er leistete ihr treue Dienste, trug die Olivensäcke zur Ölmühle, brachte die leer gepflückten Zweige zur Ziegenherde und war ein geduldiges Reittier, das so gut wie nie bockte. Das Einzige, was ihn aus der Ruhe brachte, waren die Stechmücken. Wenn sie ihm zusetzten, schrie er so laut und so erbärmlich, dass man ihn im Dorf unten noch hören konnte und sein Geschrei für vergebliches Liebeswerben hielt. Eines Tages hielt die Yiayia ein Fass Olivenöl vor dem Haustor für einen Kunden bereit. Sie war gerade in der Küche beschäftigt, da hörte sie wollüstige Eselschreie. Sie lief hinaus und traute ihren Augen nicht. Apollo hatte das Fass umgestoßen, das ganze Öl war ausgeronnen, und der Esel wälzte sich vor Freude stöhnend im goldenen Öl der Mani. Nachdem sich die Yiayia beruhigt hatte, bemerkte sie, dass die Stechmücken nunmehr sie umschwirrten, nicht aber das Tier.

Die Moral von der Geschichte: Olivenöl schützt nicht nur Esel vor Stechmücken.

In ganz Griechenland und besonders in der Mani ist man für Magie sehr empfänglich. Man glaubt, fast jeder Mensch habe die Kraft, einem anderen böse Gedanken und Wünsche zu schicken. Viele Griechen tragen ein blaues Auge als Schmuck, es schützt sie vor dem „bösen Blick". Frau Stavroula erzählt gerne, wie sie als junge Frau vor einer Verwünschung gerettet wurde. Ihre Hochzeit stand gerade bevor, sie war jung und hübsch, außerdem hatte sie gerade von einer verstorbenen Tante ein Grundstück geerbt. So viel Glück macht Neider. Deshalb verschweigt man es besser und jammert dafür umso mehr über die Widrigkeiten des Lebens. Das ist der einzig wirksame Schutz gegen den „bösen Blick". Aber Stavroula konnte es sich nicht verkneifen, einer Freundin die Schönheit ihres Hochzeitskleides zu schildern. Gerade als sie ihr die Details beschrieb, verspürte sie in der rechten Hand einen stechenden Schmerz, so stark, dass sie sie gar nicht mehr bewegen konnte. Es war keine Verletzung zu sehen, der Schmerz musste ihr durch den bösen Blick geschickt worden sein. Im Nachbardorf gab es eine alte Frau, die sich in diesen Dingen auskannte. Zu Urania kamen alle, die sich von Verwünschungen verfolgt glaubten. Auch Stavroula beschloss, die Hilfe der Alten in Anspruch zu nehmen, nachdem der Schmerz schon drei Tage lang angehalten hatte. Die alte Frau nahm ein Glas Wasser und hieß Stavroula, konzentriert auf das Wasser zu schauen. Dann gab sie einen Esslöffel Olivenöl hinein und murmelte eine Litanei. Und das Olivenöl senkte sich gegen alle Gesetze der Physik – das spezifische Gewicht des Öles ist viel geringer als das des Wassers – auf den Grund des Glases. Das war der Beweis. Olivenöl als Wahrheitsserum. Nun musste Stavroula innigst die Aufhebung des Fluches herbeiwünschen. Sie starrte in das Glas, die Alte sprach darüber ihre Beschwörungsformeln und das Öl stieg wieder an die Oberfläche. In diesem Moment verschwanden auch die Schmerzen in der Hand.

Der Glücklichste unter den Sterblichen

Es war Anfang der 1950er Jahre, ein Dorf in der inneren Mani, nie schien es hier heißer gewesen zu sein, silbrige Durchblicke durch alte und halb ausgehöhlte Olivenbäume öffneten sich fächerförmig rundherum, und auf jedem Zweig schien eine Zikade zu wetzen und zu schaben. Ein wenig abseits graste ein Esel mit einem hölzernen Sattel auf dem Rücken, einen Strick durch die Stoppeln schleifend.

Der englische Schriftsteller Patrick Fermor, den es in diese damals noch völlig abgeschiedene Gegend verschlagen hatte, und seine Freunde, zwei maniotische Bauern, diskutierten bei ein paar Gläschen Ouzo darüber, wo das beste Olivenöl der Erde zu finden sei. Sie einigten sich auf die äußere Mani. Da fragte der Engländer, woher denn die besten Oliven der äußeren Mani kämen. „*Aus Liasinowo*", antwortete Barba Petro. Natürlich war Liasinowo sein Heimatdorf. Für den Schriftsteller war das kein objektives Urteil, sondern eine glänzende Illustration lokalen Vorurteils, das für die Bewohner der Mani so typisch war. Aber nach vielen Jahren reiflicher Überlegung kam er zu dem Schluss, dass wirklich viel Richtiges, in dem lag, was Barba Petro damals gesagt hat. Allerdings würde er „*den tatsächlich haargenauen Punkt letztgültiger und unübertrefflicher Vorzüglichkeit ein wenig weiter die Küste hinuntersetzen – mehr gegen Kardamily zu, vielleicht*". Ob der Autor etwa Pyrgos-Lefktrou gemeint hat?

Landschaften mit Olivenbäumen, wie sie in der äußeren Mani anzutreffen sind – die Bäume gedeihen hier auf angelegten Terrassen zwischen den Ausläufern des Taygetosgebirges und der Küste –, sind ein beruhigender und erhebender Anblick: Der Wind durchrauscht den Olivenhain und wendet dabei das Laub der Ölbäume, sodass ihr Grün sich in Silber und wieder zurück in Grün verwandelt.

Das milde Klima im Winter, nur selten Temperaturen unter 17 °C, Dauer und Intensität der Sonnenbestrahlung, die Hanglage sowie die Beschaffenheit des Bodens begünstigen das Heranreifen der begehrten Koroneiki-Olive. Diese im Südwestzipfel der Peloponnes autochthone Sorte ist zwar kleiner, aber das Öl, das daraus gewonnen wird, entspricht zu 100 % der Qualitätsklasse *extra nativ*.

Typische Terrassenlandschaft bei Vathia

Die Olivenbäume, klein und nahezu gleich hoch, sollen, so erzählt man, aus der Sahara stammen, als diese, etwa 2000 Jahre v. Chr., noch bewaldet war. Die ganz alten Bäume von 200 bis 400 Jahren erkennt man an der Dicke ihres Stammes und an ihrem knorrigen Aussehen. Sie wurden immer schon nach uraltem Wissen um die Baumgesundheit beschnitten, um sie klein zu halten. Ihre Früchte werden nicht, wie in anderen Gegenden üblich, mit Stöcken heruntergeschlagen, sondern von Hand geerntet, um eine Verletzung der Zweige und Schösslinge zu vermeiden.

Ein Baum bringt im Durchschnitt 2–4 Liter Olivenöl, diejenigen, die Speiseoliven tragen – man erkennt sie an der breiteren Blattform –, erbringen in einem guten Jahr 50–100 Kilo. Heute noch ist der Olivenbaum, der hier bis in 600 Meter Seehöhe wächst, die wichtigste Nutzpflanze. Einige hundert Bäume bescheren einer Familie das Grundeinkommen.

Anfang der 1970er Jahre befürchtete Patrick Fermor, die zweischneidigen Segnungen des Fortschritts und der Massentourismus würden die besten maniotischen Traditionen auslöschen, auch den Olivenanbau; und es wäre nur noch eine Frage der Zeit, bis das über viele Generationen überlieferte Wissen um die Methoden zur Herstellung dieses sagenhaften Öles dem Vergessen anheim fallen würde: „*Wird der Tag kommen, an dem das beste Öl unseres Planeten nicht mehr fließt; an dem der silberne Strick zerreißt, wie es im letzten Kapitel des Ekklesiasten heißt, und die Ölmühlen stillstehen, weil da zu wenige leben, und die Türen zur Gasse sich schließen?*"

Tatsächlich zeigten sich damals alarmierende Symptome, die auf eine Gefährdung der Lebensgrundlage, die seit alters her der Olivenanbau bildete, hindeuteten. Die während des griechischen Bürgerkrieges (1946–1949) einsetzende und bis in die 1970er Jahre anhaltende Abwanderung bedeutete eine jährliche Verminderung qualifizierter Arbeitskräfte, die für die traditionelle Erzeugung von Olivenöl aber unbedingt erforderlich sind.

Der in den 1960er Jahren staatlich forcierte Übergang zu einer modernen Landwirtschaft, die eine übermäßige Verwendung von Kunstdünger förderte und eine Schädlingsbekämpfung vorschrieb, die sich als ökologisch katastrophal herausstellte, trug ebenfalls nicht unwesentlich zu Femors Befürchtungen bei. Dass sie sich nicht erfüllten, dazu hat wohl auch das Bläuel-Projekt beigetragen.

Auf einer kurvenreichen Uferstraße, oberhalb der herrlichen Buchten von Stoupa, gelangt man zu einer Abzweigung, die in die Bergdörfer Neohori, Pyrgos und Saidonia führt. Etwas außerhalb von Pyrgos-Lefktrou befindet sich zwischen alten, grauen Steinhäusern ein schmuckloser Zweckbau mit Fuhrpark. Obwohl dieser Ort nicht gerade wie ein touristisches Ausflugsziel wirkt, kommen Besucher aus aller Welt hierher, die ein gemeinsames Interesse haben: Oliven und Olivenöl. Hier war auch der Olivenölexperte Mort Rosenblum, der die besten und berühmtesten Olivenölproduzenten des ganzen Mittelmeerraumes besucht hatte. Er schrieb über seine Eindrücke: „*Darin befinden sich Tanks aus Edelstahl und Armaturen mit Digitalan-*

zeigen, alles blitzblank und unter einem Spruchband angeordnet, auf dem in deutscher Sprache geschrieben steht: ,Der wichtigste Ölwechsel Ihres Lebens.'"

Die Eigentümer, das österreichische Ehepaar Friedrich und Burgi Bläuel, sind Ende der 1970er Jahre hier heimisch geworden. Sie riefen mit viel Mut und Enthusiasmus gerade zum richtigen Zeitpunkt ein Projekt ins Leben, das Bläuel-Projekt. Anekdoten aus legendärer Gründerzeit berichten von einer ersten Ladung mit extra partheno Koroneiki-Olivenöl, die noch im eigenen Pkw aus der Mani nach Wien gebracht werden musste, dort in Bierflaschen abgefüllt und handverkorkt im Freundeskreis weitergegeben wurde, vom einfachen Leben ohne elektrisches Licht, von einem selbstgebauten batteriebetriebenen Sender als Telefonersatz, und wie Bruder Manfred den Vertrieb in der Heimat zu organisieren begann.

Doch die eigentlichen Probleme lagen woanders. Zwar dauerte es in der Mani etwas länger als anderswo, aber dennoch konnte in den späten 1960er Jahren auch hier eine „ordentliche" chemische Landwirtschaft Fuß fassen. Die Verwendung von Kunstdüngern wurde durch Subventionen gefördert, und die Bauern benutzten mehr davon, als dem Boden unbedingt gut tat. Dazu kam die Schädlingsbekämpfung durch Insektizide und Herbizide. Gemäß einer Verfügung des griechischen Landwirtschaftsministeriums wurden die Olivenhaine systematisch von Hubschraubern und Flugzeugen aus besprüht. Die Folge davon war nicht nur eine Verminderung der Qualität aller landwirtschaftlicher Produkte, sondern auch ein Insektensterben –

besonders Bienen waren davon betroffen – das den natürlichen Kreislauf gefährdete. Bestimmte Vogelarten verschwanden aus der Region, und die Reinheit des Meeres und der Küsten litt unter dem ausgeschwemmten Kunstdünger.

Über viele Jahre hinweg, vom Beginn an bis heute, stellten die Betreiber des Bläuel-Projekts Forschungen an, sammelten Informationen und suchten die Zusammenarbeit mit Universitäten und anderen Forschungseinrichtungen. Ein holländischer Berater, der auf diese Klimazone spezialisiert war,

Familie Bläuel

musste die ersten Jahre engagiert werden, denn in ganz Griechenland gab es noch keinen Agraringenieur für biologischen Anbau. Einige Bauern gingen das Risiko einer Zusammenarbeit ein und stellten Testfelder zur Verfügung. Aber der Weg zum Erfolg war ebenso steinig wie die Landschaft. Manche Bauern distanzierten sich nach kurzer Zeit wieder vom Projekt, manchmal wurden sogar die Testfelder zufällig oder absichtlich von der Luft aus besprüht. Jedes Jahr musste praktisch neu begonnen werden. Aber man sammelte Erfahrungen. In den 1980er Jahren setzte dann allmählich ein Umschwung ein.

Das Wichtigste bei der Produktion von Qualitätsöl, so Firmengründer Fritz Bläuel, besteht darin, das Öl im optimalen Zustand zu erhalten. Ruiniert wird Öl durch Schmutz, Hitze und Licht, deshalb muss man dafür sorgen, dass alle Prozesse schnell und sauber vonstatten gehen. Dies gilt für das Pflücken, den Transport zur Presse, den Pressvorgang selbst und die Lagerung. Deshalb muss alles auf höchste Qualitätsansprüche ausgerichtet sein: Transportmittel, Edelstahltanks, die die Temperatur konstant halten, Filtrieranlagen, ausgestattet mit Filtern aus Baumwolle aus ökologischem Anbau, moderne Abfüllanlagen und minimale Lagerzeiten. Da der wesentliche Unterschied zwischen konventioneller Landwirtschaft und biologischem Landbau in der Düngung und der Art der Schädlingsbekämpfung liegt, mussten in diesen Bereichen Alternativen entwickelt werden. Als besonders umweltfreundlich erwies sich ein Kompostdünger, der aus bei der Olivenernte und -verarbeitung anfallenden Blättern, Zweigen und Ästen vom Baumschnitt sowie Oliventrester und Presswasser besteht. Der Dünger bewirkte, dass sich der Humusgehalt der Böden erhöhte, in manchen Gegenden sogar von unter 1 % bis auf 5 %.

Zur Bekämpfung der Schädlinge, in der Hauptsache Olivenfliegen und Blütenstecher, setzt man ökologisch unbedenkliche Hormonfallen, Leimfallen oder Säckchen mit artspezifischem Lockstoff ein, um Nutzinsekten wie Bienen zu schonen.

Nicht nur die Qualität des so gewonnenen Mani-Öls konnte dadurch weiter gesteigert werden. Der Bioanbau trägt auch zum Schutz der Landschaft am Fuß des Taygetosgebirges bei. Nunmehr kann auf den Einsatz von 2200 Tonnen Kunstdünger und 32 Tonnen Herbizide verzichtet werden. Fünf Quadratmeter biologisch bearbeiteter Boden entsprechen einem Liter Olivenöl. Das erste Dorf in der Mani, das geschlossen auf biologischen Anbau umstellte, war Saidona. In seinen Olivenhainen nisten jetzt wieder verloren geglaubte Vogelarten, die Flora wurde durch Wildblumen und duftende Kräuter bereichert. Die erst 1991 beschlossene EU-Verordnung zum biologischen Landbau wurde somit vor ihrem Inkrafttreten erfüllt. Mit der in

Athen ansässigen Zertifizierungsstelle Bio-Hellas etablierte man ein detailliertes Monitoring- und Kontrollsystem, das gleichzeitig mit der projektinternen Überwachung der Qualitätssicherung eine effektive Kontrolle des Projektes in allen seinen Phasen gewährleistet.

Heute sind die Betreiber dieses Projektes in der glücklichen Lage, Bauern nicht mehr anwerben zu müssen, diese stoßen aus eigener Initiative zum Projekt und werden über Düngung, Baumschnitt, Parasitenkontrolle sowie über die Behandlung der Bäume vor und nach der Ernte von Fachleuten beraten. Gemessen an den ökologischen, wirtschaftlichen und sozialen Auswirkungen auf die Region, ist die Bilanz äußerst erfreulich. Derzeit sind 300 Familien unter Vertrag, das sind 20 Dörfer. Die biologisch bewirtschaftete Anbaufläche beträgt rund 1.500 Hektar. Der Export des Olivenöls trägt zur wirtschaftlichen und sozialen Stabilisierung der Dorfgemeinschaften in der Mani bei. Durch die ökologische Bewirtschaftung ihrer Olivenhaine verfügen die beteiligten Landwirte jetzt über ein gesichertes Einkommen. Die Firma Bläuel ist mit 40 angestellten Mitarbeitern einer der größten Arbeitgeber der Region. Der Trend, in die Städte oder ins Ausland abzuwandern, ist erstmals seit Jahren rückläufig; über 1.000 Menschen blieben in ihren Dörfern. 1997 wurden auch Bauern östlich des Taygetos in das Projekt einbezogen, die neben Bäumen für die Ölgewinnung auch Bäume für Tafeloliven – die berühmten Kalamata-Oliven – in größerer Anzahl kultivieren.

Vor allem die jüngere Bevölkerung hat wieder eine Perspektive. Eine intakte Umwelt ist dem Tourismus förderlich, der zusätzlich Arbeitsplätze und Einkommen verheißt. Da die Ernte und die Verarbeitung der Oliven außerhalb der touristischen Sommersaison ablaufen, lassen sich beide Wirtschaftszweige sinnvoll miteinander verbinden. Die Region erlebt aktuell einen bescheidenen wirtschaftlichen Aufschwung, die Dörfer sind wieder erfüllt von Leben, und eine uralte Kulturlandschaft bleibt erhalten.

Auf der Peloponnes werden die Oliven von November bis Anfang Februar geerntet. In Griechenland gibt es für die Olivenernte zwei Wochen „Ernteferien". Jeder, der will, kann mithelfen. Nachdem sich während der Touristensaison das

Leben ganz auf die Strände und Promenaden der Orte und Städte konzentriert und die Olivenhaine, abgesehen von Bauern, einsamen Wanderern oder verirrten Touristen, unberührt bleiben, füllen sich diese ab November mit Männern, Frauen und Kindern. Schwungvoll werden Planen ausgebreitet, Leitern erheben sich unter den Zweigen, Gestalten gruppieren sich und gruppieren sich wieder um, Männer in Baumkronen schneiden die Äste und rebeln die reifen, violetten Oliven mit einem Handrechen ab, sie recken ihre Arme in die Wipfel, um auch die äußersten Früchte noch zu erreichen. Die Oliven, die auf die Planen herabgefallen sind, türmen sich schon zu Pyramiden. Sie werden eingesammelt, in Jutesäcke verpackt und auf Lastwagen schnellstens in die nächste Ölmühle gebracht.

Ein besonderes, in der Mani ebenso wie im ganzen Mittelmeerraum verbreitetes Ritual ist die Verkostung: Wenn endlich der blassgrüne Strahl des ersten Öls der Presse entströmt, tunkt man ein Stück geröstetes Brot hinein, vermählt so das Kostbare mit dem Köstlichen, isst es schmatzend und fühlt sich als Glücklichster der Sterblichen.

Die Bilanz: ökologisch und nachhaltig

Vor über 35 Jahren begründete die Familie Bläuel nun mit Mani® das erste und damit älteste Bio-Projekt Griechenlands.

Heute produziert sie in Griechenland ein Olivenöl, das ein bis zum letzten Punkt durchdachtes Bio-Produkt ist. Am Ende stehen nicht nur der Genuss beim Verzehr und die positive Wirkung des Öls auf Körper und Gesundheit, sondern auch gezielte, die Landschaft und deren Bewohner schützende Maßnahmen.

Dazu gehört unter anderem der schonende Umgang mit den natürlichen Ressourcen: „Das beginnt damit, dass wir über unsere Dachflächen das Regenwasser sammeln und damit die Hälfte des im Betrieb notwendigen Brauchwassers gewinnen, das dann nicht dem Grundwasser entnommen werden muss – wo doch Wasser in Griechenland so kostbar ist. Gleichzeitig haben wir auf dem Dach der Abfüllanlage eine Photovoltaik-Anlage installiert, mit der wir fast unseren jährlichen Strombedarf decken können."

Durch die alternative Energieerzeugung wird bei der Herstellung von Mani-Oliven-öl schon weniger Kohlendioxid emittiert. Aber Familie Bläuel denkt weiter und kommt ohne künstliche Bewässerung aus, setzt keine chemischen Dünger, Pflanzenschutzmittel oder Unkrautvernichtungsmittel ein und lässt alte Bäume, selbst wenn der Ertrag schon zurückgeht, noch in der natürlichen Umgebung leben.

„Wir wollen mit dem Mani-Projekt keine Monokulturen, wo die Bäume in Reih und Glied stehen. Was die Aufnahme von Kohlendioxid betrifft, ist es völlig egal, ob ein Baum jung oder alt ist. Er setzt einen wichtigen Punkt in der Treibhausgas-Bilanz. Und wenn man sich ausrechnet: Ein Baum braucht oft 100 Jahre, um so viel CO_2 aufzunehmen, wie durch den Arbeitsaufwand beim Fällen eines Baums in die Atmosphäre gelangt."

Die Oliven für das Mani-Olivenöl wachsen auf rund 340.000 Olivenbäumen in den Regionen Messinia und Lakonia. Rund 300 Bauern bewirtschaften 1.500 Hektar Land – was zudem die Abwanderung aus den Anbaugebieten stoppte. Ökologischer Anbau, sozialer Umgang im Miteinander und faire Handelsbeziehungen sind die entscheidenden drei Säulen der Nachhaltigkeit. Sie stellen eine stimmige und konsequente Einheit dar. Insbesondere in einem fairen Umfeld kann der ökologische Anbau die Lebensgrundlage und die Existenz von Bäuerinnen, Bauern und deren Familien nachhaltig sichern. Die Mani-Produkte werden nach dem ganzheitlichen Anspruch der Naturland Fair Richtlinien zertifiziert. Das schließt auch den sozialen Umgang mit Menschen, die im Betrieb arbeiten, mit ein. Soziale Verantwortung ist sowohl in der Erzeugung als auch in der Verarbeitung integrativer Bestandteil der Naturland-Richtlinien und eine elementare Grundlage der Fair-Zertifizierung.

„Fast 40 Prozent der Treibhausgas-Emissionen der Landwirtschaft entstehen durch den Einsatz von Düngemitteln. Da sparen wir also einen weiteren Brocken ein, indem wir 2.200 Tonnen Kunstdünger und 32 Tonnen Herbizide erst gar nicht ausbringen. Für den Transport des Öls haben wir uns auch etwas überlegt: Weil wir das Öl mit Schiffen und der Bahn transportieren, hat Mani-Olivenöl kaum mehr LKW-Kilometer am Produktkonto als ein österreichisches Produkt und nicht einmal die Hälfte einer Ware aus Deutschland."

Aber was nutzt das gesündeste und ökologisch sinnvollste Produkt, wenn es nicht gut schmeckt? *„Guter Geschmack ist das, was Mani-Olivenöl am Ende dieser ausgeklügelten Produktion auszeichnet. Das ist quasi der Dank der Natur, dass man unsere Mühe blind schmeckt."* Und was für die Sportler internationale Wettbewerbe, sind für Ölproduzenten Blindverkostungen durch Fachleute.

Die Anzahl der Goldpokale, die Mani-Olivenöl bei Blindverkostungen gewonnen hat, lässt sogar unsere Skirennläufer vor Neid erblassen: Sieger auf der Bio-Fach, der internationalen Leitmesse für qualitativ hochwertige Bioprodukte in Nürnberg im Februar 2010. Sogar gegen 200 griechische Produzenten gewann Mani-Olivenöl bei einer Blindverkostung beim Olivenöl-Festival im März 2010, dem größten Olivenölwettbewerb Griechenlands in Athen, den Platinum Taste Award für ganz hervorragende Qualität. Dann gab es 2011 gleich zwei Auszeichnungen: in Italien unter lauter italienischen Ölen mit italienischen Juroren und in Deutschland eine DLG-

Mani-Betriebsgelände

Gold-Prämierung. Das ist für ein griechisches Öl schon etwas Einmaliges! Und schließlich noch der „Great Taste Gold Award" 2011 in London für Mani-Oliven und Mani-Olivenöl. Beim Olive Oil Festival am 6. April 2012 in Athen gab es die Bronzemedaille, auch für The Times Magazine vom 10. März 2012 zählte Mani zu den weltweit Besten.

„The Olive Oil Sommelier Association of Japan" hat unter Leitung von Toshiya Tada mit 12 internationalen Juroren aus Spanien, Italien, Türkei, Israel, Australien, Amerika und Japan 2012 einen internationalen Oliven-öl-Wettbewerb mit 140 internationalen Teilnehmern durchgeführt und Mani-Olivenöl mit dem Silver Medal Award ausgezeichnet. Der „Extrascape Award" wurde im Mai 2012 errungen, er zeichnet sowohl die Qualität als auch den Geschmack des Öls aus. Zusätzlich wurden auch die sorgsamen Anbaumethoden und die Pflege der Landschaft, in der die Oliven wachsen, in die Bewertung mit einbezogen. Der Olivenbaum ist ein integraler Bestandteil der Landschaft und Kultur der Mittelmeer-region, genau diese Bedeutung hebt der „Extrascape Award" hervor, der von den italienischen Non-Profit-Organisationen Molisextra und Agrycult vergeben wird. Von der 12-köpfigen Jury wurden insgesamt 120 Öle und ihre Landschaften bewertet. Mani-Olivenöl wurde auch in Israel 2012 mit dem Prestige Gold Award ausgezeichnet, im August 2012 mit einem Gold Star bei den Great Taste Awards in London. 2013 gab es unglaubliche 6 internationale Auszeichnungen. Auszeichnung der BioFach-Messebesucher unter 80 eingereichten Olivenölen, ein Silver Award in Italien unter 316 Teilnehmern, die Silbermedaille beim „Award Aristion" in Griechenland, den Prestige Gold Award in Jerusalem, eine exzellente 3-Sterne-Auszeichnung beim Internationalen Olivenölwettbewerb des Genussmagazines „Selection" in Mainz (Deutschland). Auch Amerika entdeckte unser wundervolles Mani-Olivenöl: es wurde Silver Award Winner bei der New York International Olive Oil Competition 2013. Beim Schreiben dieses Textes erreicht mich die Nachricht, dass unser Mani-Olivenöl in Andria (Italien) die Silbermedaille gewonnen hat und in New York 2014 unter mehr als 700 Teilnehmern diesmal sogar den Gold Award erringen konnte!

Literatur

Belletristik

Durrell, Lawrence: Schwarze Oliven. Korfu – Insel der Phäaken. Reinbek bei Hamburg 1968

Fermor, Patrick Leigh: Mani. Reise ins unentdeckte Griechenland. Salzburg 2001

Huxley, Aldous: Der Ölbaum, aus: Koppenfels, Werner v. (Hg.): Aldous Huxley, Streifzüge. Ansichten der Natur und Reisebilder, Essays I. München 1994, 61–73

Kästner, Erhart: Ölberge, Weinberge. Ein Griechenland-Buch. Frankfurt/Main 1974

Miller, Henry: Der Koloß von Maroussi. Eine Reise nach Griechenland. Reinbek bei Hamburg 1965

Stratis, Myrivilis: Das fürchterliche Gesetz der Mani/O foveros nomos tis Manis, aus: Ders.: Aus Griechenland/Ap' tin Ellada (Estia). Athen 1956, 134–131

Thanos, Nikos (Hg.): Wohin ich auch reise ... Literarische Beschreibung Griechenlands. Köln 1998, 215–222

Schellinger, Andrea (Hg): Olive. Der heilige Baum. Frankfurt/Main, Leipzig 2004

Literatur über Oliven

Artemiou, Anna: The impact of fruit maturation in composition, sensory characteristics and functional properties of virgin olive oils. Composition, volatile profiles and functional properties of virgin olive oils produced by two-phase vs three-phase centrifugal decanters. Food & Function, Issue 8, Royal Society of Chemistry, 2013

Artemiou, Anna: Composition, volatile profils and function properties of virgin olive oils produced by two-phases vs three phase centrifugal descounters. Food Science and Technology 58, 2014

Dutli, Ralph: Liebe Olive. Eine kleine Kulturgeschichte. Göttingen 2013

International Olive Oil Councel, World Olive Encyclopaedia. Barcelona 1996

Psilakis, Maria; Psilakis, Nikos: Olivenöl. Die Kultur der Olive. Das Geheimnis zur guten Gesundheit. Hinweise zur richtigen Anwendung. Iraklion 1999

Rosenblum, Mort: Oliven. Kulturgeschichte einer göttlichen Frucht. München 1999;

Schäfer-Suchardt, Horst: Die Olive. Kulturgeschichte einer Frucht. Nürnberg 1994

Vlisser, Margaret: Mahlzeit. Von den Erfindungen und Mythen, Verlockungen und Obsessionen, Geheimnissen und Tabus, die mit einem ganz gewöhnlichen Abendessen auf den Tisch kommen. Frankfurt/Main 1998

Medizinisches und Ernährungswissenschaftliches

Gasser, Robert: Die Kreta-Diät. Mediterrane Ernährung für ein gesundes Herz. Niederhausen/Ts. 1998/99

Gasser, Robert: Die vier Säulen der Herzgesundheit. Wien 2005

Fock, Andrea; Gonder, Ulrike; Haug, Karin; Pollmer, Udo: Liebe geht durch die Nase. Was unser Verhalten beeinflusst und lenkt. Köln 1997

Dies.: Prost Mahlzeit! Krank durch gesunde Ernährung, Köln 1994

Hoicke, Cornelia; Grimm, Hans-Ulrich; Pollmer, Udo: Vorsicht, Geschmack. Was ist drin in Lebensmitteln? Stuttgart 1998

Pollmer, Udo; Schmelzer-Sandtner, Brigitte: Wohl bekomm's! Was Sie beim Einkauf von Nahrungsmitteln wissen sollten. Köln 1998

Geschichtliches

Quellen

Aristoteles: Der Staat der Athener. Leipzig 2009

Herodot: Historien. Düsseldorf, Zürich 2004

Hesiod, Theogonie. Stuttgart 1999

Plutarch: Große Griechen und Römer. Band I. Mannheim 2010

Thukydides: Der Peloponnesische Krieg. Essen 1993

Sekundärliteratur

Beard, Mary: Der Parthenon. Stuttgart 2009

Bleiken, Jochen: Die athenische Demokratie. Paderborn, München, Zürich 1994

Bötticher, Carl: Der Baumkultus der Hellenen, nach den gottesdienstlichen Gebräuchen und den überlieferten Bildwerken dargestellt. Berlin 1863

Braudel, Fernand: Das Mittelmeer und die mediterrane Welt in der Epoche Philipps II. Frankfurt/Main 1990

Clogg, Richard: Geschichte Griechenlands im 19. und 20. Jahrhundert. Ein Abriss. Köln 1997

Dalby, Andrew: Essen und Trinken im alten Griechenland. Von Homer bis zur byzantinischen Zeit. Stuttgart 1998

De Cresscenzo, Luciano: Geschichte der griechischen Philosophie. Die Vorsokratiker. Zürich 1990

Durant, Will: Das Leben Griechenlands. Eine Kulturgeschichte Griechenlands. Mit einer Einführung in die vorgeschichtliche Kultur Kretas. Ber, 1939

Finley, Moses: Die Griechen. Eine Einführung in ihre Geschichte und Zivilisation. München 1983

Finley, Moses: Die antike Wirtschaft. München 1977

Hehn, Victor: Kulturpflanzen und Haustiere in ihrem Übergang aus Asien nach Griechenland und Italien sowie das übrige Europa. Historische und linguistische Skizzen. Berlin 1870

Horster, Marietta: Landbesitz griechischer Heiligtümer in archaischer und klassischer Zeit. Berlin 2004

Link, Stefan: Landverteilung und sozialer Friede im archaischen Griechenland. Stuttgart 1991

Montanari, Massimo: Der Hunger und der Überfluss. München 1995

Speck, Ernst: Handelsgeschichte des Altertums. Zweiter Band: Die Griechen. Paderborn 1901

Tzermias, Pavlos: Neugriechische Geschichte. Eine Einführung. Tübingen, Basel 1993

Weeber, Karl-Wilhelm: Alltag im alten Rom: ein Lexikon. Düsseldorf, Zürich 1997

Welwei, Karl-Wilhelm: Griechische Geschichte. Von den Anfängen bis zum Beginn des Hellenismus. Paderborn, München, Wien, Zürich 2011

Naturkosmetik

Pieper, Maria: Naturkosmetik zum Wohlfühlen. Die Prinzipien der natürlichen Körperpflege. Wien 2004.

Autoren

Ing. Manfred Bläuel

1974 verschlug es ihn auf einer Motorradtour in den Süden Griechenlands, in eine damals noch unbekannte, unerschlossene Region. Er lernte dort die Bewohner und deren Lebensart kennen und schätzen: ein Zufall mit weit reichenden Konsequenzen, sowohl für die Menschen dieser Region als auch für alle gesundheitsbewussten Gourmets. Denn genau dort wurde von seinem Bruder Friedrich und dessen Gattin Burgi ein ökologisch und sozial vorbildliches Bio-Olivenöl-Projekt ins Leben gerufen. Zurückgekehrt vermisste der fernwehgeplagte Manfred Bläuel die kulinarischen Produkte und deren Qualität schmerzlich und begann, den Import und den Vertrieb von Olivenöl und Olivenprodukten von einer in Österreich bis dahin nicht bekannten Qualität zu organisieren. Der Autor, der mittlerweile aus fast dreißigjähriger Erfahrung schöpfen kann, informiert Sie über Kulturgeschichte, Botanik, Anbau, Ernte und Ölgewinnung und gibt praktische Tipps zu Einkauf und Verwendung.

Heute ist Mani ein international eingetragener Markenname der Firma Ing. Manfred Bläuel und bürgt für höchste Qualität.

Univ.-Prof. DDr. med. Robert Gasser

Er ist Fellow der University of Oxford sowie Herzspezialist an der Medizinischen Universitätsklinik Graz. Gasser ist zudem Autor zahlreicher Bücher zum Themenbereich Anti-Aging und Wohlbefinden. Er hat sich intensiv mit der Krankheitsvorbeugung beschäftigt und ist dabei auf die vielfältige, wissenschaftlich nachgewiesene Wirksamkeit des Olivenöls gestoßen.

Danksagung

Ich möchte mich ganz besonders bei Herrn Mag. Albert Wohlfahrt bedanken, ohne dessen umfangreiches historisches Wissen dieses Buch in dieser Form nicht zustande gekommen wäre.

Ebenso bedanke ich mich bei Herrn Prof. Dr. Dr. Robert Gasser, der mit seinem umfangreichen Fachwissen und seiner jahrelangen Erfahrung mit herzkranken Patienten einen wertvollen Beitrag geleistet hat.

Auch Frau Maria Pieper sei für ihre aus jahrelanger Praxis gewonnenen Beiträge und die gute Zusammenarbeit gedankt.

Frau Mag. Anna Artemiou hat durch ihre zur Verfügung gestellten Arbeiten zur Verbesserung der Olivenölqualität einen besonders dankenswerten Beitrag geleistet.

Auch bei meiner Familie in Griechenland und deren Mitarbeitern bedanke ich mich für die langjährige Zusammenarbeit und sehr gute Partnerschaft

Manfred Bläuel

Bezugsquelle für Mani-Olivenprodukte

Ing. Manfred Bläuel
Seidengasse 32
1070 Wien
Tel. ++43/1/522 08 24
Fax ++43/1/522 08 41
E-Mail: office@mani.at
Internet: www.mani.at

Bildnachweis